人的家园——新文化论

李德顺等◎著

黑龙江教育出版社

图书在版编目（ＣＩＰ）数据

人的家园：新文化论 / 李德顺等著. -- 哈尔滨：
黑龙江教育出版社，2012.12
　　ISBN 978-7-5316-6827-5

　　Ⅰ．①人… Ⅱ．①李… Ⅲ．①现代文化－研究－中国
Ⅳ．①G12

中国版本图书馆CIP数据核字(2012)第309859号

人的家园——新文化论

Ren De Jiayuan——Xin Wenhualun

李德顺等　著

选题策划	丁一平
责任编辑	宋舒白　郭　翀
封面设计	鲲　鹏
责任校对	刘晓艺
出版发行	黑龙江教育出版社(哈尔滨市南岗区花园街158号)
印　　刷	哈尔滨市石桥印务有限公司
开　　本	787 毫米×1092 毫米　1/16
印　　张	18
字　　数	250 千
版　　次	2013 年 1 月第 1 版
印　　次	2013 年 1 月第 1 次印刷
书　　号	ISBN 978 - 7 - 5316 - 6827 - 5
定　　价	38.00 元

黑龙江教育出版社网址:www.hljep.com.cn

导言

文化与人的家园

　　20 世纪下半叶以来,人类生存状态正在经历又一轮新的深刻的变化。这些变化导致一系列矛盾:随着现代化的发展,各民族传统逐渐衰落;在全球化日益深化的同时,价值多元、"文明冲突"的问题似乎越来越复杂;与市场经济和消费文化的发达相伴随,人们越来越感到精神生活的贫乏和困惑;科学技术创造了无数惊人奇迹,却引发前所未有的人性、资源和环境的冲突。人类生存境况的变化是如此剧烈,如此深刻,以至于许多人对"我们究竟是谁""我们究竟该如何生存""我们的心灵如何安顿"这样的问题,感到极大的困惑,我们需要重新审视、重新塑造我们的文化。

一、人的当代境遇与文化反思

　　对文化的思索,从一定意义上说,也就是对我们的精神家园的安顿。

　　重新审视人类的文化价值体系,首先是当代物质生活与精神生活矛盾提出的议题。

　　现代工业文明的伟大奇迹,就是借助科学技术和工业的手段,把地球上的资源和能源尽可能多、尽可能快地转化为物质消费品;同时运用利益诱惑和市场机制,强化人们推进这个转化的欲望和动机,加速生产、流通和消费的运转。于是,物质生产和物质消费相互刺激,形成了一种正反馈机制。这种机制的确给社会带来丰富得惊人的物质消费品,但它也造成多方面严重的后果。

　　现代工业文明造成了自然环境的严重危机:能源和资源枯竭,物种减少、退化乃至消失,环境污染,生态平衡被破坏,等等。自 20 世纪中叶以来,虽然许多有识之士为保护环境奔走呼吁,虽然"只有一个地球""可持续发展"等观念已广泛流行,但环境的破坏并没有停止。有一种流行观念认为一切皆由"人类中心"所致,但我们的价值观念能够转变为以人为中心吗?显然,问题的症结不在于以人还是以自然为中心,而是工业文明特有的价值观:以功利的眼光看待自然界的一切,自然界对人的审美价值、宗教价值、伦理价值等维度,完全被商业利益遮蔽了;在自然面前,"文化人"的维度消失了,只剩下"自然人"的维度。显然,人与自然的关系是通过人与人的关系实现的,由于利益冲突、价值互斥等原因,人类无法有序地结合起来合理地解决人与自然的矛盾,所以,对生态危机的反思,必然与对人、对文化的反思结合起来。

科学技术及其产品、物质生活条件,成为一种外在的强制性力量,使当代人处于被"物化"的境地。马克思最早深刻揭示了资本主义物质生活的本质:社会不是为了消费而生产,而是为了交换而生产。追求利润的无穷欲望,使得资产者成为"活化的资本",工人成为提供剩余价值的工具,人被自己的劳动成果所役使。此后,席美尔、萨特、霍克海默、阿多尔诺、马尔库塞、鲍德里亚等西方思想家,都在反思一个问题:在商品、技术主宰一切的时代,人的价值、尊严和主体性何在?

这种情形直至今天仍没有得到改善,在一定程度上还愈演愈烈。发展或 GDP 增长成为最高的甚至唯一的追求。国际上,国家间的竞争主要依靠 GDP 作后盾;在国内,地方政府为"发展"做了许多蠢事。在某种意义上,我们不幸被马尔库塞言中:技术的发展同时意味着统治人的力量的发展。网络和信息高速公路使我们时时处在权力的管理和控制下;知识、经济和权力融合形成无形却无处不在的统治;"专家""技术"制造了无数普通人难以理解的"权力话语",这样的话语是"黑箱",我们只能被动接受。

一种"符号消费"的"后现代"生存方式正向我们走来。令人眼花缭乱的商品和广告无时不激起我们的消费欲望,也使得我们的生存方式受商品和市场逻辑支配。为了时尚、身份、新潮而消费,在广告和从众心理支配下消费,这种"后现代主义文化"使人们的物质消费畸形发展,也成为21世纪第一个十年世界性经济危机的起点。

在人们的物质生活膨胀的同时,精神生活却令人担忧。传统文化的精神世界逐渐离我们远去,信仰和价值观失去了往日的纯洁和虔诚,精深的思想学术和高雅艺术很少人问津,琳琅满目的当代文化主要是消费文化、泡沫文化。精神生活正为没有崇高感和神圣性的"快餐文化"所充斥,人们接受这种文化的目的不是为了提升自己的精神生活层次,而是为了消费,为了"玩儿"。

当代人究竟该怎样摆正"道德人"与"经济人","文化人"与"物质人"的关系?我们究竟需要怎样的精神生活?怎样看待高雅文化与大众文化的本质?物质生活与精神生活的关系究竟怎样?对这些问题的反思,都离不开对文化的追问。

重新审视人类的文化价值体系,也是科技与人文冲突所提出的议题。

20世纪诞生了许多伟大的科学成果,如相对论、量子力学、信息论、DNA双螺旋结构理论等,这些科学成果奠定了诸如信息技术、人工智能、纳米技术、航天技术、生物工程等高级技术的基础。高科技成果经进一步开发,在工业、农业、通信、医药以及军事等领域得到广泛的应用,极大地影响甚至改变了人类的生存方式,也提出了前所未有的人文价值问题。

人们对科学技术普遍持一种"矛盾情结":既向往又恐惧,既兴奋不已又忧心忡忡。以往的科学技术影响和改变的主要是人的生产和生活方式,高科技则直接改变人本身:假如技术可以任意拼接和重组DNA,那么,人们是否可以随时更新自己的DNA"版本"?人们是否可以根据自己的意志随意创造某个物种,比如集爱因斯坦的智商、狮子老虎的凶猛、希特勒的邪恶于一身的生命体?随着人工智能技术的进步,设计制造出智商远高于人的机器人应该是可能的,那样的机器人是否会反过来统治人?如此下去,人类最终能管束住自己不走向毁灭吗?对于如何看待科学技术的人文价值,通常有技术乐观主义、技术悲观主义和折中主义三种态

— 3 —

度。而我们需要超越科技与人文对立的视界,建立能将二者在更高、更新的层面统一的视界。应该说,我们时代的问题,不能简单地归因于科学技术过于发达而导致人文精神流失,似乎更是缺少完整而深刻的世界观与价值观来协调科学和人文的价值,缺少用以协调人们的价值立场和利害关系,以便理性地利用、发展科学技术的智慧。当代人需要更高的智慧,需要创造一种更伟大的文化价值体系,以便更好地掌控科学和技术,让科技为人类的幸福、尊严服务。我们要探索和创造全新的框架,以整合科学精神和人文精神,协调科学技术与伦理道德的关系,更确切地说,要用全新的人文价值系统整合科学技术。

二、面对未来的世界与中国

"地理大发现"以来,世界各民族逐渐走出了封闭和隔绝,在经济、文化的全球化交往中日益成为"地球村"的"世界公民"。20 世纪 70 年代以后,这种全球一体化趋势又发展到了新的阶段:世界金融系统更加紧密地连成一个整体,跨国公司和区域性组织渗透到世界每个角落,标准化管理使得不同民族的生产和生活方式越来越相似,甚至变得相同,以网络和信息高速公路为主的高新技术把各国人民紧紧连在一起。不但如此,人类面临的各种问题也"全球化":能源和资源枯竭、环境污染、生态平衡破坏、高科技战争的威胁、恐怖主义、跨国犯罪,等等,它们威胁的是整个世界,只有世界各国通力合作才能攻克这些难题。

以上现实,客观上要求世界上不同国家和民族团结合作,共同应对危机,共享发展成果,相互合作形成双赢局面,和平交往营造和谐世界。但是事实远非如此,而是一方面欧美和亚洲巨富囤积惊人的财富,另一方面非洲、亚洲无数人被贫困、饥荒和疾病夺去生命。发达国家的跨国公司向发展中国家渗透,但它们绝不是来"扶贫"的,而是来掠夺资源、争夺市场、进行不等价交换的。所以全球化带来的是马太效应,穷者愈穷、富者愈富,"南北问题"更加严重。这说明,人类虽然有惊人数量的财富,却没有合理地共享这些财富。

当许多人赞美经济全球化,拥抱 WTO 的时候,全球经济却给世人开了不小的玩笑。20 世纪末发生了亚洲金融危机,本世纪初又发生世界性的金融风暴。它们究竟透露了一种什么样的信息? 是资本主义丧钟敲响,还是全球化经济的不治之症? 是"亚洲价值"说的幻灭,还是西方文化的危机? 我们该怎样检讨经济全球化背后的文化理念、价值观、社会关系和游戏规则?

技术、经济和文化的一体化,使得各民族紧紧地纠缠在一起;可是不同国家、民族的利害关系和价值取向却千差万别,文化和价值观各不相同甚至互相冲突。这些差别甚至对立表现出来,引发了美国学者亨廷顿教授所谓的"文明冲突"。当然,我们不完全赞同亨廷顿,但从一个侧面看,他的观点未尝不是切中了时代的要害。东西文化的矛盾,宗教和种族冲突,民族分裂和战争,反映出我们时代的问题根源在文化,在今天的世界文明格局。

当今世界,处理国际事务,解决国际争端,用的是西方尤其是美国主导的游戏规则。西方文化尤其是美国文化有两种基本的规则:在西方文化体系内部,使用的是民主、人权的价值观及其相应的游戏规则;在西方与非西方文化之间,在美国与其他非西方国家之间,使用的是生存竞争的"丛林法则"。国际事务和世界格局在这样的游戏规则主导下,必然导致国际关系的不平等,导致军备竞赛和综合国力竞争,导致弱肉强食的现代战争。由于全球化趋势日益向纵深发展,全球性问题日益严峻,世界上许多学者、思想家开始反思一个问题:20 世纪末以来,无论是在中国还是在世界范围内,我们面临的最大的问题之一,是不同阶级、不同国家、不同文化、不同利益集团之间,有没有某些共同的价值? 在何种意义、何种程度上有这样的价值? 如何确立这样的价值? 能否实现这种价值? 以孔汉思(Hans Kung)为代表的一批神学家、宗教学家和伦理学家们试图综合基督教、伊斯兰教、儒家等宗教文化的某些相通的内容,确立普遍价值,创建全球伦理;在中国,也有人努力把"和谐""仁爱""王道""己所不欲,勿施于人""天下主义"等上升为普世价值。这些愿望虽好,但实际效果却总是

— 5 —

难如人意。因为这种做法既不现实,也不公正。在人类文化多元化的现实条件下,靠少数知识分子来"为天地立心,为生民立命"的时代已经不再。而究竟该怎样看待全球化时代多元文化之间的相互关系,怎样看待"普世价值"的地位和意义,这些问题本身也成为全球性反思的一个焦点。

对中华民族和中华文化来说,现代化和全球化还提出了特殊的新问题,既给予了特殊的机遇,又提出了特殊的挑战。有人认为,中华民族的传统文化包含了人类未来文明的精华,因此中国之崛起乃至对全人类的拯救,均有赖于这一优良文化;有人则认为,中国传统文化的主要成分已经被历史所超越,未来的希望在于对传统文化的改造和创新。而正走向现代化的中国社会,实际上经历着一场深刻而艰难的社会转型——从传统自然经济、计划经济向现代市场经济转型。在这个过程中,处处都能感觉到文化转型的萌动与必要。全新的经济体制和经济生产,只有形成了新的文化内涵才是成熟的,否则,一切经济改革和社会变革都不可能真正到位,一切经济和政治的发展成果都不可能得到巩固。正因为如此,新旧文化之间的冲突,通过大量经济问题、政治问题、社会问题、道德和信仰危机等表现出来,构成了转型时期特有的矛盾。

20世纪80年代以来,中国的经济体制发生了巨大变化,但政治体制改革则不那么顺利。究其原因,自然与政治文化转型的复杂性有关。如何才能从"政治统帅一切"的文化转变为政治为经济和社会发展服务的文化,还有许多问题没有解决好,还需要我们"换脑筋"。例如,"政治与经济是一元的还是二元的"这个问题就一直困扰着人们。不少人出于自己的价值观和心理定势,一方面经常在自己的经济要求与政治要求之间进行实际的转化和直接联系,另一方面却又主张为了政治的纯正,应该让它与经济之间保持一定的距离,甚至逆向强化。

在中国流行了几千年的政治文化和法律文化需要根本变革。传统的中国社会也许是世界上最发达的世俗王权社会,这种社会的政治和法制文化,是建立在"尊尊亲亲"的等级制基础上的宗法专制主义。现代政治和法治文明把权力看做公共资源，并且承认每个人的权力是平等的。中国要成功地建设社会主义市场经济体系，就必须建设与之相适应的现代政治文明，也就必须解决好诸多的政治文化问题，如怎样看待自由、民主、人权、宪政这些发轫于西方却又有普遍价值的文化理念和价值观？就必须解决如何看待公共权力的本质的问题，并建立合理的公共权力体系，必须解决人治和法治、道德和法律等之间的关系问题。

在人类的思想文化现象中，恐怕没有什么比信仰更能说明人的内心，也没有什么能够比它产生更强大的精神力量。如果说文化的内核是价值，那么价值观念的最高形式就是信仰。一种文化的强盛和富有魅力，主要表现为它的价值内核广为人们虔诚地信仰。信仰以"坚信"为基础，人们坚信某些价值和事实，并把它当做为人处世最高的原则和最后的根据，这里的"信"就是信仰。信仰总跟彼岸、超越、崇拜等联系在一起，被当做人们安身立命之本。传统的中国社会有自己的信仰体系，如天道崇拜、祖先崇拜、王权崇拜，以及"天理、良心"的信念等。近现代以来，科学理性和马克思主义世界观也开始影响人们的信仰。但总的说来，中国人（汉民族最典型）对于信仰，原本不大具有宗教式的严密和虔诚，而是功利色彩很浓，更偏重于"以人为本"，保持着一种自发和自然的状态。正因为如此，在社会物质和文化生活发生转型的时期，这种信仰的方式更容易受到冲击，面临着深层的挑战。信仰的迷失和困惑，会带来比任何思考的失误更大的痛苦与骚乱，也更迫切地需要理性的自觉来驾驭。而确立和巩固一套健康积极的公众信仰，绝不是一项简单、孤立、轻而易举的工作。

三、新时代的"大文化"观

文化问题在人类生活中无所不在、无所不包，我们每天都在面对着它。世界上有数百种文化的定义，却很难说哪一个是公认的、完整准确的权威定义。这也许表明，人们观察和把握文化现象的角度和方法还不够明晰成熟。

当人们说起某个概念所表达的"是什么"的时候，往往首先想到它的

外延,即它的所指包括哪些实体对象。而在当代汉语环境中说起"文化"来,其涵义往往有从小到大几种不同的所指:

最"小"的文化概念,常常作为"知识"的同义语出现在老百姓的口语中。说某人"有文化",就是指他上过学、受过正规教育、识文断字、懂得一定的科学知识等,这是最狭义的一种文化概念。

稍"小"的文化概念,是一个行政操作性的概念——"文化工作",具体说就是归国家文化部所管的那些领域。这一定义不包括经济、政治和军事,也不包括科学、理论和教育等。这种意义上的"文化",多半是指文学、文艺、文物等。显然,这种人为划定的行政操作范围,纯粹是出于工作的方便,并不表示对文化的严格科学界定。

"中"档的文化是个特殊的概念,即指"精神文化",包括科学、理论、教育、文艺、政治、道德、宗教等,总之是人的整个精神生活领域,所谓"文化人"也多半指活跃在这些领域中的人。有人主张,文化只应作为精神现象来理解。他们这样说是以毛泽东说过"作为观念形态的文化"作为根据的。但这种主张似乎有些牵强。因为毛泽东并未排除还有"作为物质形态的文化"和"作为制度形态的文化"等存在的可能。而把"文化"与社会意识形态相混同,则会导致狭隘的政治化。因此,学术界很多人更主张一种"大"的文化概念。

"大"的文化概念包括物质文化、精神文化、制度文化等。它把人类社会的物质、精神、制度都纳入文化考察的视野,就等于把全部人类社会及其历史作为文化的载体和形态,等于宣布"凡是人的、与人有关的一切,都属于文化,都在文化的范围之内"。

这种看似无所不包的"大文化"概念,一方面给人提供了方便,人们可以在任何领域发现"文化",划分和命名文化的类型;另一方面降低了外延划分的意义——"什么都是文化,就什么也不是文化"。我们看到,在"大"文化概念兴起之后,社会上曾兴起一种"文化热"。人们竞相说文化,打"文化牌"。其中难免有一些幼稚粗俗的表现,以至于有人得出这样的结论:"文化是个筐,什么都可往里装。"显然,这类"文化热"中的文化阐释，至多只表明人们开始在新的意义上注意文化，在努力寻找文化的感觉。这种文化意识的觉醒虽然很宝贵，但却并不一定真正抓住了文化。

关于"文化"本质的把握，首先涉及思考方式本身的某种改变。比如：对"什么都是文化，就什么也不是文化"，就应该从积极的方面去理解。就像任何物体都有颜色，但任何物体本身都不是颜色一样，文化并不是某个或某类物体，它不是在某个地方、某个时刻单独存在的"东西"，也不是仅仅作为一些专业或职业的人的某个固定活动领域或某种特定的活动方式。文化是在人的一切思想、感情、活动及其结果中所包含并表现出来的特征、属性和意义，或者更确切地说，是其中包含并表现出来的"人"（人的生存发展状态、能力、方式和水平等）本身。

"文化就是在对象化中显现出来的人"这个说法，也许有些笼统和玄虚。要把这个意思说清楚，还需要再多说几句。

中国古人有"观其天文，以察时变；观其人文，以化成天下"（《周易》）的说法，这应该是汉语言中最早出现的"文化"一词（后来我们就用它翻译西方的"Culture"）。在中国古语中，"文"这个字，原本是指"色彩交错"、好看的"纹理"、文字文章等，推广开来，就有"使……变得有条理、合理、好看"的意思。就是说，"文"表示一种将事物人工化，用人的标准和尺度去改变对象的行为和效果。"化"的意思，从来就是"变、改变"，包括"使……（完全地）变成……"。这样，"观其人文，以化成天下"也就可以解释为"用人（文）化了的东西，再来造就人的世界"。

英语中的"文化"（Culture）一词来自拉丁文，它的原始含义指耕作、技艺、风俗习惯、文明制度等人工创造物，现在也用于指称人工的、技艺的活动及其成果。该词保留了人类从自然状态中"人化"出来的痕迹。

中西辞源显现了某种共同的内涵：文化，其实就是"人化"和"化人"。"人化"是指按人的方式改变、改造世界，使任何事物都带上人文的性质；"化人"是指反过来，再用这些改造世界的人文成果来提高人、装备人、造就人，使人的发展更全面、更自由。虽然不同地区和民族的具体情况有所区别，但人类总体上就是这样生存和发展起来的：在不断地改造世界的同时,不断地改造自己。人的这种生存发展的根本方式、过程、状态和成果本身,用一个整体性的抽象概念描述出来,给它起一个动词式的名字,就是"文化"。

"人化"和"化人"有许许多多的方面,并且每一方面都在生生变化着,总体上是一个无限循环上升的进程。这一进程也构成了文化进步的契机。在循环上升或进步发展的进程中,每一个阶段和它的不同侧面,"人化"和"化人"的情况都有所不同,因此人们看到的"文化"也总是有所不同。但"人化"和"化人"不停地进行,这一总趋势却不会改变。

这就是我们的"大"文化概念的哲学涵义。

依据对于文化本质的不同了解,可以作出对文化史的不同解释和概括,可以提出不同的文化发展任务和战略目标,也必然会形成不同的运作方式和应对策略。

在本书中,我们将主要依据"大文化"概念的理解方式,尽可能清楚地说明什么是文化,描述一下它的特征和发展脉络,并设想掌握和建设它的方案。这当然绝不会是一件简单轻松的事,但我们坚信,确立"大文化"观念本身就是十分重要、意义巨大的。

这一观念要求我们,在思考文化问题时,首先要抓住的是根,是本质,是整体,是灵魂和关键,而不是细枝末节,不是形式和皮毛。

既然"文化就是人化和化人",那么它就与人的现实生活一体,我们的文化就存在和发展于我们的生活之中,而不是在它之外。近年来中国国内关于文化的发展曾有过两种主张,简单地说,一种是"西化论",主张以向西方学习为主,重在看我们"缺什么",通过"缺什么补什么"来走向现代化;另一种是"传统论",即重在挖掘和强调我们过去"有什么"(特别是有什么好东西),主张通过"弘扬优良传统"来重振中华文化。二者一个是"向外看"的思路,一个是"向后看"的思路。然而,如果依据上述对文化本质的理解,那么我们需要的却应该是另一种——"向内看、向前看"的思路:中国的文化建设是中国人自己的事,而不是古人和洋人的事。这就意味着,要以当代的中国人为主体,以实践为路径,走一条文化建设的新路。

正确认识和对待文化传统是非常重要的。但是它在哪里? 要了解自己的文化和传统,绝不能仅仅到书本里去找,把经典文献与传统文化等同,应该首先在现实中去找寻系统。一国的文化传统是本民族在历史上形成的自身品格和形象的代表,它在很大程度上能够说明主体过去曾是、今天正是、未来将是什么样的人或什么样的民族和社会。中国今天的文化,不仅来自几千年的民族传统,其间(特别是近百年来)也吸收了许多西方近现代文明的因素;而半个多世纪以来的革命和建设历程,也造就了一定的革命文化传统,包括以往计划经济体制下养成的特征和习惯。因此,中国社会的现实文化,实际上是多种文明和文化因素的综合,对于未来而言,它也是真正的"传统"。

可见,每个民族如何对待自己的文化和传统,也就是如何看待民族自己的昨天、今天和明天,如何对待自己。从这个高度看文化建设,首先就要明确主体自身在现实中生存发展的权力和责任。正是主体自身,对文化的发展创新负有充分的权力和责任。

目　　录

导言：文化与人的家园

上篇　文化概论

中篇　中华文化论

下篇　文化建设论

上 篇

人 的 家 园 · 新 文 化 论

文 化 概 论

第一章

文化即人化

许多复杂的问题,其秘密往往隐藏在简单的基本事实中,文化也是这样。在我们看来,文化问题实际就是人的问题:文化的本质应该到"人之为人"的事实中去寻找;简言之,文化即"人化",包括世界的"人化"和人本身的"人化"即"化人"。

一、文化与非文化(自然)

"文化"一词的涵义较为复杂。英国人类学家泰勒在 1871 年出版的《原始文化》一书中说:"文化或文明,就其广泛的民族学意义来说,乃是包括知识、信仰、艺术、道德、法律、习俗和任何人作为一名社会成员而获得的能力和习惯在内的复杂整体。"[①]后来,美国学者克鲁克洪和克虏伯指出:"文化是历史上所创造的生存式样的系统,既包含显性式样又包含隐性式样,它具有为整个群体共享的倾向,或是在一定时期中为群体的特定部分所共享。"[②]美国学者巴格比则经过反复的考评和比较之后,主张将它定义为"社会成员的内在和外在的行为规则",但其中不包括来自遗传性的那些规则[③]。尽管说法有许多种,但是看得出来这些说法中有些基本的、共同的东西,那就是按照"人"的标准和理想改变人及人的环境,

---

① E.B.泰勒:《原始文化》第一卷,1 页,伦敦,1871。
② A.L.克虏伯和克赖特·克鲁克洪:《文化——关于概念和定义的评论》,剑桥,Mass,1952。
③ 菲利普·巴格比:《文化:历史的投影》,100、104 页,上海,上海人民出版社,1987。

— 3 —

创造属人的存在。

大体说来,"文化"一词与"自然的状态"相对应,专指一种"人为的状态""社会化的状态"。与"文化"相对立的词,主要是"自然""天然""本能""原始"等。西方语言中的文化(Culture)来源于拉丁文,原本有"耕作、培养、教育、发展、尊重"的意思。就是说,它最初是指土地的开垦及植物栽培,以后指对人的身体、精神发育的培养,后来进一步指人类在征服自然和自我发展中所创造的全部财富和经验。正如李凯尔特在区分"文化"与"自然"时所说:"自然产物是自然而然地从土地里生长出来的东西。文化产物是人们播种之后从土地里生长出来的。"[①]文化并不是指天然的、自然而然的事物和状态,而是人改变世界(包括人本身)的自然面貌所造就的状态和成果。自然界原本就存在,如果没有人和人类改造世界的活动,它自然而然地存在下去,那就无所谓"文化"。没有人的活动和影响,天地自行运转、江河自行奔流、草木自行荣枯,一切是纯粹的自然。它们没有意志,没有目的,没有情感,没有刻意的追求和造作。自然界的东西,即使在人看来合规律、合目的、和谐而美好,也只是自然的某些特征恰好能激起人的审美体验或合目的性感受,并非是它们有意取悦于人。许多物种适应环境的本能巧妙得令人叫绝,似有某种绝顶聪明的智慧在支配它们,但那是自然本身相互调适、相互选择的结果。我们不能说它们有严格意义上的目的和自觉意识。

总之与"非文化"或"无文化"相对应的"文化",实质就是"人化"。所谓"文化即人化"的意思是:文化,是指人们按照"适合人""人应该有"的尺度去改变环境、发展自己,这样的活动及其成果就是文化。换句话说,文化是人的这样一种存在方式和存在状态:人追求和享有一定的价值成果,并通过实现这些价值来更新和发展自己,包括周围的世界。

人的出现,打断了纯自然的一统天下,使自然界分化出不同于天然世界的人为世界。这个世界是人自觉地按照自己的需要、目的、理想和能力

---

① H. 李凯尔特:《文化科学和自然科学》,20 页,北京,商务印书馆,1996。

"生产"出来的。虽然它不能脱离自然的物质基础,但它的性质和意义已经完全不同了——它本质上是人设计、创造、想象的产物。我们说"文化"的时候,正是就这种性质和意义讲的。可以说,文化就是指以纯自然为出发点又超出纯自然的那种人为状态。

撇开纯生理现象不说(文化当然不是指纯生理问题),人是唯一不同于自然状态的存在物,是唯一具有独特的情感、智慧、人格等品质的存在物。这种唯有人才有的独特个性,乃是文化的。人以自己的自由意识,以自己的实践存在方式,从混沌的自然状态中独立出来,从浑浑噩噩的蒙昧状态中醒来,开始了自己的创造性活动。人既按照自然的规律,又按照自身的发展需要和审美理想进行设计、劳动、创造,使自然合乎目的地改变。人开发江河,改良物种,探索宇宙,纯自然的东西好像一下子苏醒了,有了目的、意义等属人的特性。从这个意义上说,原始森林是自然的,人培植、种植、保护和观赏的树林是文化的;天然的石头是自然的,人打造、磨制和(为了欣赏而)移动过的石头是文化的;野生动物是自然的,人养殖的家畜家禽是文化的,没有发现其审美价值的高山大海是自然的,发现其审美价值的风景是文化的;人不能解释的宇宙之谜是自然的,人提出了的解释(其真实性如何,另当别论)是文化的,如此等等。

"人化"是"向人而化",即人按照自己的标准、目的、理想和需要改变自然的世界,使世界打上人的印迹,从而更适合于人。"文化"一词与"天然"或"自然"相对,意味着它是人超越纯自然状态、改变纯自然状态的活动及其成果;是自觉的、有目的的活动及其成果;是人工的、技艺的创造活动及其成果;是人克服自己的本能,依据理想和信念创造价值的活动及其成果;是人为扬弃天然的陌生、异己和黑暗感而对自然进行解释、"包装"的过程及成果;是人不满足于天然的规定和限定,按照自己的需要和能力突破天然限制的活动及其成果。总之,"人化"是人自觉地生存发展,使"自然世界"成为"人的世界"的方式及产物。

人将自然"人化"的表现,包括观念和实际两大方面:

在观念上,也就是在思想和精神活动中,人把整个世界和世界上的万物,都变成了自己认识和改造的对象。这是第一层,也是最广泛的"人化"方式。"对象"这个词本身,就有是谁的"行为目标"("客体")的意思。一事物成为人的行为目标,就与人构成"主客体"关系。人的生存活动是能动的,他把世界万物都当做自己的对象,从而也就是确定自己的主体地位。这种主客体关系的表现形式之一,就是人站在自己的立场上,以自己的角度和方式,去观察、描述、思考、想象和塑造世界。这样的世界就有了"属人"的意义。由于被人用"人"的眼光"看",被人用"人"的方式"解释",被人赋予了"人"的意义,这个对象世界也就"人化"了。

人类原本来自大自然。但是人类之为人类的一大特征,就是他能够从大自然中独立出来,自立于天地之间,并把自己同其他一切自然物加以区分,还用自己的立场和方式对待周围的一切。于是,原本纯粹客观存在的现象,就有了"好"与"坏"的区分:自然存在物有了资源和非资源的区分,物种有了"益虫"和"害虫"之类的区分,有了"好天气和坏天气""优越环境和恶劣环境""肥沃土地和贫瘠土地"的区分,等等。自然界原本固有的、在没有人的情况下一样存在的东西,经人用自己的眼光这么一"看",就成了与人有关的、能够或者不能够为人所用的东西,甚至自然界原本没有、或者无所谓有无的东西。比如想象、联想、神话、虚构、推理、预测、设计方案中的许多东西,经人用自己的眼光这么一看、用脑子这么一想,就能够在认识和观念中被创造出来。例如自然界原本没有语言文字,没有思想,没有宗教、科学、哲学和艺术,但是在人的生活和思想中,这一切都出现了,并且它们都从一定的方面反映着这个世界。

人把握世界的手段通常表现为一套符号系统、话语系统、解释系统。用这套系统,人可以首先从认识上、观念上,在头脑中整合纯自然的、混沌的世界。有的人把文化理解为一套符号系统,原由也就是从这里来的。

总之,人一旦把什么当做了对象,也就把它纳入了自己的范围,用自己的眼光加以反映、描述、判断和选择。因此,人类眼中的世界,就是一个观念上被"人化"了的世界。

在实际上,人通过劳动和其他实践活动,把外部世界的天然状态改变为"宜人"的、"人化"的世界。人不只是用"人"的方式理解世界，还要把自己所看、所想、所希望的付诸实施，把上述观念上的"人化"变成行动，以自己的方式改变自然，并创造出原本没有的"人工自然"。人按自身的需要、理想等价值目标改变自然，通过创造性的劳动物化出成果，包括器物的、制度的、精神的，这套成果作为客观的东西，为人的生存发展服务。比如，自然给人提供的只是原始的森林、湖泊、草地和山洞，人在既有的自然条件的基础上，为自己创造出所需要的物质生活资料——衣服、粮食、房屋、道路和城市。

人的实践归根结蒂就是自觉地改变自然（包括外部世界的自然和人本身的自然），使自然适合于人。因此实践越是发达，人类的文明越是发展，这种"人造的世界"就越是广泛和普遍，人类就越是远离自然状态而进入人工环境。例如，生活在现代都市里的人都会感觉到，现在要想让自己的双脚踏上一块天然的土地，已经相当不容易了。我们的脚下即使不是柏油、水泥或大理石等材料的人工地面，也是久已被翻耕、整理、修饰过的土地。我们人类越来越生活在一个"自我对象化"——把自己的创造物当做对象——的世界里。我们不是生活在自然的空气中，而是生活在空调下；我们很少饮用自然的水，而是代之以各种饮料。我们的社会交往方式也越来越远离自然，我们不是面对面地实际交往，而是越来越依赖传媒，我们越来越依赖汽车、飞机和其他人工制品……总之，我们越来越远离自然的母土，生存在越来越人工化的世界中。

虽然"越来越远离自然"并不是事情的全部（因为事情还有另一面，即这种"远离"也意味着更深地进入和依赖自然。譬如对电力的依赖，实际上也就是对发电材料，如煤、水力、石油、太阳能、核能等天然资源的依赖），不是唯一的趋势，但它毕竟是一个基本的、越来越强有力的事实。在这个事实面前，现在人们已经开始觉察到了问题，产生了不小的疑问：这样越来越远离自然究竟好不好？不论答案如何，有一点同样是必须承认的，这就是：不论人类对自然越来越"远离"还是越来越"依赖"，都意味着要以人的尺度来改变自然，就像无论是破坏环境还是保护环境，都意味着要通过行动,使自然更适合于人、有利于人一样。

无论在观念中还是实际上将自然"人化",都意味着人在认识和掌握客观规律的基础上,赋予自然以属人的品质,把自己的要求、理想、意向通过创造变为现实,这就是"文化""人化"或"客体的主体化"。更进一步说,"人化"意味着在人的作用和干预下,世界有了某种意义,有了一套价值坐标。"人化"的过程凝聚了人的需要、目的等价值内容。人要从中实现和体验真、善、美、利益和幸福、和谐和自由、崇高和神圣等价值。这是人改变自然的动机和动力。因此从内容方面看来,我们有理由把"价值"看做"人化"的精神实质,是文化的核心。

总之,人类因为追求、创造和享有一定的价值系统显示出文化,文化因为有价值渗透于其中而具有了人的特色和面目。

二、从"人化"到"化人"

"文化"既指自然的"人化",也指人本身的"人化"。人在使外部自然界"向人而化""向文而化"的同时,也使自己的自然属性"向文而化",即脱离兽性、原始蒙昧的状态,从而"成为人","越来越像人"。这个环节可以称作"以文化人",简称"化人"。

由于人不同于动物及其他自然物,处于一种非自然、非本能的生存状态,所以,人的本质特征就不是天然的规定性,而是人自己选择和创造的。人在选择和创造自己的时候,也在不断地反思和解答一系列问题:人究竟是什么和应该是什么? 人应该如何生存? 人的生活应该体现一种什么精神? 人的生命和生活的意义何在? 人的发展趋势是如何? 等等。这些问题,往往是文化的核心问题。

人们对这些问题的反思和解答,通过以下各方面体现出来:人的自然属性的"人化"、人的充分社会化、人的精神家园建构。

1. 人的自然属性的"人化"

"化人"或人的"向文而化",前提是人的自然属性被"人化",包括人的生理状态和本能需要得到改造,开始走向"文化"。生民之初,人相去动物并不遥远。我们设想那元谋人、爪哇人、尼安德特人,其形象气质大概跟猿猴差不多。那赤身裸体、茹毛饮血、风餐露宿的情形,一定很不"文化"。但人不同于任何自然物的一点,就在于人以劳动的方式生存。人在进行劳动(即使是最笨拙最低等的劳动)的时候,他们的活动及其成果反过来会改造人。当人用火取暖、烤肉、防御猛兽的时候,火和用火的方式就会改变人——熟食改变人的饮食结构进而改变人的生理机能,用火使人懂得自然可以利用,火的威力使人浮想联翩,这就促进了人的思维的发展。四肢的分工、大脑的发达、人的其他生理特征的形成,等等这些就是人的标志、文化的标志。人以自己有这种不同于动物的形象特征为荣。所以,人也用各种方式(如纹身)修饰自己,使自己更美,更"文"。

文化意味着人的"兽性"逐渐被人性所取代。"文化"与兽性、动物性、本能状态等相对,它是人否定自身的原始本能、扬弃自身的粗俗物欲的活动方式和成果。就自然界的存在物来说,人离动物最近,人身上深深地保留着动物的痕迹。从纯生理角度说,人也是动物,所以人与动物最容易混淆。故孟子感叹:"人去禽兽者几稀!""文化"一词恰恰是从动物性出发而超越了动物性的表现。说人"有文化",就是指通过教育和锻炼等,对人身上原有的动物式本能、纯生理的本性加以改造,使这些本性符合一定社会历史条件下人们期待的文明标准、"人"的标准,成了真正意义上的人。所以,一个事物、一种行为,若称得上是文化的,它必须有助于人超越自己的动物性、兽性,必定有高出于动物性的成分,使人得到升华,变得高尚起来。如果一种生活、一种行为只是唤起人的原始本能、满足人的动物式需要,除了满足最粗俗的物欲外没有别的价值,那么这种生活和行为就没有文化,或者说是反文化的。

当然,人的自然属性的改变是一个漫长的历史过程,"文化"也因此是个相对的、具体历史的概念。在"人猿相揖别"的漫长征途上,有的人群可能较其他人群"更是人",人的本质特征更完善。由于人除去兽性增添人性的程度不同,因而有文明和野蛮、开化和蒙昧的区分。

"文明"（Civilization）这个词，在不同的语言体系中有不同的理解和应用。福泽谕吉曾说："文明一词的英语为'Civilization'，来自拉丁语的'Civilidas'，即国家的意思。所以'文明'这个词，是表示人类交际活动逐渐改进的意思，它和野蛮、孤立完全相反，是形成一个国家体制的意思。"而按照福泽谕吉的进一步说法，"文明之为物，至大至重，社会上的一切事物，无一不是以文明为目标的。文明恰似一个大剧场，而制度、文学、商业等犹如演员；文明恰似海洋，制度、文学等犹如河流；文明恰似仓库，人类的衣食、谋生的资本、蓬勃的生命力，无一不包罗在这个仓库里。那么，怎样才能称作文明呢？所谓文明是指人的身体安乐，道德高尚；或者指衣食丰足，品质高贵而说的。归根结底，文明可以说是人类智德的进步"①。

从这里可以看出，"文明"与"文化"概念的外延，是完全一致或重合的，而这两个概念的区别，则在于它们的内涵："文明"一词更赋有方向性，或"进步"的指向性。也就是说，"文明"主要是相对于"蒙昧、野蛮、落后"等而言，指相对完成了的文化状态及其成果。与"文化"是一个中性的、描述性的概念相比，"文明"显然更是一个导向性的、评价性的褒义词。这一区别在中国当代语言体系中得到了明确。在当代中国语言中，当人类的远古祖先尚未真正走出混沌蒙昧，还处在"亦猿亦人"的状态时，我们只说"蓝田人""元谋人"，而不说"蓝田文化""元谋文化"；当他们基本具备现代人的品质特征，有了基本的"人性"表现之后，我们才说它是文化，如"龙山文化""河姆渡文化"等；而当"人"的特征成熟了，我们则说它是文明，如"中华文明""古埃及文明""古印度文明"，等等。

2. 人的充分社会化

人的"人化"不是生物进化过程，不是单纯的生理变化过程，而主要是一个社会化过程。或者说，人的自然属性被"人化"，是通过人的充分社会化来实现的。

---

① 福泽谕吉：《文明论概略》，30～33页，北京，商务印书馆，1995。

文化的本质之一是"化人",即按"人"的标准改变人自己,使人成为"人",显示人的本质和潜力,享有人的地位等。由此可见,文化的本质与人的本质是一致的。但何谓人?"人"的标准和应有状态究竟是什么?这是个复杂的问题。马克思论及人的本质时的名言,道出了问题的实质:"人的本质并不是单个人所固有的抽象物,在其现实性上,它是一切社会关系的总和。"①就是说,考察人不能停留在孤立的个体层面,因为那样看到的多半是一些生理的、动物性的特征,似乎人的本质是些抽象的和固定不变的东西。人的本质是通过他们的社会属性体现出来的,只有在人的社会联系和交往中,只有在社会的整体中,才能看到人的本质。文化意味着人被特定的社会关系和社会状况所"化",社会在这里代表着文化的载体和体现。

社会如何"化人",使人成为"文化人"呢?

从群体角度看,人的"向文而化"是以社会的方式进行的。没有深刻社会联系的孤零零的个体(假如有这回事的话),每个人的经验、思想、智慧,都是从零开始,每个人的力量、活动范围、生活层面,都十分有限,这样的状态不可能创造文化。没有深刻社会联系的孤零零的个体,他的发现、他的思想、他的技能、他的劳动经验等,只能像火花一样,一闪即灭,不可能保存、发展和传播,不可能积淀为文化。只有在社会中,每个人的智慧、力量、劳动经验等,才无须从头开始,而是直接从他人、社会的既有成就上开始;每个人的劳动和活动成果都不会随自己的死亡而彻底消失,而是融进了社会的整体中;只有在社会中,人们才能互换劳动经验和成果,才能产生共同的语言、生活方式、行为模式和心理习惯,形成共有、共享的思想、智慧、知识、技能、价值观等。有了这种超越个体之上的语言、生活方式、知识、技能、价值观等,才有社会文化。

人们之间形成了一套复杂的社会关系,如经济关系、家庭关系、伦理关系、政治关系、法律关系等。这些社会关系,既是现实社会条件决定的,

---

① 《马克思恩格斯选集》第1卷,56页,北京,人民出版社,1995。

又是各个国家、民族和人民的具体创造，它体现着对"人"，对"文"，对人的存在和基本价值的理解，是人的现实和理想的结晶，是人的具体存在方式，因而就是文化。任何社会关系都渗透一定的人文精神；社会结合方式还体现人们对真善美、利与义、权力与责任等价值的理解和追求；社会的经济、政治、法律关系等也可以看做这个社会的意识形态的物质化表现。这些关系蕴涵了文化。

从个人的角度说，"化人"或人的"向文而化"，表现为人介入社会、生存于社会，接受社会的知识、价值观、行为模式、习惯传统、社会角色等，发展起自己的社会主体性和文化性格，从而被"化"为现实的、完整意义上的人，成为特定社会系统的一个要素、一个细胞。社会则通过复杂的社会关系、游戏规则、文化价值系统等，使"化外之民"成为"化内之民"，成为社会认可的"人"。

人降生在一个事先确定好了的社会关系网中，是这个关系中的一分子，有特定的人格、身份、地位、社会角色等。这种复杂的社会关系作为客观的社会存在，规范和约束着人们。人仿佛被放置在一个特定的模子中，按照这个模子来塑造自己的文化性格。我们是在社会交往中获得自己的文化性格和价值认同的，我们是在与周围的人、与家庭成员、与亲属、与社区的交往中，通过被纳入社会关系体系而获得人之为人的性格的。人生活、"游戏"的历程，也就是被社会同化、教化的过程。在社会关系和社会交往中，人的一举一动，都是在学习运用社会化的文化。中国古人云："穿衣吃饭即是人伦物理"，"砍柴挑水无不是道"，也是这个意思。我们处在社会生活中，也就是处在接受文化熏陶的天然课堂中，这种教育和接受方式，就是生活本身，就是使用文化规则、文化仪式和文化话语。人生的各种社会活动，哲学家维特根斯坦把它们比作"游戏"。依据"游戏规则"使用社会的生活方式，是个人融入社会的基本途径和最佳方式。不仅如此，人们还通过系统的专业化的教育训练，通过学校、老师、书本、课堂、实验室、图书馆等途径和手段，获取知识、价值观念、方法和技艺，接受社会取得的既有文明成果，这就是在接受文化，被社会文化所"化"。正因为如此,人们把读书识字、学习知识叫做"有文化"。

3.人为自己营造精神生活的"家园"

这是人类"文化"自己的最高形式。就是说,人的生活本质上是"反思"的。人不但要活着,还要对自己进行定位,对自己生活中的各种重大根本问题进行追问,做出解释,找出"答案"(特定时代的人们会认为这是答案,是否合理另当别论),确定准则、标准、规范和根据等。人们提出的这些解释、"答案"、规则等,一方面由各种文化形式来承载,如神话、传说、宗教、哲学、科学、文学艺术等;另一方面融进了人们的心灵深处,成为人们的信念、信仰和其他精神生活的基础。无论是个人还是族群,他们做人的意义、目的、准则、理想等都依赖这一基础,于是,这些文化内容就成为一个人、一个族群,乃至一个民族国家的"精神家园"。

"精神家园"是由人们的知识和信念、信仰和理想等所构成的一个精神系统。在人的一生中,它是一个支撑情感和理智,产生意志和智慧的心灵中的源泉。这个家只在心里,它是人们在前两个有形的、实体的家(物理的和社会组织的家)之外、之上的,一个无形的,但却时时能够感觉到的家。赫勒曾经把"家"视作我们在文化上和心理上由之开始,并经常向之回归的"坚实的位置",她断言:"'家'并非简单地是房子、住屋、家庭。有这样的人们,他们有房屋和家庭,却没有'家'。由于这一原因,尽管熟悉是任何关于'家'的定义所不可缺少的成分,熟悉感自身并不等同于'在家的感觉'。比这更为重要的是,我们需要自信感:'家'保护我们。我们也需要人际关系的强度与密度:家的'温暖'。'回家'应当意味着:回归到我们所了解、我们所习惯的,我们在那里感到安全,我们的情感关系在那里最为强烈的坚实位置。"①

可见,精神的家园是人生永远的根基。这个家园的存在,源于人的精神生活本性。人是一种有意识的社会存在物。人的意识和精神活动,是

---

① 阿格妮丝·赫勒著,衣俊卿译:《日常生活》,258 页,重庆,重庆出版社,1990。

人所特有的生命形式之一。人的生命本性不仅有物质需要,而且有精神需要;人不仅要有"实在的家",而且要有"精神的家",不仅需要一个"小写的家",而且更需要一个"大写的家"。例如在长期的历史中,我们中国56个民族的文化汇合交融,形成了一种富有包容性和凝聚力的共同信念信仰系统,它就是"中华民族共有的精神家园"。

对一个民族来说,有自己的文化在,这个民族就还是它自己,其精神就有寄托和归依,有"家"可回。文化没有了,精神家园也就失落了,这个民族也就消亡了。所以,许多民族尤其是处于边缘状态甚至可能亡国灭种的民族,都会顽强地保守本民族的文化。在这点上,世界上最典型的可能要数犹太人。这个民族先后被亚述、巴比伦、罗马等所灭,失去家园,前后经历了数千年的流浪。无论流浪到什么地方,无论经历多少苦难,他们都顽强地保守本民族的文化。有赖于这种文化,犹太人才能作为一个民族顽强地延续下来。

正因为如此,同任何经济史、政治史、科技史和战争史相比较,一部人类精神家园的发展史,同样充满了探索的艰辛和发现的荣耀,饱经了疑惑的困扰和冲突的磨难,其中丝毫不缺少惊天动地、惊心动魄的材料和记录。

如今,我们又到了一个重建自己精神家园的时代。

三、双向生成的人生之旅

人和世界的"文化",包括自然的"向人而化"与人自己的"向文而化",都要由人来实现,总体来说就是人"在改造外部世界的同时改造自身""在改造客观世界的同时改造主观世界"。这意味着:文化是"人化"与"化人"统一和互动的过程。

说到这里,我们可能会想到一个有趣的"难题":文化是如何开始的?先有人还是先有文化? 或者是"人化"在先,还是"化人"在先? 这很像那个众所周知的问题:"先有鸡先有蛋?"以往这个问题总是被夸张地解释成无法解决。然而在抽象、僵化的概念中无法解决的问题,在历史上却从

— 14 —

未成为真正的难题。正如在生物进化史上，鸡和蛋是由别样的形态、别样的关系演化而来的一样，文化与人、"人化"与"化人"的关系也是如此。

"人化"与"化人"是一个双向生成的历史过程：人通过实践改变自然界和自身，使自然和人自己走向"人化"的过程，是以人在自然界的产生开始的，而人的产生，则又以造就或形成了人所特有的生存发展形态——文化为标志。在现实中这两方面并不是分开的，但是在我们的想象和叙述中，要把它们当做一回事同时说出来，却很困难。因此不得不分开来，先说"一方面"，再说"另一方面"，但不等于它们是两个过程。意识到这一点，在文化思考中很重要。实践就是人类"化"自己和"化"世界的本质活动。劳动实践不仅使猿变成了人，而且还永远保证人作为人的继续生存和发展，劳动实践是人类"可持续发展"的最终的、根本的条件。人类的各种生产活动，包括物质资料生产，精神文化生产，社会关系生产，本质上是"扩大再生产"。它不但是连续的，而且是递进的、增长的。不但实践的质和量不断提高，而且实践的形式和内容也不断地丰富，呈现多样化的趋势。由于实践是"人化"和"化人"的活动，因此实践的这种可持续发展方式，体现在文化上，就是"人化"和"化人"双向深化——世界在越来越深刻的意义上是"人"的世界，人在越来越高的程度上是文明人。

"人"与文化环境之间、"人化"与"化人"之间的辩证运动也是如此：

一方面，人把自己的聪明才智、自己的本质力量、自己的文化理想物化出来，或者把"野性"的自然改造为人的对象，或创造完全人工的、技艺的世界。实践创造劳动产品，创造客观的社会关系和生活方式，这就是人把自己的智慧、品质、目的和理想（马克思称之为"人的本质力量"）"物化"出来，改变世界的天然性、非人性，创造人特有的人文世界、文化世界。我们的一切文化、文明成果都是人的智慧的结晶，从一个侧面说，都是我们头脑中智慧信息的实现。人的头脑与智慧的伟大功能就是想象新世界，设计新世界，创造新世界。于是，各种新奇的、怪诞的、美妙绝伦的、充满睿智的方案和构想就从人的智慧中流出来，进而凝结为客观现实的存在。这些用我们的话说，是世界的"人化"。

另一方面,"人化"的行为、事实和成果,又反过来教育人、熏陶人,促成人的文化品质的深化,使人的知识、思维、能力、价值观和行为方式等也发生相应的变化,这是"化人"。人的文化品质、才能和素质是先天的、从来如此的吗? 显然不是,它自己也有一个被"化"的过程。"化育"自然(包括自身的自然)的主体性力量自身也需要被"化育",也是"化育"的结果。人以实践活动作用于世界的同时,也以实践活动作用于自己;人靠他自己化育出来的"人化"世界来化育,人生产出来的产品(连同生产过程本身)又是"文化人"的"生产者"。人在文化世界(这是他自己化育出来的)这个"无言之师"的教导下,完成自己"向文而化"的过程。

"人化"的活动及其成果如何反过来"化人"呢? 人"化"自然,无论是人借助语言、神话、宗教、科学等手段"包装"过的自然界,还是通过技艺人工培植、驯养和改良了的自然物,其中都已经凝聚了人的观念、情感、智慧、理想和力量,成为超出个体之上的相对独立的客观事实,构成环绕我们的一种氛围。"人化"的效果为"化人"服务,是人的不断生成、发展和完善的一部分。生活在这样的自然中,也就是在潜移默化地接受着凝聚于其中的意识、情感,也就是接受自然中属人特性的熏陶。所以"人化"不仅是使自然状态转变为适合人的状态,而且是促进人自身"向文而化"的必要条件。

不仅人创造出来的物质文明会反过来"化人","人化"出来的社会关系、生活方式、精神成果,等等这些都会反作用于人。因为"人化"的成果不是个人的,而是社会的,它们只有在人们的交往中,在超越个体的整体中才能存在。个体降生前,它就存在;个体死亡,它仍然存在。个体的生命和力量有限,作为整体的"人化"世界却是无限的。于是,每个人注定面对一种远远超出他们个人之上的社会体系,完完全全地被它的氛围所包裹,从一定意义上说就是这种氛围的产儿。人们实际怎样生活,也就是把这种生活中所渗透的各种文化内涵展示出来,影响周围的人。我们不可能脱离这个社会,不可能不接受它的熏陶。"社会"这个"人化世界"与我们的整个生活、生存是同一的。只要我们生存,我们就是在被我们的文化所"化"。

文化与人、"人化"与"化人"的双向互动和双向生成关系,不是静止的、一次性完成的,而是持续地并反复地进行,不是静态平衡的作用关系,而是呈正反馈式的放大——"人化"的成果反作用于人,得到"化育"的人又能更有效地"化"世界,如此作用的结果,是人的文明程度越来越高,人的文明成果也越来越丰富。

四、文化解读的"文本"

当我们以文化为对象,想要弄清楚它究竟"是什么"和"怎么样"的时候,就好比是想要去阅读、读懂一本"书",而这本"书"究竟在哪里? 我们究竟要到哪里去读、读什么才对路? 什么是我们解读的真正"文本"呢? 按照我们的观点,答案应该是"生活实践"。生活实践是一切文化解读的真正"文本"。

在现实中把握"文化",重在考察人们的行为模式、生活"样式"本身。文化的体现,不仅在于人们"做什么",更在于人们"怎样做""做成什么样"。正如马克思所说:"个人怎样表现自己的生活,他们自己就是怎样";一个时代的人和社会怎样,是同他们的生产相一致的,"既和他们生产什么一致,又和他们怎样生产一致"[1]。也就是说,人和社会的现实形态,不是以人们怎样想和怎样说,而是以人们"做什么"和"怎样做"为标志;人们在各个时期做什么和怎样做,取决于人和社会自身的实际状态和发展条件(其中最根本的条件是生产力)如何,以及人们自觉把握的程度如何,既不是完全被动的,也不是完全随意的。总之,人是怎样的,不在于他如何声称或想象他自己,而在于他如何生活;社会是怎样的,不要看它关于自己说了什么,而要看它做什么和怎么做。就是说,文化,包括精神文化在内,也有个"虚"和"实"的问题。人们在精神生活方面所说的和宣传的是什么,与他们实际上所想的和所做的是什么之间,有一定差别。一

---

① 《马克思恩格斯选集》第 1 卷,67、68 页,北京,人民出版社,1995。

个民族的文化与它的文章、文献、典籍的关系，犹如这个民族人的生活方式和实际"所作所为"，与他们出于某种主见的"所言所说"的关系。人的生活和实践本身才是文化的真正载体，而有关它的一切言说，只不过是对它的"解读"。事实证明，要认识一个民族有怎样的文化，主要不在于其言辞和感情的宣言是什么，表达了怎样的认同，而在于他们是为何和如何（以什么方式）认同和表达。人们对待自己生活的现实态度和选择方式特征，比他们拿在手里的文化经典更能说明其文化和传统。深入了解人们的真实所想所为远比翻阅书本要麻烦得多，但惟其如此，才有资格判断一种文化的完整真实。

然而在多年的文化"解读"中，却常常存在一些不为人所注意的误区：

误区之一，是把文化仅仅当成了"字话"——人们口上说的或写在书本上的话，而不是人们历史生活的现实。这叫做"只观其言而不察其实"，把古人和前人的"解读"当成了最终的"文本"，使自己的研究仅限于"对解读的解读"。如果讲文化只关注书本而忽视了人和人的现实生活，讲古代文化只关注古人口中所说、笔下所写的，却忽视了他们实际所做的，无异于避实就虚。这样很容易把一时的愿望当成恒久的规则，把少数人的感想当成普遍的事实，把曾有的宣传声势当成既有的实际成效。这样看历史，就会如鲁迅所说，看人只看"搽了粉的脸蛋"，而未去"看他的脊梁"；这样谈文化，就只会在"我注六经"与"六经注我"的游移循环中兜圈子，把文化研究变成了纯粹的文字功夫和概念游戏，与过去、现在和将来的生活实际都不发生关系，或者更糟，是要用主观意向代替客观现实。

误区之二，是在谈论自己的文化时，忘记了"自己"——仅仅把古人和前辈人的东西当成自己民族的文化，而把自己现实的东西置于民族文化之外，忘记了当代人自己的权力和责任。对文化的关注主要不是关注现实的人和现实的生活，而是关注古人；不是把广大的民众当做文化的主体，而是把极少数文人当做文化的主体；不是从当代十几亿人的真实的生存样态中归纳出中国文化的特质，而是从古圣古贤的言论中抽象地演绎出这种特质;讲民族文化只着眼于少数精英而忽视了广大民众。这样的结果是,越是大谈"文化",就越是看不到真正的文化主体,越是认不清当代人自己在文化建设上的权力和责任,缺乏面对现实的勇气和创造力;不是引导人们向前看,而是引导人们向后看;不是用当代生活的主流价值去取舍支配旧的价值,而是被旧的东西牵着鼻子走。用这样的心态去设想未来,就总是沉湎于某种昔日的辉煌,走不出"逆时向思维"的消极心态。

文化的生命和价值存在于活生生的历史运动和历史创造中。"传统"不等于"过去";"传统文化"不等于"故往文化"。文化是生生不息的源流,这种流只能表现为一代代的"当代性",只能表现为无数流动着的"现在"和"正在"。文化不是一成不变的,而是在历史的过程中逐步展开和演变的。即使历史上的东西,也是历史上那个特定时期的当代的东西。一件青铜器皿,在古代使用者手中的价值就不同于在今天收藏家手中的价值。古代文化的当代意义,是当代人对它再诠释的结果;而传统文化只能是指流传到今天的、仍然"活着的"文化。因此,我们解读的文化"文本",只可能是现实的、当代的人和其现实的生活、思想、感情,归根到底是当代人自己的权力和责任。我们反思文化,归根到底是要明确我们自己对自己生存发展的权力和责任。文化的生命是当代的、现实的。离开了当代人,文化就是没有生命气息的僵死之物。

由此可知,要研究中国文化,首先需要的是研究我们的国民本身,研究国民的经济行为、政治行为、道德行为,等等。研究这些行为所体现出来的价值。这就是文化"文本"的当代现实性。但文化文本的"误读",则把古代圣贤经典当做中国文化主要的甚至是唯一的"文本",那么后人就只能去诠释前人、依傍古人,而忘了自己可以做什么、应该做什么、必须做什么,忘了自己就是我们时代文化的创造者、建设者,也是文化改造的对象。比如人们谈中国文化,但很少有人对国人现实的价值观念、生活方式、文化素质等做深入的调查研究,并在此基础上去领悟中国文化的特质,把它与西方文化及其他文化进行对比。依傍文献经典,跟着古人走,成功了,是幸运;失败了,可以归咎于古人。然而,如果整整一代人没有自己的独创、没有自己的贡献,没有用我们的手把文化传统推向前进,我们也就愧对古人。

解读文化的文本应着眼于当代现实,这一点还要求:文化的样态、法则、规范,应从实际生活中引出,而不是先验地被规定;相反,人们的社会生活怎样,必然产生与之相适应的文化法则、道德规范。例如,改革开放前,中国社会主义建设常常是从"应然"出发的,人们认定社会主义的"真正"标准、理想模型是怎样的,然后让现实按这幅"应然"蓝图运作,让"实然"向"应然"靠拢。这种思维方式是脱离实际的,把想象、愿望中的东西当做"范本",当现实不符合这一范本时,就认为是现实出了问题,而不去反思自己。这种思维方式曾使我们吃过亏。

根据以上认识可以说,中国文化的建设,前提是把握好我们的文化"文本"。解读现实的文化文本,我们可以直指生活,直指生活中的各种现象。我们需要从当代现实的生活中发现、描述和展示我们的文化,从生活的方方面面去考察文化,在我国的经济、科学、教育、道德、宗教、审美等现实生活中把握我们活生生的中国文化。

第二章

文化的基本形态

上一章讨论了文化的本质"是什么",以下三章将讨论文化的现实形态("什么样")。广义的文化覆盖人类现实生活的全部领域。而人类的现实生活,无非表现于物质、精神和制度三大领域、三个层面。因此可以把文化相应地划分为物质文化、精神文化和制度文化三种基本形态。

一、物质文化:器物和经济

物质文化指人类文化的物化形态,包括人的物质性活动及其成果。

在实践中,人们通过改变自然物的形态,把自己的知识、愿望、信仰、技能、审美情趣等物化出来,做成用具、服饰、食物、器皿、建筑物等物品。这样,物也就具有了"人化"的性质,成了文化现象。就是说,所谓物质文化,是指其中凝聚、体现、寄托着人的生存方式、生存状态、思想感情的物质过程和物质产品。

物质文化是最容易见到的、直观的文化形态。它的具体表现是多方面、多种多样的,主要可以归结为两大类:器物文化和经济文化。

中国古代的器物中,一向有很鲜明的文化风格。青铜器、瓷器、纸张、丝绸、漆器、茶叶、豆腐……这些器物中,中华文化的和谐、精巧等特有面貌呼之欲出。以至于在世界上,丝绸等物成了中国、中国文化的象征和代名词——据说英文的 China(中国)一词,就是由"丝"(另一说法是"瓷器")演化而成的。

一个民族的经济越发达,也就越容易形成新的特色,影响文化的发展;反过来,一个民族的文化越有特色,它的经济活动及其产品也就越有自己的民族风格。例如当今,美国可口可乐、麦当劳、微软和苹果,已经成为了一种风格,显示着美国精神;同样,日本松下、东芝、索尼等公司的产品,也体现了日本精神。世界上许多新产品,都是一定新型物质文化的象征。

由于物质文化在器物上表现得非常具体而直观,很容易被人们所注意和理解,有人就把物质文化仅仅归结为"器物文化"。其实这是很不全面的。把物质仅仅理解为器物,缺点是容易使人注意了眼前的、直观的结果而忘记了原因,注意了细节而忘记了大局。器物文化固然属于物质文化,但物质文化并不就等于器物文化。

物质文化还有更广泛、更重要的方面:人的物质生产和生活过程——经济生活。经济是社会物质资料(包括生产资料和生活资料)的生产、交换、分配和流通的过程,而且这一过程能延伸到人们的生活消费之中。应该说,经济生活也是文化的一定形态,它不仅是物质文化的主要形式,而且是人类文化的深层结构。

经济生活是人类生存发展的首要形式。人以生产劳动为手段,改变大自然的性质、面貌和功能,使之成为有利于人的"人化"自然,这是经济;人以生产劳动为基础,组成社会关系,去生产物质资料,创造精神文化,这也是经济。经济是人"化"世界和"化"自己的基本形式。可以说,没有经济生活也就没有人的生存,没有人与人之间最基本的社会关系,没有社会,没有人的一切。从"文化即人化"这一点出发,必然首先肯定:以劳动即物质生产为基础的人类生存方式,是以"物的纽带"联系起来的人的生存方式和相互关系。它们既是"物的人化"方式,又是"人的人化"方式,既是"化物",又是"化人"。经济本身,就是第一种物质文化形式。

经济活动构成一种具体的文化样态——经济文化。经济中不仅包括了大量特有的器物(资料、工具、能源、产品等),更包括了人自身的物质和体力收支、思想和观念运动、人与人之间的分工合作和交往,等等。经济文化区别于政治文化、道德文化、军事文化等,是一种以物的形态和物的功能为特征的文化。经济文化所包含的,是人对物质生活资料的生产、交换、分配、流通、使用和消费过程,以及与之相匹配的观念化和制度化形式。在经济文化中,人们的产权关系、交换方式、分配形式、流通过程、消费特征等,彼此之间相互联系、相互影响,构成了一个相对独立、完整的体系,具有其内在的方式和逻辑。比如原始经济中的简陋工具,集体劳动,平均分配;农业经济中的手工劳动,土地租赁,靠天吃饭;工业和商品经济中的讲求利益、效益、效率,实行等价交换,保持一定的合作和竞争秩序,等等这些都成为人的生存发展的基本方式,从而具有了深层文化的性质。

企业文化是经济文化的一种个性化状态。这里的"企业"指工商业和其他以赢利为目的的经济实体。企业的性质、内部结构、运行机制、经营理念、思想作风、对外形象、最终产品和服务的社会效果等,会形成一个以经济为中心的总体面貌,显露企业或行业所特有的生存发展方式和风格,这些就是所谓的企业文化。说得直白些,企业文化并不仅仅是指企业所搞的公关、宣传、娱乐和业余活动等外表形式,而是企业内在生命力的综合显现。企业文化已经成为企业的核心和灵魂,有人认为,当今市场经济条件下的企业竞争,已经不是某些单项经济技术指标的竞争,而是整个企业文化的竞争。

经济文化的内涵是十分丰富的,它的文化地位也是非常重要的。在整个经济活动中,体现出人与自然、个人与群体、人的物质与精神等各方面的关系,最真切地反映出人的发展水平和面貌。经济运行既是人参与其中的,又有自己的特殊方式和逻辑,人不能随意摆布,这显示出"人化"与"化人"的某些客观必然性。经济中必然蕴涵着人的生存模式、发展条件和追求目标,体现着人的生存发展意识、理性智慧、道德情感、审美情趣和民族精神。前面所说器物文化的各种内涵,都只能在这一活动过程中获得。经济文化是器物文化的"源头":经济文化是"因",器物文化是"果"。

经济文化也是其他社会文化(包括制度文化、精神文化等)的基础。从文化的角度看问题,根据马克思主义"经济是基础"的基本观点,我们不难想到:作为社会"上层建筑"的政治制度、意识形态等,其深刻的根源和基础在于经济。既然"人们的社会存在决定他们的社会意识"(马克思),既然"政治是经济的集中体现"(列宁),既然"每个时代的人们都从他们的经济关系中吸取自己的道德观念"(恩格斯),那么经济文化必然也对其他文化类型具有前提的性质,具有先决条件的意义。

二、精神文化:知、情、意

一般说来,精神文化主要有三种基本表现形式,即构成人的精神世界的三大要素:知(认识和知识)、情(情绪和情感)、意(意向和意志)。

认知是指人对世界万物(包括自然和社会、物和人在内的一切对象)的感知、认识、了解、知识、理论、经验等,总体上就是头脑中对客观事物或客观世界的反映。认知具有从低级到高级、从感性到理性、从个别到普遍的多种层次。比如我知道某种花朵的形状和特征,知道某个朋友的住址和家庭情况,这些无疑属于对世界的一定认知,属于日常生活的、感性直观的认知;而我知道天体运行的节律变化,知道生物的遗传和变异,知道经济运行的规律和机制等,则属于高层次的认知——科学知识。可以说,认知是人类社会的最系统、最成熟的精神文化形式,其中又以科学知识为最重要、最典型。科学知识是高级的、理性化的认知形式,是人类对世界最为深入、系统的认知,是以普遍性和必然性为标准的认知,是历史的增长和积累最成功的认知。因为有了知识,人类对自然、社会和自身的精神现象才有清晰的理解和把握,才能根据这种理解和把握去发展、完善自然条件和自身状况,创造文化。而且,从一个角度说,蕴涵在认知活动中的方式、方法、前提、基础等,本身也是文化。中国的老百姓通常都把"有文化"理解为"学习过科学知识",表明可以用科学知识体系来代表人类精神文化中"知"的方面,用科学知识发展的水平和特征作为一个标志,来判断人类精神文化发展的水平和特征。人类的科学事业越是发达、知识体系越是丰富和完备,就意味着人类的精神文化在"知"的方面水平越高。

"情"和"意"可以合并成一个概念："态度"。情绪和情感是人对周围现实和对自己的一种特有的心理反应，包括自觉的和不自觉的喜、怒、哀、乐、爱、恶、欲等所谓"七情六欲"；意志是指人自觉地确定目的并支配自己的行动以实现目的的心理状态和思维过程，往往表现为很强的、保持一贯的某种情感、思路和取向。我们通常都用是否"坚定、坚强"来描述人的意志，就是根据它的这种特点。"情、意"或"态度"不仅仅个人有，群体、民族、阶级和国家也有。集体化的情感和意志，往往更能体现一定社会的文化面貌。

　　相对于"知"而言，"情、意"或"态度"的主要特点在于：它们的内容并不限于对某一对象的了解（知道它如何）本身，而是表示在一定"知"的基础上，人基于自身的因素（需要、想要、能力等）而产生的一定情绪、意向、取向（反应如何、想要怎样）等，这些简称就叫"态度"。"态度"在哲学上有一个正式的名称，叫"价值意识"。就是说，它是人的一种特有的意识状态，是在事关价值的问题上才有的心理活动。当问题仅仅在于确定对象本身（存在不存在、是什么不是什么等），而不是判断价值的时候，人们的精神活动所需要的，主要是获得知识，其中尽量少些主观的情感和意志最好；而当问题在于确定对象、事情对人的意义（好还是不好、要还是不要等）的时候，人的精神心理活动所要产生的，则是一种主观化的反应——态度。人对任何事情都可以而且应该有自己的态度，但态度并不直接产生于知识，而是产生于主体的需要、能力及其意识与一定知识的结合。它是以人自己的需求、能力、习惯等为尺度，去衡量、判断事情的心理过程和结果。这就是价值意识。

　　价值意识比知识体系覆盖的范围更广。在一切知识的范围内，人都可以有态度，比如当人们知道了原子能的威力之后，就会有"发展和利用它"或者"回避与害怕它"等不同的态度；同时，在一切知识之外，人们仍然要有自己的态度。比如科学至今也没有判定究竟是否存在着"外星人"，但人们却以各种方式对其表现出极大的兴趣，并且不惜花费大量金钱，想方设法去弄清楚它。

价值意识的形式比知识体系更多样。一般说来,知识总要走向理性化,以概念、逻辑的方式表现出来。而以概念、逻辑的方式表现出来的知识,就必然带有全人类共同规范的统一性、一致性。价值意识则不然,它不仅可以是非常理性的,而且常常也表现为半理性甚至非理性的。唯其以情感、意志等方式表现出来,才更显价值意识的特色。人们在价值选择上有时可以"感情冲动""心血来潮""头脑一热"地做出决定,并且不后悔,而在科学研究上却永远不能如此,这正体现了态度不同于科学和知识之处。

价值意识比知识体系与人的行为联系更直接、更带主观色彩。比如:知道按照引力的规律,必然是"水往低处流",这是一个常识性的知识。知道这一点本身并不直接意味着人应该做什么,是顺流而下,还是筑坝拦水、引流灌溉?回答这些问题的不是知识,而是态度——人们根据自己的需要和能力,很快就对"水往低处流"作出价值判断和选择,产生一套想法,决定应该做什么、怎样做。这就是价值意识的表现和作用。人们的行动,往往来自人的价值意识的直接反应。

总之,价值意识不同于认知体系、"态度"不同于"知识"之处在于:价值意识和态度必然"因人而异",是多元的;而认知和知识则属于人类的共识,是一元的。抛开纯粹个人的非理性的意识不说,仅就价值意识比较理性化的形式——价值观念而言,也是不同人有不同的价值观念,多元化是无法否认的事实。价值意识之所以是多元的,正因为它受主体自身的因素所决定。主体因素的复杂多样性,一方面有客观原因,因为"人们的社会存在决定人们的社会意识",而"社会存在"不是单一的,而是无比复杂的事实;另一方面有主观原因,因为精神、意志是自由的,即使相同的事实根据,人们也可以对其采取非常不同的态度。这些原因决定了价值意识的多元化。

每一个民族都有其特有的精神面貌——民族精神。民族精神是指一个民族特有的"知、情、意"体系,是民族为优化自己、提升自己所遵循的理想、目标、原则等,它是民族在生存发展中所形成的深层观念、气质、价值意识的凝聚。这种精神体现在民族文化的方方面面。德国哲学家施宾格勒曾尝试对不同民族的精神文化加以归纳和描述,如:希腊文化的精神是"阿波罗精神"——一种清晰、具体、有限的精神,它在有限的形体中觅取调和的美感;西方的文化精神是"浮士德精神"——内心深处激荡着不安的灵魂,要在无穷的追求中完成自己的生命;中国文化的精神则是"道",等等。中国学者张岱年认为,中华民族传统文化的精神是"天行健,君子以自强不息"和"厚德载物"。当然,这些归纳和描述很难做到完整准确,但有一点是可以确信的:在很多场合下,一种民族精神就是一套精神文化的鲜明体现。

精神文化往往被看做是文化的灵魂。作为意识、观念形态的东西,精神文化当然是"第二性"的,它必然受物质文化和制度文化的制约。但某种精神文化一旦形成,它作为一个国家、一个民族、阶级、阶层或群体、个人的心理定势、精神风貌的总和,就具有无形的强大力量,反过来给物质文化和制度文化以巨大的影响。

三、制度文化:权利的结构与规则

制度文化是指社会生活的制度、体制、规则、程序等方面的现实特征。最典型的制度,有社会经济制度、政治(国家)制度、司法制度以及或显或隐的宗教和伦理规范体系等。任何社会、国家或民族、地区或行业部门、有组织的群体或社会团体,其日常活动都必然有自己的基本制度、基本规则和具体的体制、机制、操作程序等类似计算机"软件"的系统。制度本身来自人们现实的生存方式及其历史进程。人类在使自然界和自身合目的性发展并因此被"文化"的过程中,必然结成一定的关系,以一定的方式结合和交往,人与人组成社会,个人融入社会的活动,必然有一定的关系结构和秩序,于是就产生了各种社会制度。

从内容上看,各种不同的制度(包括体制、规则、程序等在内)有一个共同的实质或核心,归根到底是对人们有关权力和利益的分配和规定。就是说,制度所解决的问题,是在它所适用的范围内,明确地规定人们的行为要遵循什么样的原则、标准和程序,保证什么人的、什么样的权利,等等。因此,制度的本质是反映人与人之间某种现实关系的结构,并落实维系这一结构所必需的行为规则和程序。就如同球赛的规则,归根到底是体现全体球员(队)、裁判、球赛组织者和赞助者、观众等之间的关系结构,并且服务于这一结构一样。国家制度是制度文化的典型形式和最高表现。一个社会或民族占统治地位的文化内涵,差不多都渗透在制度中。例如中国传统的宗法文化特质就体现在旧中国的国家制度中:国家按照宗法家族的方式、价值观念来进行管理。这种国家组织是直接从家族组织演变成的,家族的宗法关系、社会结构、组织模式和运作机制是国家制度的原本。皇帝是国民的"大共父",皇后则是"母仪天下"的"国母";政府官员是"父母官",老百姓则是"子民";国家不被看做是公民的公共财产,而被视为皇帝一族的私人"家产"——"江山""家天下"。史书中曾记载,汉朝开国皇帝刘邦在"抢"得天下后,对他的父亲说:你从前骂我不务正业,不置家产,你看我现在的家产怎么样? 其得意之态,不言自明。

法制是与国家组织既相关又有区别的制度文化。中国传统的法制体现了世俗王权"一统天下"的特色,中心是为一个最高统治者自上而下地统治提供保障。因为最高统治者只有一个人,所以它不需要考虑调节有对等地位的不同主体之间的权益,不需要对最高统治者加以限制。中国传统法制可以说是"牧民"的规则——即对民众进行控制、管理、役使的规则和权术。当时的法律条文就很少涉及比如民事权利、国民的法律主体地位等问题,在实际操作中,"权大于法"的原则由隐到显,享有"通用通吃"的地位。这种法制文化对中国社会几千年的面貌,起到了重要的"塑型"作用。而西方的法制文化则一开始就有所不同。在公元前6世纪到公元7世纪的一千余年里,形成了一种对后世影响极大的"罗马法",曾被马克思、恩格斯评定为"商品生产者社会的第一个世界性法律"。罗马法重在规定人们彼此之间的权利和义务,而且规定得很细致具体,将人与人的社会关系处理得有如市场交易,甚至父子、兄弟间也是如此。这种法制文化体现了在社会主体多元化的条件下,立足于多元之间相互制约的生活方式及这种生活方式的文化特色,对后来资本主义的社会制度起了重要作用。

在一定的意义上说,社会的制度如何,与人和文化如何是同一个问题。例如,中世纪基督教文化是宗教型文化,信仰上帝、为"主"而生存,是人们的最高价值目标。这种文化无疑要体现在制度上。欧洲有以罗马教廷为中心的强大的教会组织,教会有军队,有宗教裁判所,还有雄厚的经济基础,等等。再例如,中国传统文化是一种宗法文化、家族文化,在制度上主要表现为两个方面:一是"家"与"国"同构的社会结构;二是强盛的宗法家族组织。旧中国社会的其他组织,如手工业行会、黑帮,乃至不少民间宗教组织,都模仿宗族组织,实行类似宗族的制度。

从形式上看,制度文化既不同于物质文化和精神文化,又兼有二者的一定特征。与物质文化直接体现为物化的外在过程和结果不同,制度文化主要通过人们行为之间的联系体现出来,它是作为人与人关系的结构和规则体系而存在的。也就是说,制度文化的主要载体不是"物"而是"人"。但是,制度文化却并不主要依存于个人,而是存在于人们之间相互交往的公共行为和共同领域之中,是使人们在一定范围内彼此有秩序地联系、结合、一致起来的那种结构和规则体系,因此它的主要载体不是单独的个人,而是社会化到一定程度的人群共同体;精神文化主要是一种精神性的现象,并且其中必然包含有大量的个体情感成分,与之不同的是,制度文化则不仅要有通过人的结合而出现的"物化"形式,其精神活动也更带有理性特征。比如,制度文化要通过一定的组织形式来体现,就要有特定的机构、体制、执行系统、职业化的和专门化的队伍等,这是制度所不可缺少的"物化"形态。而制度中所包含的精神性因素,因为是反映人们之间共同的、公共性的规则程序等思想内容,就必然要经过一定自觉的研究、思考和讨论才能确立起来,不能仅靠情感,这就使它必然地带有更多的理性因素,甚至伴随着一定的理论化过程。在现实社会里,国家和社会的各种制度越是自觉、越是明确和坚定,就越能显示其高度理性化的特征。相比而言,物质文化和精神文化的现象更显得多样、活跃和易变,而制度文化则显得相对集中、统一和稳定。制度的变化,则意味着社会发生了带有一定根本性质的重大变化。

　　总之,制度文化是介于物质文化和精神文化之间、并实现了二者相互结合、相互转化的一个特殊文化层面,是将一定的物质文化和精神文化加以升华、提炼和凝聚下来的一种自觉的、高级的社会化形态。在社会文化的大体系中,制度文化处于承上启下、承前启后的中枢地位。而在社会和文化的进化发展中,制度文化往往起着关键作用。物质文化的进步成果能否得到确定和巩固,精神文化的进步成果能否得到体现和落实,人类一切进步发展的努力能否成为人类自身的财富,最终要看能否形成一套良性运作的制度,看它们能否在制度化的建设中得到肯定。否则,再好的发明创造、再先进的思想理论,也只能是个别的、一时的成果,而不能成为社会持续发展的宝贵基础。

第三章

文化样式的"多"与"一"

文化本质上是人类必然、普遍、永恒的生命形态。但是,在现实世界中,人类的这种生命形态又是多重、多样、可变的,而不是简单、纯粹、单一的。

一、主体:文化多样化的根据

观察文化的具体样式,可以有不同的角度,依不同的标准。前面说的三大基本形态,是依社会生活的静态基本结构所做的最简单的概括和划分。此外,还可依照其他标准来划分:

按照文化的主体性来分。不同的人们(群体)有不同的生活条件、行为特征、历史经历等,因而有各不相同的文化,如各民族的文化,各阶级阶层的文化,各行业的文化,"精英文化"和"大众文化"等。

按照文化的空间性来分。按一定文化与一定地域条件或生活环境之间的联系,可分为不同的文化体系或"文化圈",如东方文化、西方文化;亚洲文化、欧洲文化、拉美文化、非洲文化;陆地文化和海洋文化;城市文化和乡村文化等。

按照文化的时间性来分。按一定文化与一定历史时序之间的联系,可以划分文化演进的不同阶段,如古代文化、近代文化、现代文化、当代文化;传统文化以及新兴文化等。

此外按照文化体系的内容、门类、取向、风格、地位等其他特性,则有更多的千姿百态的划分,如宗教文化和科学文化,经济文化、政治文化和

— 31 —

上篇 文化概论

军事文化,劳动文化和休闲文化,体育文化和演艺文化,高雅文化和低俗文化,主流文化和边缘文化,无穷无尽。

在各种各样的分类中,依主体的划分最具有根本性和实质性。这是因为,文化归根到底是人自己生活、发展的方式。文化的主体是人,而不是别的;文化不是什么在人之外、独立于人的某个东西,文化就在人的生活之中,就是体现在人的思想、行为、价值观、生活方式中的东西;文化的"形"和"态",实质也是人的"形"和"态"。因此,文化的一切特性和多样性,归根到底来自作为文化主体的人本身的特性和多样性;同样,各种文化之间的共同性和统一性,也取决于人与人之间的共同性和统一性。

"文化主体"是指创造了一定文化、并以一定文化为自己生存方式的人们。人既是文化的创造者、改变者,又是文化的载体、承担者;文化来自人的需要和能力、智慧和情感、设计和创造,表现于人的生活、行为和价值观中。但作为文化主体的人,并不是抽象的、单一的"人",而是多种多样、千姿百态的现实的群体。文化主体之间的差异,可以从以下几个方面加以分析和把握:

其一,社会群体的差异导致文化主体的差异。人们不管是创造文化,还是按照文化的"样法"生活,都是以社会的方式进行的。人总是属于一定的群体——民族、国家、阶级、团体、行业等,个人之间只有结成一定的社会群体,才能创造一定的生活方式和文化。因此文化不可能是某个人的附属物,而是具有一定普遍性或共同性的社会现象、历史现象;但正是因为人们结成各种各样的共同体,因而人们的文化生存内容和方式就各不相同。我们常听说的阶级意识、民族性格、团队精神、职业习惯等,就是人们因为隶属于各种各样共同体导致的差别。

其二,自然条件的差异导致主体的差异。有一种观点,叫"地理环境决定论",它认为社会文化的一切都是由地理环境决定的。这个观点是不对的,但我们不能因此否定地理环境对人和文化的影响。其实,自然条件是与生产等因素结合共同对人和文化产生影响的。例如中华民族所处的自然环境,适宜农业生产,我们的祖先发展了发达的、早熟的农业文明,并比较完整地保留了宗法家族制度。中国人的许多性格，如安贫乐道、和合宁静、注重伦理等，都与这一条件相关。古希腊则与中国不同，巴尔干半岛和爱琴海的地貌不可能发展起发达的农耕文明，而地中海的环境(亚非拉三洲交界，周边有许多文明民族)却有利于发展航海业、手工业和商业，有利于海外殖民。这样的自然条件培养了希腊人的性格，进而影响后来的西方人。甚至在同一国度，自然环境不一样，人的性格习惯、生活方式等也不同，如生活在江南水乡的人的性格，就不同于生活在内蒙古大草原的人的性格。

其三，人们的实践经验的不同导致主体的差异。人的品质、本质、性格等既不是先天预定的，也不是抽象的和千篇一律的，而是人们在自己的实践中"做"成的。我们在工作、学习、创造、交往时，也就在塑造我们自己。但是，人们之间的"做"法，人们的实践是各不相同的，人的主体性也就不同。例如从事科学探索的群体与从事商业交易的群体，在习惯上显然会形成不同的风格。

总之，造成文化主体千差万别的原因很多。由于以上各种原因，人，准确地说文化主体，是具体的、有个性差异的，是多种多样的。由于主体是文化的基础和根据，文化就是人的某种表征，所以，人的差异就必然表现为文化的"形"和"态"的差异。世界上也没有抽象的"文化"，只有个性千差万别的主体身上存在的文化，只有不同的价值观、生活形式、思维和行为方式等中体现的文化。

世界上文化的多样化、多元化是一个基本的事实，不理解或不承认这一点，就不可能正确地对待文化，不可能正确地对待人类。基于这一点，我们就要知道，当你说"文化"的时候，不要把它想象为单一的抽象物，似乎适合所有的人，或者认为，全人类有一个唯一的文化。不是的，谈到文化总会涉及：谁的文化？什么样的文化？什么地区(民族、国家等)、什么时代的文化？等等。如果没有这种主体意识，就不可能准确地观察和判断现实的文化。

那么，文化是不是一个没有一定之规、完全偶然的相对主义领域呢？

— 33 —

并非如此。文化主体的多样性并不排除他们之间的统一性、一致性。文化的多样性并不意味着不同文化之间毫不相干，毫无共同之处，并不意味着不同文化体系、不同层面和不同种类的文化之间风马牛不相及。事实上，文化的多样性与文化的统一性是一致的。

说到底，文化的主体是有一定生存发展规律和规则的社会生物，不论情况多么特殊（这些只能决定某些具体的不同），人不能违背人"类"的一般规律和本性，不可能脱离人自己发展的基本条件。地球上人类生存发展的最基本条件，实际是大同小异的。从人类的高度和人的社会历史性高度上看，各种不同文化之间，在深层本质和基本结构上，也是大同小异的。这种"同中有异，异中有同"的关系，维特根斯坦曾将其比作"家族相似"：同一家族的不同成员相貌既像又不像。就是说，文化的统一性是自然地体现在不同主体中相似、相近、相通的东西，是通过杂多表现出来的内在一致性。文化的统一，并不是单一，不是机械的同一。更准确地说，这种"相同"是相通、互补，是一种协调、和谐。正因为如此，才在形成各种各样的文化样式的同时，也表现出许多共同性，有许多可以相互比较的共同标志。从这里，我们看到了"样法"——文化本身的存在，从而可以进一步观察它的结构和特性。

总之，文化主体的多样性和统一性决定了文化的多样性和统一性。

二、多样性统一的民族文化

"民族"是一个多层级的复杂概念，其中至少有狭义和广义的民族之分。狭义的民族，即民族学意义上的主体，是指由于一定的血缘、初始地域、语言、信仰、社会心理和行为等方面的联系而形成的人群共同体。这是"民族"一词原初的含义，如我国有汉、蒙、回、藏、维吾尔等 56 个民族，说的就是狭义的"民族"。广义的民族，是指现代意义上与国家体系相适应的民族概念，如"中华民族""美利坚民族"等。这是包括多个狭义民族的社会共同体。国家尤其是现代的国家制度，实行的是"属地法"，即以疆域所辖为原则。这样，在同一主权国家所辖的范围内，可能形成包括不同的狭义民族所构成的国家民族,即"大民族";而同一狭义民族由于其成员分布在不同地区、分属于不同的主权国家,也可能属于不同的"大民族"。主权国家内部统一的语言、风俗、政治、法律、经济、意识形态等,使得同一主权国家内原本不同的狭义民族有了共同的基本文化,而与其他国家民族的文化有所不同。

因此,民族文化的多样性和统一性是个十分复杂的问题。从宏观上看,我们可以分三个层次来谈:(1)以民族为单位,同一民族文化体系的多样性和统一性问题;(2)以多民族的国家或社会为单位,一定国家社会文化体系中的多样性和统一性问题;(3)以民族国家或社会为单位,不同国家或不同社会文化体系之间的多样性和统一性问题。

先谈第一种情形,即同一民族文化内部的多样性和统一性。狭义的民族,有血缘和体质上的根据,有地缘的根据,但主要的是文化上的根据。在漫长的历史中,地缘的根据因为民族的交往和迁徙而发生很大的改变;体质方面或血缘因素相对稳定些,但也由于不同民族的通婚而有不同程度的改变。这些原始的、自然的原因的相对化,使得文化的因素越来越重要。

文化是民族的主要内涵,就是说,一个民族之所以是一个民族,这个民族之所以与其他民族相区别,主要根据在文化。正是相同的地缘和历史渊源、生活方式、宗教、语言、传统与习俗、价值观等,使得一个民族成为一个整体,而与别的民族有别。人们以民族为基本的生产单位,沉浸在民族文化的各种共同因素中,耳濡目染的都是这些共同的东西。但这并不意味着民族文化就是千篇一律的。事实上,同一民族文化内部也是多姿多彩的。文化的风格、品位、形式、价值取向等各有特点,各不相同,组成丰富多彩的民族文化。

一个民族的文化本身就包含多种风格,中国文化也是多种多样风格的统一体。从地域方面大体说来,南方文化比较清奇秀丽,北方文化比较宏伟粗犷。主体方面,由于人们的性格特征不同,气质、心理和行为方式不同,他们所体现、所创造的文化风格也不同。张艺谋的作品沉重、粗犷,有浓厚的悲剧色彩,有一种把人性和历史无情撕破给人看的力量;谢晋的作品则严肃庄重,有种崇高感,有一种把人往光明未来引导的力量。

文化的品位是由文化的价值、意境、情趣、深刻性等所构成的文化层次。同样是幽默,文人的幽默与民间流传的幽默,其品位就不同;同样是悲剧,对人类、民族和文化命运的那种苍凉雄浑的悲愤与对个人的戚戚之悲哀,其品位亦可能不同;同样是宗教,那种对上帝天国的憧憬虔诚,与祈求福祉、保佑发财的迫切之间,其品位是不同的。民族文化是多种品位构成的统一体,有"俗"文化,有"雅"文化,有探索型的,有消费型的,等等。一般说来,知识分子所需要和所创造的文化,更"文",更修饰,常常也更专业化;工人农民所创造的文化,更"质",更生动形象些,也更通俗些。

最明显的文化多样化是形式的多样化。形式的多样化指文化的外在表现方式、方法、手段的多样化。文化的存在形式是多种多样的,有器物体现的文化、有制度体现的文化、有精神体现的文化、有人的行为体现的文化;文化的表现手段也是多种多样的,有造型的、有语言的、有动作的;文化的表现技巧也是多样化的,或抽象、或写意、或象征、或变形,等等。

文化多样化中包含着价值取向的多样化。社会生活无比复杂,人们对真善美,对功利、意义、公平、正义等价值的把握、理解和追求不一样,这就使得人们的价值观念千差万别;由这样的人们创造的文化,其价值取向也就千差万别。例如:

审美情趣的多样性。对生活、文化、道德、文学艺术等等,人们有各自不同的审美观念,审美价值观事实上是多元的。例如在衣着方面,有的人以朴素大方为美,有的人以名牌、"档次"高为美,有的人主张"高雅",有的人则爱赶时髦、爱仿效"明星",等等。

经济立场的多样性。人们根据自己的经济利益、经济地位选取对经济文化的态度,尤其是生活变革的时代,涉及人们的经济利益、经济关系调整的时候,人们的价值取向以及由此引起的社会态度往往千差万别,甚或针锋相对。有人主张依据效率拉开收入的档次,有人则主张保持大体平均,等等,这就使得经济生活呈现错综复杂的色彩。

政治和道德态度的多样性。对社会、政治和公共管理问题，人们持不同的观点和态度是必然的。因为人们的政治法律地位不同、利益不同、视野不同、对政治问题的理解和把握不同，所以采取的立场不同，有分歧是正常的。在道德上，有人奉行儒家传统，有人信奉功利主义，有人从佛教或其他宗教那里接受与世无争的超脱型道德，而我们的主流观念则是社会主义的集体主义，等等。

民族文化的多样性是由现实生活的复杂性决定的。文化品位的多样性源于人们的文化生活和文化需要的多样性。即使同一主体，也需要多种多样的、不同品位的文化：人们需要消遣性的文化，也需要学习深造的创造性的文化；需要解决吃穿住行等"日常生计"问题的文化，也需要解释宇宙人生的困惑、提供安身立命之基础的文化。不论是知识分子还是工人农民，都有这个差别，只是程度不同而已。在一个民族内部，人们创造文化的主观和客观条件(因素)是多种多样的，民族文化也必然是多种多样的。由于生活环境、条件、历史沿革、人物、习惯等的不同，不同地区的人民创造了不同风格的文化。我们常说"风土人情""一方水土养一方人""橘生淮南则为橘，生于淮北则为枳""入乡随俗"等，就是看到了民族文化在地域方面的差异。中华民族人口众多，生活的地域幅员广大，不同地区的自然和人文环境千差万别，因而文化的差异也较大。比如"海派"和"京派"的文化就显然不一样："海派"文化有江南水乡的传统，又由于开放较早，受海外影响较大，所以比较秀丽、灵巧、多姿多彩，有生动活泼、富于进取性等特点；"京派"具有北方文化的一般特点，加上皇家的遗风，所以显得端庄、宏大、气派、粗犷。民族文化的特点就是文化的民族性。民族性意味着：在民族内部，由于一定的共同历史和共同利益而形成了共同的联系纽带，使众多的个人和群体成为一个统一的整体；而在不同的民族之间，则表现出主体生存权益、生活方式以及性格特征等方面的独立特征，彼此之间存在着不可互相取代的一定差异。也就是说，民族文化对内意味着文化上的统一性，对外则意味着文化上的独立性、多元性和多样性；对内意味着共同规范，对外意味着自主的权利。

总之,文化的本性是多元、多样的,但它也总是意味着一定范围内的统一性,民族文化尤其如此。因此,文化建设的方针也应适应和鼓励这种多样性。只有适应、允许和鼓励多样性,文化的发展才丰富、完满和富有生机。相反,文化的一元模式造成的后果是文化的干瘪、萎缩和衰败。我们常说"百花齐放,百家争鸣",根本的是要顺应、允许和鼓励多样性。

三、主文化和亚文化

我们再看第二种情形,即一个包含多民族的社会的文化的多样性。

民族的"内、外"界限是个历史的、不断演变的范畴。以国家层次为主的"大民族文化"是近代西方资本主义的产物——至少是它使这种形式典型化。虽然人们也有"去种界""去国界"的设想,但迄今为止,主权国家仍然是将人类划分为不同族群的基本形式,是文化认同("内部""我们")和认异("外部""他们")的基本界限。

世界上大多数国家都是多民族的,它们由许多(狭义的)民族组成。国家层次的"大民族文化",相对于其他国家层次的民族文化而言,是相对独立的整体。例如中华民族包括 56 个民族,中华文化是历史地形成的以汉文化为主,包括蒙古、回、藏、维吾尔、朝鲜、苗、壮等各民族文化在内的一个极其丰富、充满生机的统一体。从社会的视角看,一个民族国家内部的文化也是复杂多样的。有民族文化和国家文化、传统文化和外来文化、行业文化和地区文化等。从它们的地位看,可以划分为两大类:主文化和亚文化。就是说,由于具体主体的情况不同,在同一个国家社会的文化系统中,一般会有一种占主导地位的主文化,还有一些处于外围或边缘状态的亚文化。

主文化是指在一定社会中占主导地位的文化,即主流人群的、处于社会文化中心的文化。在每一时代的社会中,基于社会自身的经济、政治条件和历史传统等因素,经过社会主导层的自觉选择和大力提倡,某种价值取向和文化风格成为主导人群或大多数人的文化特征,具有了公认的"正统的或官方的文化"的地位,能够产生强大的社会影响力,就是该社会的

"主文化"。当然,任何一种主文化都不可能是简单纯粹的。例如,人们通常以为儒家文化是中国古代主文化,但实际上,这种主文化在社会大众中和在以皇帝为首的统治者那里也是有所不同的。冯友兰认为,中国统治者实际上奉行"外儒内法",即向群众宣扬儒家的伦理道德思想,而自己却并不很在意所谓的仁义道德,相反却奉行法家的一套,用"法、术、势"的谋略治国。所以这种文化事实上也是多种文化取向的混合体。在当代中国,主文化是以有中国特色的社会主义为方向的文化。作为国家的思想文化和意识形态基础,它代表着当代中国文化发展的主导格局、主旋律、政治方向。

亚文化是指同一社会内部非主流、非主导的文化,即在主文化之外并且与主文化价值取向不同的文化。亚文化的特点是不占主导地位,不处于社会的核心。亚文化的性质不尽相同,它可再分为"非主流""反主流"等。

有些仅为某些具有特殊生活方式的人群所特有的文化,如个别尚处在旧时代发展水平的少数民族的文化,处于不同地位的多种宗教文化,某些特殊阶层、行业甚至业余爱好者群体的文化,等等,它们的存在反映了社会发展的不平衡和人的特殊性。一般说来,这种类型的亚文化虽属非主流,但在大多数情况下却并非与主文化互不相容,而是可以成为相互补充、相互交流、相互促进的文化因素。这样的亚文化体现了一部分人现实的生活状况,能够为社会文化发展提供一定独特的视角,它发现独特的问题,因而可能具有独特的文化价值。

另一些亚文化现象则具有反主文化的性质。由于人们的根本利益和价值取向彼此分化甚至对立,不同主体代表的文化也会存在差异。如果某些文化与主文化冲突,它就具有了反主文化的性质。例如:在有阶级压迫和种族压迫的社会中,被压迫者的文化往往作为亚文化与统治者的主文化相对立;在社会革命和变革时代,代表大多数人利益的革命文化成为主文化,那么代表革命对象或少数极端分子利益的反动文化,就成为亚文化。在我国当代,也有许多与主流意识形态相悖的观点、思想、文化,这也是亚文化。对这种反主文化的亚文化,我们要辩证分析、谨慎对待:对有的该听取和借鉴,对有的该宽容,对有的该禁止和反对。

亚文化与主文化的区分是相对的。亚文化根源于人的生活环境、生活内容和生活方式的复杂性,根源于人们选择和创造文化的多种可能性,而这些主客观条件又是发展变化的。具有历史合理性的亚文化,往往不会永远处于亚文化地位,它有可能发展起来,取代主文化。在旧中国,以马克思主义为指导思想的文化曾经只是亚文化,是非正统的,甚至被视为"异端邪说"。但是它把握了社会发展规律,能有效地解决中国社会的矛盾,因而被绝大多数中国人所接受,成为主文化。科学史上这样的例子更是屡见不鲜:许多科学理论刚开始时被人视为异端邪说、奇谈怪论,但是后来它解决了传统科学无法解决的疑难问题,从而上升为主文化的内容。而那些落后于社会发展、甚至与历史前进方向相对立的亚文化,则往往具有一定的破坏性,成为社会进步的障碍,最终将被淘汰。例如中国历史上经久不衰的江湖文化、迷信文化,美国的"天堂之门"和日本的"奥姆真理教"等邪教文化,其命运必然如此。

主文化和亚文化的存在是文化多样性的具体表现,这是一个必然事实,而不是价值判断。就是说,我们不能简单地认定主文化就是"好"文化,亚文化是"坏"文化。"主"和"亚"反映的是文化主体的地位,而不是评价文化的真伪、正邪、善恶。当然,大多数情况下,我们还是应该肯定主文化,而对亚文化现象加以科学的分析和正确的引导。

文化多元化和亚文化的广泛存在,说明了文化的价值相对性。试图取消文化的多元性,取消亚文化的存在,必然导致文化独断或文化专制。文化上的纯粹主义和文化专制主义态度,必然扼杀多种文化互相吸收、互相观照、互相激发、互相通过对方反观自身的生机,导致文化沙漠化。与之相反的另一个极端,则是文化多元主义、自由放任主义和无政府主义,它们完全否认各种不同文化在性质和意义上的差别,否认主文化对社会发展的主导责任和权力,这意味着取消文化健康发展的标准和文化自身建设的任务,这同样会扼杀文化发展的生机,导致文化的庸俗化、无序化和沙漠化。这两种偏向都是有害的。

总之,承认世界上文化的多元化,尊重社会上文化样态、形式、内容、价值趋向等的多样化,就是承认文化价值的相对性,反对文化绝对主义、专制主义。但反对文化绝对主义并不是放弃一切价值标准,我们也反对相对主义。文化相对主义不承认有相对权威的价值标准,不承认文化发展的大方向和主旋律,此亦一是非、彼亦一是非。这实际上是把相对性绝对化了。这种绝对化的实质,也无非是要用自己的某种亚文化来否定主文化,用自己的亚文化来否定其他亚文化。可见文化上的完全相对主义也是不可能的,或者说是虚伪的。我们可以对各种文化形态作优劣长短的比较,进而可以使较能发展人、使人更文明的文化成为主文化。因此,把什么文化当做主文化,怎样区分不同文化的价值,只能服从于历史和人民大众的选择,靠实践来检验。

四、世界文化的多元格局

最后谈谈第三种情况,即世界文化的多样性。在整个世界范围内,人类文化更是呈现一幅色彩斑斓的画面。就大的格局说,可以把世界文化想象为一块一块的,一块就是一个"文化圈"。人类文化自古以来就是由许多这样的"文化圈"构成的复合体。比如目前世界上就有中国和东方文化、欧美和西方文化,以及伊斯兰文化、印度文化、斯拉夫文化、非洲文化、拉美文化,等等。

中国文化大约有五千至七千年的历史。她以长江和黄河流域为中心发展起来。除中国大陆和台湾外,广义说,中国文化的圈子或影响范围包括朝鲜、越南、缅甸、蒙古和西西伯利亚等地区。

日本文化原本深受中国文化的影响,但又自成一体,有其独特的特点。

印度文化大约有六七千年的历史,至少可以上溯到吠陀(印度古代史诗)时代。印度文化以恒河流域为中心,印度教和佛教是印度文化的精神支柱。

欧美和西方文化,是指由西欧、北美、澳大利亚和其他信奉基督教国家组成的文化圈。西方文化大约形成于古罗马灭亡、中世纪开始的时期,其思想吸收了古代希腊、罗马文化和犹太文化的许多内容。

伊斯兰文化是指由北非、土耳其、中东、中亚一直到马来西亚等国家和地区组成是文化圈。伊斯兰文化从大约 6 世纪穆罕默德创立伊斯兰教开始,阿拉伯人是其主体,它先后征服土耳其文化、伊朗文化、马来文化等所在的地区,并吸收了当地特点,形成横跨三大洲的文化。

东正教文化圈大体以斯拉夫人为主体,北起俄罗斯、白俄罗斯,中到罗马尼亚、塞尔维亚,南到希腊等国。东正教是基督教与斯拉夫民族原始宗教结合的形态。

拉美文化是指由墨西哥、中美洲到南美洲许多国家组成的文化圈。这种文化是西方文化(尤其是西班牙、葡萄牙文化)吸收了美洲"土著"文化的产物。

非洲文化是除北非阿拉伯人以外的民族的文化圈,也称"黑非洲文化",是以非洲黑人部落为主体的生活方式的产物。

区分"文化圈"的标志首先是民族,特别是"大民族"的生活方式及其流传范围。这是构成世界性文化格局的主要因素。同时,语言、宗教和风俗习惯等因素也成为"文化圈"的基本标志。

语言是区分不同文化圈的重要标志之一。语言不仅是人们理解世界、把握世界的手段,是人们交流思想的工具,也是人们之间互相认同和彼此分别的根据。世界上的语言有多种,除去消失了的语言、死语言(文字)不说,现在的活语言仍有数千种。其中使用人数较多、影响范围较大的就有汉语、英语、法语、俄语、西班牙语、德语、葡萄牙语、阿拉伯语、日语、孟加拉语等。语言的多样性充分显示人类文化的多样性。

宗教也是区分不同文化圈的另一个重要标志。宗教是历史上形成的重要文化形式,它的本质是信仰体系。一般认为,世界上最有影响的宗教有三种,即基督教、伊斯兰教和佛教。其实,影响比较大的还远不止这几个,如犹太教、印度教、道教等影响也不小。影响较小的宗教就更多了。

大的宗教通常分为许多派别,如基督教分为天主教、新教和东正教;伊斯兰教的派别更多,几乎每一部落都有自己独特的伊斯兰教。有些世界性的宗教与本地的原始宗教融合,成为一个新的宗教的分支,如东正教、喇嘛教,以及非洲部落的许多宗教。世界上有许多国家长期以来政教合一,宗教既是信仰,也是法律、政治和道德的共同基础,也是联系整个民族的精神纽带。

区分文化圈的常见标志,还有日常生活方式和习俗传统,如在衣食住行、婚丧嫁娶、节日庆典等各方面的风俗、习惯、礼仪等。不同的历史积淀、不同的现实联系而形成的不同文化圈,显示出人类生活中不同的文化模式。

所谓"文化模式",就是由一定的价值系统支配的生活内容(特质)与形式(样态)的统一。从表面上看,不同的文化模式之间有一定的外在区别,如语言、宗教、习俗等,但这些并不是最根本的、实质性的东西。文化模式中根本的、实质性东西,是在这些形式的里面或背后所隐藏着的文化内涵,包括人们特有的思维和行为方式、价值观等,更深层的,则是人们生存发展的历史、人们选择并决定自己生存发展方式的权力和责任,等等。一句话:作为文化主体的人本身。

"文化"的特点往往是:在不同民族或不同文化圈之间,表面上看起来相同的东西,实质上可能大相径庭;而表面上看起来很不相同的东西,却可能有着相同的深层内涵。这说明文化的本质在于内容而不是形式,在于人本身而不在人之外。

中国和外国都有宗教,但实际情况却有很大的不同。一方面,中国的宗教不同于西方意义上的宗教。在中国,人们通常只把宗教当做生活中的一个因素,对它们并没有那种西方式的虔诚、严密和一贯的崇仰态度,人们往往为了某些实用的目的而采取灵活随意的方式对待宗教。另一方面,在中国,某些原本并非宗教的东西,却可能具有一定的宗教实质。比如孔子的儒家学说体系,在两千年里曾逐渐取得了类似宗教信仰的地位,以至于很多研究中国历史的人也认为,应该把"儒教"看做是中国的一个宗教。中国有些庙宇可以将孔子、老子、释迦牟尼的塑像并列在一起,造成(儒、道、释)"三教合一"的景象,就是一个很特殊的文化现象。

在历史长河中,世界各民族都创造了自己独特的文化体系,他们各自的价值取向都有所不同。有些文化朝这些方向发展,以这些方向的价值为真、为善、为美、为圣、为文明;另一些文化则以其他方向为真、为善、为美、为圣、为文明。每一种文化都确立了它特有的价值系统,表现于人们自己生活的各个方面:宗教、文学艺术、哲学、科学、法律、政治、道德、风俗习惯、行为方式,等等。每一种文化都有独特的价值。尽管(比方说)日耳曼人的文化比毛利人的文化"发达",但在后者的神话、语言、原始工艺等文化中,肯定包含许多为日耳曼人的文化,甚至世界上任何其他文化都没有的独特价值。

民族文化具有鲜明的主体个性,由此构成多元化的人类文化,是具有历史合理性的。这种合理性的第一个根据,是各个民族生存发展的权力和责任,是人们自己选择和创造自己生活的权力和责任。

五、"文化趋同"的神话和现实

文化的多元化,是人类社会迄今为止的基本事实。那么,这种事实究竟意味着什么? 它是好事还是坏事? 人们是应该继续保持和维护这种多样性,还是应该想办法消除它,促使全人类文化趋于"大同"、统一? 换句话说,文化的多元化是不是具有永恒性、普遍性?

对这个问题,自古以来人们就有各种不同的答案。其中最有影响力的要算"大同"理想了。很多人觉得,既然我们是同一个地球上的人类,那么全人类的文化就迟早有一天会统一起来、一致起来。中国古代思想家孔子提出的"大同"思想,把社会、道德和文化的"大同"视为最高境界。西方基督教的《圣经》中也有同样的思想。《圣经》还通过讲述"造巴比伦塔"的故事,揭示了人类由于语言(文化)的分隔而造成的极大痛苦和不幸。可见,"人同此心,心同此理",实现全球文化的统一,确实是一个难以抛弃的崇高梦想。

梦想自有其合理和感人之处，但它毕竟不是科学，也不是现实。从道理上讲，这里就有很多尚未彻底弄明白的问题。比如：全人类的文化究竟是否应该"趋同"？为什么应该"趋同"而不是保持各异？应该趋向于什么样的"同"？这样的趋同如何实现？应该由谁（谁有权决定）、以什么方式去实现？等等。人们对这些至关重要的大问题，却历来讨论不多。人们多半是想当然地理解了，似乎认为其中的理由是不言而喻的。然而从实际上看，却从来就有很大的分歧。特别是当有的国家或民族强大起来，想要采取行动，通过战争或其他强制手段，用自己认可的某种文化去"统一"别的国家民族时，被统治者多半不愿意、不接受，甚至拼死抵抗。一次次"趋同"的结果，却总是"趋"而不"同"。

历史上最著名的例子，要数11—13世纪欧洲的"十字军东征"了。在这三百年里，西欧的基督徒们凭借自己的信仰，想要统一基督教的天下。他们一次又一次组织起强大的军队，进攻信仰伊斯兰教的国家和地区。"十字军东征"前后发动过8次，那经过、那情景，十分壮观而惨烈。但结果如何呢？结果是"十字军"的"东征"以失败告终，宗教的圣地——耶路撒冷城至今也没有纳入基督徒的"一统天下"。古往今来有无数这样"趋"而不"同"的实例。从历史的经验看来，要文化趋同有两个问题是必须弄明白的。一个是趋向于什么样的"同"？换句话说，这里所说的"同"是什么意思，是完全的相同、同一、单一，"让大地上只开一种颜色的花朵"，还是"和而不同""大同小异"——达到一种多样化之间的统一、和谐，"让世界成为一座百花园"？另一个是这样的趋同靠什么力量、如何来实现？也就是要由谁（谁有权决定）、以什么方式去实现？是让每一个认为有必要统一的人（国家或民族等），凭借自己的实力去推行，相互决斗，还是尊重人们的自主选择，通过平等的交流与合作，去创造出一种新的秩序、新的统一与和谐？

如何解决这两个问题，实际上决定着"文化趋同"的性质和命运。这里不妨再举个例子，自从有了《圣经》上那个"通天塔"的故事以后，人类克服多种语言文字之间障碍的愿望，随着实践发展越来越强烈。于是，统

— 45 —

一全人类的语言文字成为一个伟大而光荣的梦想。但是,自从有人精心地创造了一门新的语言——世界语以后,实际的情况又怎样呢?几十年来,这种世界语并未成为人们"趋同"的目标,世界语似乎从未走出世界语协会的范围,至今并无一个国家或民族认同过它。这是为什么呢?原因当然很多,但其中最深刻的原因无非是:"世界语"本身是一种单一的语言,而且是一种由少数人制造出来,并试图向所有人推行的"外来"语言。

说到底,语言文字的问题,像一切文化问题一样,首先是人们(民族、国家)自己的文化权力和责任、需要和能力的问题。而人们自己的权力和责任、需要和能力,是一切价值认同和选择的起点。凡是侵犯了人们的主体权力与责任,或者不被主体的需要和能力所认同的东西,也就是在这个起点上没有根据的东西,在现实中必然不被主体所接受。全人类统一的文化,并不产生于任何人的主观设计和良好愿望,任何人都不可能将一种设计无条件地加给别人,即使这种设计和愿望本身含有某种合理性,也不能强加。否则就会导致更深的隔阂、更多的侵害、更大的冲突。

但是有人不懂得这个道理。总有些人习惯于认定只有自己的文化才是"文明的""进步的"和"发达的",别人的文化则是"落后的"和"野蛮的",并进一步要求别人"趋"于自己。例如,早期的西方殖民者曾用残酷的手段毁灭"土著文化",现在他们的手段变得"文明"些了,但仍然以"世界文化警察"自居,伺机用自己的文化和价值观去同化世界。这种现象,用他们自己的说法,叫做"文化普世主义"或"价值普遍主义",但用受到侵犯的国家(民族、人民)的说法,则是"文化霸权主义"或"文化帝国主义"。

有的学者认为,20世纪80年代中叶以来,由于跨国公司的发展、地区和国际性经济组织作用的加强,以及投资的国际化,一种相对超出主权国家之上的经济体系正在形成。因此全球化正在消解国家、超越主权,一个世界性的经济体系已经形成,进而导致全球性的文化体系诞生。还有一些人指出,当今世界的经济、科学、技术、信息、环境等越来越联系成一个整体。具体说：由于科技的发展，尤其是信息技术的发展，互联网、信息高速公路等的使用，全人类的联系日益紧密；由于国际间的经济合作和经济交往日益频繁，人类越来越互相依赖，人类文化的整体性越来越强；由于交通日益便利，地球的时间和空间尺度显得越来越小；由于社会交往、文化交流的加深，人们越来越认同更多的价值、行为准则和思维方式，如国际惯例和流行时尚；由于全球问题日益严重，人类日益意识到全人类共同的价值和共同的利益，意识到合作的必要性和可能性，等等。他们据此将"现代化""全球化"等都与"西方化""资本主义化"联系在一起。借着苏联、东欧的事变，西方学者大肆宣扬"共产主义失败了"，断言从此以后西方的以自由、人权和市场经济为主的文化会统一整个世界。1992年，美国兰德公司研究员弗朗西斯·福山在《历史的终结与最后的人》一书中就说，西方的自由民主已取得最终胜利，再没有什么力量挑战西方的自由民主了，一个普世文明正在来临。他说的"普世文明"，就是指西方资本主义的文化。从学理上看，西方"文化霸权主义"的观念可以归结为两个核心的观点：（1）认为世界上本来就存在普遍的、超阶级、超民族、超文化圈的共同价值、无可争议的"人类基本价值"；（2）而这一切的集中代表，则是他们自己的那一套西方文化，包括他们所奉行和自我欣赏的那一套价值观念等。然而实际上，前一点在理论上已经似是而非（我们暂不在这里讨论），后一点则更是妄自尊大的表现。由于这种"文化霸权主义"的存在，人类文化的多样性、多元化发展正在受到一种严重的挑战和干扰，人类的和平又受到了一种新的威胁。

诚然，在当今世界上，全人类共同价值的问题比以往任何时候都更加凸现出来了。随着"地球村"和"经济全球化"形势的发展，特别是由于环境、资源、生态、安全、人口等全球问题日益严重，人们在这些问题上表示的关注也日益普遍化。于是，各种形式的文化霸权主义似乎也因此有了更大的"说服力"，认为现代文明的发展趋势将使一些对立和差异趋于消失，人类文明越来越"同一"。然而，由于我们前面所说的两个问题存在，人类文化"趋同"的需要和趋势，却并不能为任何文化霸权主义提供依据。换句话说,并不能证明西方文化的"一统天下"正在从神话变成现实。

首先,"趋同"只能表明人类有了越来越多的共同问题,要求人们为应对这些共同问题去寻找更多的共同点,以便得出共同的答案,却并不表明这些问题只有一个答案,更不表明这些答案只能以某些人,如西方权势的意见为标准。答案只能以全人类的利益为根据,实事求是地得出,不能以要求各国人民放弃自己的文化和价值观念为前提。相反,在这些问题上,越是使各国人民的利益得到保证,使各民族的文化得以发展繁荣,也才越有可能找到真正的答案。例如保护环境、维护生态是最能体现人类共性的领域,照理说在这个问题上争议最少。但要达成具体的协议,也必须兼顾各国各地区的利益。所以,承认"共同点"与接受西方的霸权之间,并无联系。

其次,现代化并不等于西方化。应该承认,西方资本主义的现代化过程和成果,确实为人类的现代化提供了许多可资借鉴的经验,如市场经济、科学技术应用、GNP 增长率、标准化管理等,甚至可以说西方社会建立了一个世界规范的经济体系和文明模式。但是,"别人的肉不能长在自己身体上",学习和吸收别人的经验不等于从属于他人。任何国家的现代化都只能依据自己的国情,自己去实现。因此各国现代化的模式和过程必然各不相同。20 世纪 70 年代以来许多非西方国家(如日本、亚洲"四小龙")现代化建设的一条基本经验就是,必须探讨符合本国实际的模式、道路。西方的科学、技术、管理、民主和价值观,都要经过本民族传统文化的重新整合。

再次,"全球化"也不等于西方化。经济全球化的确使世界经济的联系日益紧密,技术、资金、信息、生产和流通过程的相互依赖日益加强,但这正是全球国家和民族共同参与的结果,而不是必然要消灭各国的民族文化。全球经济的一体化不意味着全球文化的单一西方化,而只可能是多种文化之间的交汇、融合。人类文化的互相学习是必然的现象,而且几千年来从未中断。不同文化体系间的文化交流,并不导致它们趋于同一。综观人类文明史,文化交流并不能使一种文化被其他文化彻底同化,除非大规模毁灭。一般情况是：一种文化吸取另一种文化的成分后，派生出许多新的文化品质、新的文化价值和文化形式，我们可以把这种文化称为"嫁接文化""杂交文化"或"共生文化"。事实上，不同文化互相交融、互相撞击和互相结合的可能性越大，就越有可能形成众多嫁接文化。这说明，现实的文化交流不仅没有使文化趋于同一，反而使文化的衍生态更多，文化形态更加复杂。所谓"国际惯例"、共同"游戏规则"等就是如此。它们并不是天生绝对不变的，往往不过是多元文化相互协调、甚至是各种势力相互较量的产物。因此，当世界各国都加入到全球化进程中时，以往的"惯例"和"规则"等也必然、必须接受非西方文化的因素，从而使其真正具有"全球化"的面貌。

最后，文化的趋同问题，正如我们前面所说，实质上是各国各民族人民的文化乃至生存发展权利的问题。"有共同之处"和"归于同一"是根本不同的。"有共同之处"是以存在着差异、差别为前提的。人类文化的多样性统一，意味着没有了多样性也就无所谓统一。所以即使有一天全人类达到了"大同"，也仅仅是"大问题、大方面、大体上"的共同，不可能是"俱同""细同"（一切问题、一切方面、一切细节均相同）。而这种"大同"，只能来自各种文化的优秀成分的汇合，而不是任何一种文化的单一统治。一些人的"文化霸权主义"梦想，实际上正是以对这两者的混淆和误解为基础，加进了自己的一厢情愿的产物。因此在现实生活中，人们都要保持高度的警惕和自觉性，不被一时的表面现象所迷惑，以至于放弃自己应有的权利，成为文化霸权主义或文化奴隶主义的牺牲品。

总之，世界文化的大趋势应该是：一方面，文化的联系愈来愈紧密，另一方面，文化的分化愈来愈复杂多样；一方面，文化联系的规模、程度和深度愈来愈大，另一方面文化的分化也愈来愈精细、复杂、多样化。风格愈来愈多、流派愈来愈多、亚文化也愈来愈多，价值趋向愈来愈多样，文化的层次和品位也愈来愈多样。我们从文化发展的相对化、多样化、复杂化的总趋势中，可以更清楚地看到人类文化的丰富、兴旺和无限活力。

第四章

文化品质的"优"和"劣"

上一章主要讨论的是文化的宏观形态和外部格局。在这一章,我们将讨论文化的具体形态和内部格局,特别是它的内在质量问题。每一种文化本身,是否有一定的高低、强弱、优劣之分呢?这就是各种文化状态的质量问题,包括它们的精神品质、社会功能,等等。

首先需要讨论的,是鉴别各种文化品位的根据和方法的问题。

一、"雅俗之争"的困惑

世界上的多元文化之间,往往难以确定统一的评价标准,用以判定孰优孰劣。除非各个民族自己对自己的文化首先提出异议,否则别人是无权说三道四的。但是在同一个文化体系,比如一个国家或民族的内部,人们却不时地在评判着各种文化现象,对它们加以肯定或否定。这就是一种文化品质的自我定位的表现。

一种文化如何对自己的品质进行自我定位,是个十分重要、但却不容易说清楚的问题。比如在中国,历来就有关于文化的"雅俗之分":古人已有"阳春白雪"和"下里巴人","雕龙之术"和"雕虫小技","君子风度"和"市井文化"之分;今人也有"高雅文化"与"通俗文化","精英文化"和"大众文化"之分,等等。这种划分,粗看起来没有什么问题,因为它似乎已经是一个不言而喻的平常现象,是一种客观存在的事实。但是若要深入一些,仔细对其追问下去,就会出现许多问题,让人越想越说不清楚。

问题可以分成两大类:一类是划分的根据和标准问题,依据什么来划分"雅"和"俗",是根据由什么人来享用,还是根据文化产品的价值品位?另一类是关于划分的意义问题,这种划分意味着什么,划分了之后怎么办,应该如何选择取舍?

人们在对这两大类问题的解答中,常常表现出对"雅"和"俗"含义的两种不同的理解。先看这两种理解:

一种理解,是取它们的价值评价含义,就是根据文化品质的高低来规定什么属于"雅文化",什么属于"俗文化"。它的前提是承认文化是要以"文"为上,以"雅"为上,不"文"不"雅"便是缺少文化,便是蒙昧、落后和野蛮。比如,我们把精美的艺术成果、深刻的学术著作、文化品位极高的行为和思想、崇高的社会人生理想等称为"高雅"和"优秀",而把与之相反的判断为"庸俗"和"低俗"。这里的"雅"和"俗"意味着评判一种文化现象品位的高与低、情理的深与浅、形式的文与野、制作的精与糙、走向的提高与普及,等等,就是说它的水平是高是低,质量是优是劣,总之一句话,是"好"还是"差"。

必须注意的是,在这种理解中,使用的是判断文化现象的价值尺度,意味着褒贬评价。说一种文化现象是"雅"还是"俗",与说它"是谁的文化"不同,而是适用于一切人的文化产品和文化行为的判断。这也就回答了划分的意义问题,意味着社会文化的建设以追求真、善、美为己任,因此必须要旗帜鲜明扶持高雅文化,反对庸俗文化。

这种理解,应该说是"雅俗"概念的本义。但是,在日常的语言和应用环境中,人们却还是要给"雅俗"加进以下的另一种含义。

另一种理解,则是取它们的主体性含义,就是根据什么人来占有和享用它,来规定什么属于"雅文化",什么属于"俗文化"。这样,"雅文化"就可以和"精英文化""贵族文化""君子风度"等联系在一起,"雅文化"的意思就是指以社会上层人群为主体、满足有较高地位人群需要的文化;而"俗文化"自然也就与"大众文化""平民文化"乃至"市井文化"相联系,意思是指以社会下层人群为主体、满足一般大众需要的文化。

必须注意的是,在这种理解中,文化的雅俗只是反映文化主体的不同

— 51 —

类型和层次,主体不同,文化现象及其价值的类型也不同。因此一般说来,其中并不包含——至少在我们看来,也不应该包含——褒贬的用意。此种划分中的"雅"和"俗"之指,并不意味着"高低、优劣、贵贱"之分,因此也就不存在必须要支持一个反对另一个的问题。

"雅文化"和"俗文化"的上述两种不同的含义,是不应该混淆的。如果被混淆或者颠倒了,那么就会造成极大的混乱,甚至引起社会冲突,至少也会造成文化发展方向的迷失。

关于判断文化优劣的标准,过去常常缺少必要的批判思考,以至于有些观念是不明确的,甚至带有少数"精神贵族"的偏见。在某些人的潜意识中,一味地视古为雅、视今为俗;以寡为雅、以众为俗;以远为雅、以近为俗;以静为雅、以动为俗;以庄为雅,以谐为俗;以虚为雅、以实为俗,等等。在这些传统观念中存在着一种片面化、表面化、简单化的倾向,实际上是以少数人的口味为准,把他们所欣赏的文化风格当做了唯一的标准,无形中已经预先地包含着脱离现实、轻视群众的成分,忽视了大众世俗生活的文化权利。从我们的现代观点看来,这是应该摒弃的陈腐的偏见。因为说到底,大众文化才是民族文化最深厚的基础、是最本真的"文本",是民族文化力量的根源。没有了普通大众的世俗的生活,人类文化就将失去生命力的源泉。

对"俗""雅"与"大众""精英"之间的联系,也需要有具体的、实事求是的分析判断,不能轻易在它们之间画等号。例如不能认为,大众文化只能是粗野简陋的,而精英文化则必然是高雅精致的。事实上,文化的"雅俗高低"是要在每一次的创造中具体地显现和接受评判的,并不是谁家固定不变的专利。不要忘记,千古名篇《诗经》中的作品,原本是当时的民谣俚曲,却可以成为后世的风雅之师;而许多当年被视作风雅之极的宫廷御制、状元文章,如今却和其他文化糟粕一道成了历史的垃圾。应该说,不论大众的还是精英的文化,都有自己的"雅"和"俗"。都有自己从低向高、从浅入深、从粗到精的发展提高。历史证明,"大众文化"也可以有自己的精品,有自己的高贵和美,而"精英文化"也难保不出粗俗之作,也有它们的俗气、无聊和空洞。文化精品的产生只有凭借创造的智慧和精心的劳动，而不是凭借某种身份，这对任何人和任何文化形式来说，都是如此。

对待社会文化形势的判断和思考不能简单轻率，必须弄清两个层面之间的关系。比如我国改革开放以来"文化走向市场"的情况，当代中国社会上出现了"文化重心下移"的趋势——普通大众的文化需求日渐成为市场的主导力量，而"精英们"却在市场上受到某种程度的冷落。一些人称之为"文化世俗化"或"俗文化泛滥"，我们对此应有冷静清晰的思考。思考之前需要弄清的是：俗文化和雅文化、大众文化和精英文化之间，究竟是相互依存、共生共荣的关系，还是互相排斥、此消彼长的对立关系？从不同的前提出发，就会得出不同的观察结论。这里暴露出不同文化立场之间的深刻差异。就我国具体情况而言，近期的"文化重心下移"趋势，应该说是一种具有历史合理性的进步，是我们的文化"为人民服务"之必须，因此绝不是什么坏事。因为多年来，为我国广大群众所乐于和便于参与的文化形式并不丰富，甚至可以说是太简单、太贫乏了。因此每一个不把自己同大众对立起来的人，都不应该视之为"危机"和"失落"，而应视之为一种"归位""落实"和"生机"。与之相对照的"雅文化失落"，则应该从其他方面找到原因。比如：我们的雅文化发展机制本身如何？它是否适应时代的要求，是否担起了应有的责任，表现出了应有的活力和水平，以保证自己走在文化创新的前头？等等。

总之，通过对"雅和俗"观念的分析澄清可以发现，文化品质的定位和定向，实际上是很深刻、很复杂的，并不像人们习惯的理解中那样简单。"雅俗"本身是对文化现象品位的一种描述和判断，它以文化产品和文化行为的质量为中心，并不是对文化主体（精英或大众）的界定，不应轻易地把两者等同。同时，如何看待"雅、俗"与"精英、大众"之间的相互关联，则直接或间接地反映出人们在文化观念上的根本立场和思维方式的差别。对此也应该有高度的自觉。

但是，仅仅厘清了"雅俗"概念的涵义，还不足以解决有关的文化定位问题。特别是如何说明上述两种含义之间的合理联系，仍然是一个很大的问题。事实表明，要解决文化定位问题，需要有新的更深入、更全面的视野。

二、重新定位：文化的生产与消费

对"雅俗"的上述两种理解、两种含义的分析，体现出对文化定位的两种角度：价值的角度和主体的角度。我们应该将它们严格地区别开来。但是这样并不能解决全部问题。人们会问：文化的雅俗品位，难道真的与主体（由谁来承担，满足什么人的需要等）毫无关系吗？那么文化的不断发展和提高应怎样实现，又由谁来实现呢？

由此可以想到，仅仅说明两种角度之间的区别是不够的，还需要从更深的层次上，找到二者之间的内在联系。于是，我们便需要有一个新的角度，即第三种角度，那就是：还要着眼于文化发展的历史机制——根据文化不断地创造和生长的过程，回答文化现象的历史定位问题。这个新的定位，也就是文化的生产和消费。

在人类的生存和发展中，文化现象、文化活动的功能和意义，也和物质生产生活一样，有生产和消费两大方面、两大基本环节。将整个社会的文化当做一个整体，那么它也有这样两个方面、两大环节：一个是社会文化、文明成果的生产和创造的过程，一个是社会已有文化、文明成果的占有和消费的过程。当然，这两个方面有统一的本质：它们归根到底是人自身（物质、精神和全部社会关系）的再生产、再创造的发展运动。因而一切社会现象的文化价值，也就可以定位于这两个方面：它们或者满足人和社会进行文化生产的需要，或者满足人和社会文化生活消费的需要。前者意味着不断为社会的文化生产、创造和更新注入活力，后者意味着直接成为人们社会文化生活的财富和对象，使人们享受文化和文明的成果。

从文化作为人类价值体系的总和这一点看来，"生产和消费"的定位是最基本、最普遍的基础性定位。与此相应，我们可以，并且应该将包括各种文化活动和文化产品在内的各种文化现象，区分为"生产型的文化"

和"消费型的文化"两种：

"生产型文化"，首先是指各种创造性活动及其成果，其次还包括满足文化生产需要，即对文化创新起推动作用的其他社会现象和社会行为，它们所特有的文化性质构成了生产型的文化。考虑到文化具有不断创新发展的本质，这里强调只有首创、原创和创新性质的东西，才属于"生产型的文化"的范畴。

"消费型文化"，是指直接进入文化消费领域、满足人们日常文化需要的成果和活动，也包括为了直接消费而进行必要的再生产和辅助创造活动。它们总体上处于文化消费的水平，是重复性的，并不改变现有的文化层次。

以这种角度考察现实的文化生活，可以对上述"雅俗"定位的问题，采取不同的说明方式，使视野更开阔：

"俗文化"主要是指消费型文化。它是以满足人们一些现实的、感性的、直接的需要为主的文化，多属即时性的占有、支配和享受。消费型文化不仅为广大群众个人所需要，也为各个层次的社会群体和国家社会所需要。

就群众个人而言，消费型文化的最大特点是娱乐性，它是普通群众可以参与其中的娱乐形式。例如通俗作品、卡拉 OK、大众舞和健身舞等，都有这种适于人人自娱的特点。"自娱"主要是精神消费。虽然这时也有某些精神上的"生产"，如产生出娱乐参与者的新的精神感受，如放松、愉快、自信等，但基本上还是在原有的精神层次上自我循环，如同大量的工农业产品的生产一样。由于消费文化本身就是要面向大众的，并且是便于和依赖于大众参与的，因此它也就成为"大众文化"。

就群体和社会而言，消费型文化的最大特点是实用性，即它是满足一定社会直接需要的，被用于维护一定既有的经济、政治和伦理道德秩序，组织人们实现确定的社会目标。另外，运用既有的文明成果，如科学理论、技术等制定实用的对策、政策、规则并加以实施，对公众进行宣传教育，等等。这样的文化活动同样是面向大众并依赖于大众的，其文化层次

上篇 文化概论

同样是在既有的创造成果基础上进行再循环,虽然就大众对象本身而言,他们在这个过程中也实现着自身的进步和提升,但就社会整体来说,仍然属于"消费型的文化"和"大众文化"。

与之相对应,"雅文化"主要是指生产型文化。它是以超越现有水平的、富有创造性的新探索和新成果为主的文化,以"新而又新、精益求精"的要求提升人的需要和能力,满足人们的发展需要。科学技术的创新和生产力的不断发展,可以充分代表物质文化中的"生产型文化"。而就精神文化来说,这种文化的最大特点是创造力的发展,以及文化成果的探索性、创新性、前沿性。当然,生产型文化最终也要进入消费阶段。但在经过必要的转化(应用化、技术化、通俗化等)之前,其成果被用于消费时往往表现出与受众的距离。比如某些专业文艺作品具有一定的可观赏性,群众能够通过对其观赏学习而获益,在精神上有所升华。对雅文化的欣赏当然也是消费,但是这种消费却意味着向新的,或更高层次的精神领域的提升。

"生产型文化"的第一成果总是"新"的、"深"的、"一次性(不重复)"的。这意味着其生产不仅要求它的提供者要不断地探索、深化和创造,为此而付出前所未有的劳动和艰辛,而且其消费要求观赏者、接受者也要具备一定的素质,付出过相应的努力。精神生产中的创造,需要有大量的积累和艰苦的过程,因此它对于参与者,也必然有很高的要求,没有经过足够的训练,一般人很难参与进去。这使得生产型文化常常意味着专业化。由于生产型文化的这一特点,使它具有"雅文化"和"精英文化"的共同特质,从而成为"雅文化"和"精英文化"的共同基础。

总之,按照新的角度和思路,我们可以将"雅文化"与"俗文化",或"精英文化"与"大众文化"之间的关系,理解成文化上的"生产"与"消费"这样的基本关系。它的意义在于:对于我们这个社会和我们这个时代来说,"精英"与"大众"的主体分层并不意味着、也决不应该被理解为是人与人之间在文化占有上的分裂和对立,我们应该合理地将其理解为,是同一文化体系自身结构和运转中的分工与合作;同样,"雅"和"俗"的文化定位,也可以看做是文化结构层次不同、文化发展阶段不同,而不是彼此根本排斥的对立形态。

这一新的视角将使我们的文化观发生重要的变化。

三、知识分子与精神生产

通过以上分析可以得出两点重要的启示:(1)在文化、包括精神文化上,人民大众的权利决不应受到轻视;(2)对作为精神文化生产的主要承担者的知识分子的历史地位和作用,应该给以新的理解。

前面使用的"文化精英",由于种种原因如今已不是一个受欢迎的概念。但在一定意义上,它可以和某些(特别是优秀的)"专业知识分子"相联系,推而广之,可涉及整个知识界。而如何看待知识分子的社会地位和作用,这个问题对于理解文化生产、特别是精神文化的生产来说,是十分重要的。

究竟什么是"知识分子"?迄今我们看到的最典型的说法,主要有以下两种:

一种是政治化的说法,中国近几十年来流行的理解方式即属此类。据《辞海》1989 年版的定义,对知识分子的传统理解是"有一定文化科学知识的脑力劳动者,如科技工作者、文艺工作者、教师、医生、编辑、记者等。在社会出现剩余产品和阶级划分的基础上产生,……知识分子不是一个独立的阶级,而分属不同的阶级"。

这种说法,除了其中提到的"一定文化科学知识"和"脑力劳动"外,对知识分子的内涵并没有其他规定。就是说,按照前面的内涵规定,凡是"有一定文化科学知识的脑力劳动者",都应该属于"知识分子"之列。但是在接下来的外延表述中,却又小心地略去了有相当学历的官员、职业政治家、军事家、企业家和商人等。那么他们到底算不算"脑力劳动者",算不算"知识分子"呢?

如果就这个问题追问下去,我们就会发现这种说法的最终落脚点是知识分子的"阶级属性",是要把知识分子确定为某种"政治对象",使其为一定的政策服务。因此它不需要把管理者（企业家等）、政策的制定者和掌握者（政治家、官吏等）也包括在内。这种说法具有很强的实际意义和可操作性，但它在理论和逻辑上的根据，却显得更难以掌握。例如，对"一定科学文化知识"应如何掌握？我国20世纪50年代以前，具有初高中文化程度的人，便被称为"知识分子"；而到了20世纪90年代，"知识分子"则至少要有大专以上学历。那么在全民教育不断普及并提高的情况下，究竟要不要继续这样"水涨船高"？为什么？显然，如果不这样"水涨船高"，"知识分子"队伍将不断扩大，直到失去特殊意义；然而如果为了让"知识分子"永远只占少数，而总是人为地"水涨船高"，那么这样做的根据和意义何在？而且划分的标准，究竟是根据学历，还是根据职业？"脑力劳动"是指哪些工作，包括不包括经济管理和政治（含军事、外交等）相关职业？这些标准在生活中也变得非常模糊。凡此种种都说明，这种界定方式的科学性和可靠性，是有待验证和反思的。

另一种是道义化的说法。它是来自西方，特别是欧洲的理解方式。《简明不列颠百科全书》对"知识分子"如此解释："'知识分子'一词最早是指19世纪俄国中产阶级的一个阶层。这样一些人受现代教育及西方思潮的影响，对国家的落后状况、沙皇的专制独裁产生不满，并在法律界、医务界、教育界、工程技术界建立了自己的核心，也包括了一些官僚、地主和军官。""西方人常常称知识分子为'社会的良心'，认为他们是人类基本价值（如理性、自由、公平等）的维护者。知识分子一方面根据这些基本价值来批判社会上一切不合理的现象，另一方面则努力推动这些价值的充分实现。……这种涵义的'知识分子'首先也必须是以某种知识技能为专业的人，……但是如果他的全部兴趣始终限于职业范围之内，那么他仍然没有具备'知识分子'的充分条件。……所谓'知识分子'除了献身专业工作以外，同时还必须深切地关怀着国家、社会乃至世界上一切有关公共利害之事，而且这种关怀又必须是超越个人（包括个人所属的小团体）的私利的。"

这套比较啰唆的说明有一个关键点，就是把知识分子理解为社会的

"良知分子"。它突破了"学历加职业"的外在模式，着眼于一部分人在文化和道德方面的特殊（优秀）功能。这有些像我国过去使用的"社会贤达"和"革命知识分子"，以及时下流行的"社会精英""文化精英"等概念。这种界定虽然涵义清晰、特征明显，但它就像是对"劳模"下定义而不是对"劳动者"下定义一样，和我们要讨论的概念已经不是一回事了。若按这种定义，在我国目前要解决的问题就不再是问题，即这样就不存在制定和落实所谓"知识分子政策"的问题，也不需要费心考虑"提高知识分子地位"，等等，需要明确的只是什么人够得上被称作知识分子，因为这一称呼本身即意味着在文化和道义上的某种地位和荣誉。这是把一个需要（至少我们希望）加以科学界定和描述的概念，变成了一个主要是价值评价的概念。评价总会因评价主体和标准的变化而变化，这就使它更带有主观相对性。同时，这种说法对知识分子也可能产生一种误导，使一些文化人把自己当做独立于社会现实和实践主流之外，甚至处于其上的单纯的观察者、评论者，从而在"知识分子"这个名义下鼓励脱离大众、脱离实际，使"社会良知"先验化，让"文化精英"变成"精神贵族"。细观历史上和现实中导致一些知识分子心态失衡的原因，这种担心不是没有根据的。

上述两说法都很流行，但又都有明显的不足。那么我们应该怎样解决这个问题呢？当今时代、特别是"知识经济"到来的社会实践给了人们新的启示，让人们找到了新的思路。这就是要把知识分子与知识、文化的生产和再生产联系在一起。

理解知识分子本质的关键，首先并不在于要表达什么样的伦理政治主张，而在于揭示这一社会群体及其社会功能的客观基础和根本特征。具体说来，这就是"知识"。知识分子只有作为知识主要的社会承载者，才有其特殊的存在基础。否则他们只是一些同所有人一样的现实的、社会的个人，有和其他人一样的民族和阶级归属、一样的生活和情感，一样的个性和弱点……知识分子的本质恰恰在于"知识"，在于其社会生活的过程和结果是同人类知识的生产与传播联系在一起的。如果离开了对知识的理解,如果缺少对知识,包括知识的存在方式、知识产生和发展的特殊规律、知识的社会功能等的了解和承认,那么,无论把知识分子当做"经济人""政治人"还是"道德人""文化人",无论是把他们看做楷模精英还是看做简单工具,都不可能真正看见知识分子、了解知识分子。

所以,对知识分子的理解和界定,还是应该回到对知识生产的理解上来,如果要下一个定义,不妨这样说:"知识分子是掌握并运用人类已有的精神文化成果从事精神生产的人。"这个简单定义包含以下几方面:

首先是对"知识"概念的广义解释。在这里用"精神文化成果"来表述"知识",意味着不再把知识仅仅等同于对外部对象的认识,如自然科学的成果,而把人类关于自身生活的精神成果,如道德、艺术、哲学等人文科学的成果和文化精神本身,也包括在内。

其次是用"精神生产"取代"脑力劳动"。就是说,仅仅"用脑"并不是知识分子的特殊标志,而致力于(广义)知识的创造和发展、积累和传播,即从事精神生产活动,才是其本质。这种理解一方面有助于把知识分子与同样进行脑力劳动、但仅限于应用知识成果从事实际事务的人区别开来;另一方面也可以把那些虽无一定学历和专业身份,但却为社会提供精神产品,从而推进精神文化发展的人,计入知识分子行列。

突出知识分子的"精神生产"功能,意味着知识分子应该积极反映和探讨社会实践提出的各种问题,向社会提供自己创造的精神产品,以此服务于社会的发展。

再次是用"产业"划分代替了阶级和阶层划分,这是重新理解的关键所在。肯定"精神生产"本身是一个现实的社会产业领域,这是符合人类历史实际、特别是当代和未来知识经济、知识产业发展趋势的。在定义中用"人"而不用"阶层",如同"工人""农民"的定义一样,旨在标明产业身份,并不排斥在其他情况下根据其他标准使用阶级、阶层概念(如"工人阶级"等),同时这更符合知识"分子"这个提法的语言规范。

最后,把知识分子的社会地位和作用,落脚于"精神生产"的性质、地位和意义。从根本上说,是"知识"本身的状况,现实社会对"知识"的需要和依赖情况,而不是任何人的主观意向,决定着知识在社会生活实际中所占据的地位、所起的作用,进而也决定着各个时期知识分子的地位和命运。这一点能够说明过去,更能够说明未来。

当代人类社会发展的现实,特别是"知识经济"的出现和国家创新战略的提出,告诉我们:对"精神生产"的重要意义,无论怎样估价都不会过分。未来世界各国各民族发展的竞争,将是文化的竞争、知识的竞争、人才的竞争。谁能够在这方面占据优势,谁就能占据发展的先机。因此对知识分子地位和责任的把握,必将成为社会发展的关键环节。

有必要特别说明的是,人类的整个精神文化生产,包括科学技术、思想理论、社会心理、伦理道德、文学艺术等各个方面的内容,是一个不可或缺的完整系统。必须改变单纯重视自然科学和技术、轻视社会人文科学的倾向。科学技术的现代化在当代显得十分重要,但只重视这一方面是不够的。一个民族要走向现代化,实现文化心理状态的现代化是深层的要求。这种文化心理状态包括价值观念、思维方式、民族性格和生活方式等各个方面。当今世界几大发达国家的腾飞无不同时依赖发达的科学技术(包括先进的社会科学和现代管理)和奋进的民族精神。包括中国在内的一切发展中国家,一方面要大力发展物质生产力,另一方面也急需为价值失落中的人们找到有力的精神支撑,并为其提供新的、更先进的文化理念。因此不能没有哲学、社会科学的发展和繁荣。而在这个领域中的知识分子,也应该认识自己的历史使命,凭借自己的知识和独立思考能力,义无反顾地肩负起历史责任。

四、文化绿洲与文化沙漠

根据以上讨论,可以就确定文化品位的标准问题,得出一点综合性的结论,这就是文化的生产与消费、雅文化与俗文化良性互动不断上升的观点。

看一个社会的文化体系是否处于良好的状态,应该主要看什么?当然不能看这个社会和其中一些人的自我感觉、自我评价,也不能只看这个社会上已有的文化成果是否丰富,因为现有文化成果的丰富固然能够证明前人、上一个时期的文化状况是良好的,却未必能够证明当今的文化状况依然良好。那么看什么呢? 应该看现有的文化结构是否合理先进,其机制是否具有生命力。

文化是否有先进落后之分,这是一个理论上长期存在争议的问题。著名的英国学者汤因比在他的巨著《历史研究》中,就曾归纳并考察了世界上已有的 21 种文明形态。经过认真的分析和比较之后,他认为每种文明自身都有其兴衰的过程,但它们相互之间却并无时代性的差异,"所有的二十一个社会都可以假定在哲学上是属于同一时代的,在哲学上是价值相等的"①。即是说,人类在文化上只有不同样式的变化,却没有先进落后之分。不难看出,这个基本结论对于肯定世界上多元文化之间的平等地位,保护各民族文化的正当权利,反对文化霸权主义和文化殖民主义来说,具有重大的指导意义。因此多年来,这个结论在国际上已为学界普遍认同,被当成了定论。然而,"文化上只有样式不同,没有优劣之分"这个结论有一个前提或界限,就是它仅仅适用于多元的主体及其文化之间的评价,并不适用于每个主体对自身文化的评价。而汤因比谈到每种文明"兴衰"的原因时,却表明确实存在某种判断文化之优劣的标准。打个比方,地球上的人们在不同的季节要穿不同的衣服,冬季穿棉衣,夏季穿单衣,而地球上各个区域之间的季节差别很大,特别是南北半球的季节恰好相反。于是,在任何一个时刻人们都不可简单地断言:"此时唯有穿某种衣服(棉衣或单衣)才'先进',否则就'落后'。"但是,如果一个地方的人,在炎热的夏季仍穿着厚厚的棉衣,或者在严寒的冬季仍穿着薄薄的单衣,就不是毫无是非得失可言了。无须与其他人相比较,此时他们自己的身体和生活状态就能提供明确无误的答案。以衣着比喻文化,我们就可以知道,一种文化合理不合理、先进不先进的标准,并不在它与其他文化的比较之中,而在它对于主体的意义之中。也就是说,衡量一种文化是否

---

① 汤因比著,曹未风,等译:《历史研究》上卷,53 页,上海,上海人民出版社,1959。

先进,主要应该看它是否有利于主体的生存和发展。在实践中,如果一种文化能够反映它的主体(民族、国家或其他文明体系)的发展要求,能够为主体的发展进步提供资源保证,促进主体走向兴旺发达,它就是一种合理的,甚至先进的文化;相反,如果一种文化已经不利于它的主体继续生存发展,那么它就已经成为不合理的、落后的,甚至腐朽的文化。

一般说来,文化所提供的资源,主要包括精神资源和制度资源两大方面。其中精神资源可以进一步划分成智力资源和道义资源等许多方面;制度资源也可以进一步划分成体制空间和机制活力等许多方面。根据这一标准可以说:一种先进的、具有强大生命力的文化,应该首先是生产与消费处于良性互动、不断上升状态的文化。

"文化的生产与消费良性互动"是说:一方面,要让文化消费的需要、特别是它的发展需要,尽可能成为文化生产的需要和动力,以促进文化生产的发展更新,并保持与大众消费更密切的联系;另一方面,要让文化创新生产的成果,尽可能快地转化为消费的需要和动力,以使雅文化能够真正成为俗文化的引导,大众文化不断地上升到新的境界。

马克思曾说过:"理论在一个国家实现的程度,总是决定于理论满足这个国家的需要的程度。"因此他进一步指出,要让理论需要与实践需要直接地联系起来,"光是思想力求成为现实是不行的,现实本身应当力求趋向思想"①。马克思的这段话也可以说指明了精神生产与消费、原创性文化成果与大众现实生活之间应有的良性互动关系。

文化的生产与消费之间、雅文化与俗文化之间的双向趋近,达到互相支持、互相促进、互相转化,是一个社会文化体系有良好机制的标志,也是一个社会文化状态优越的整体表现。它呈现出的,将是一片文化繁荣、充满生机、欣欣向荣的景象,犹如一片"生命的绿洲"。与之相反,如果一个社会的文化体系中,发生了文化生产与消费之间、雅文化与俗文化之间的分离和对立,那么不要多久,这个社会就一定呈现出一幅"文化沙漠化"

---

① 《马克思恩格斯选集》第 1 卷,11 页,北京,人民出版社,1995。

的景象。

　　"文化沙漠"是近些年学术界使用的一个形象化的词,用以描述一个地区文化特别是原创性文化贫乏。在世界历史上,曾多次出现过某个国家或地区"文化沙漠化"的情景,如以前的香港"殖民地文化"。那时由于主权被夺、地理条件特殊,尤其是生活方式的商业化等原因,香港的文化带有了商业化的性质,香港因此曾被人称作"文化沙漠"。"文化沙漠"不是说没有任何文化,而是说主要是商业型、娱乐型和各种实用型文化,总之是消费型的文化。形式上看,这种文化并不贫乏,相反,它的数量、质量和效率都大为可观,可谓光怪陆离、五花八门、层出不穷。那里所缺少的是生产型文化:少有科学前沿的学术研究,更谈不上有领先的重要成果;文学艺术也多属媚俗的稻粱之谋,罕见传世之作;人们在精神文化领域里,主要满足于追随国际的时尚潮流,接受现成的思想观念,产生不了自己的学说理论。正是这些掩盖在一片经济繁荣之下的文化"贫血"状况,使这个世界著名的国际商业和金融中心城市,一度蒙受了"文化沙漠"之辱。

　　文化是与人的生存发展相联系的,只要有人,就不可能完全没有文化。而这种文化是不是富有自我生长活力的文化,是不是生产与消费、"雅"与"俗"良性互动的文化,才是事情的关键。一方面,文化的生产离不开消费,文化消费为它的生产提供了广阔的前景;另一方面,文化的消费离不开文化的生产,文化的宣传、消遣、娱乐必须建立在文化的探索、建设和创新的基础上。没有文化生产,只有文化消费的社会,会成为可怕的"文化沙漠"。如果说一个地区经济上可以主要依靠商业、贸易、旅游等第三产业生存,而不必从事生产,那么在精神文化领域却决不能这样。像我国这样一个人口众多的社会,不能靠引进的文化来消费,不能靠"倒买倒卖"文化来生存。上面的例子表明,如果只有消费型文化的发展,而没有生产型文化的发展,那么"文化沙漠化"就是必然,或者不如说,这本身就是"文化沙漠化"。

　　"文化沙漠化"的特征和标志,虽然有许多方面,但归根结底的一点,是文化创造力的衰竭和文化生产的低俗化,这是"文化沙漠化"的直接根源和核心标志。历史证明,世界上各国各民族的条件不同、方式不同,因此可能造成文化沙漠化的途径也不尽相同,但有一点是共同的,那就是最终造成文化生产的枯竭和文化创造力的衰竭。没有文化生产的发展,就意味着没有雅文化的创新,没有雅文化的创新就没有俗文化的提高,于是整个社会在文化上就停滞、就老化、就"沙化"了。因此要防止"文化沙漠化"的发生,就必须不被各种消费型文化表面的、一时的繁荣所迷惑,而去专心地关注文化生产领域的状况。

从历史的教训看来,有可能对文化生产和文化创造力造成实质性破坏的,往往并不是消费型文化本身,而是整个文化体系中的失衡和或偏差。可以举出以下几种现象:

统治者为少数人的利益驱使,直接摧残文化生产力的资源,如剥夺文化生产条件、迫害知识分子、限制思想自由、推行文化专制主义、不许探索、压制创新等。其最直接、最野蛮的表现,在历史上以秦始皇的"焚书坑儒"、汉朝的"罢黜百家"、清朝的"文字狱"、希特勒的纳粹式疯狂、美国的"麦卡锡主义"等为代表。现在,那样的专制时代虽已过去,但类似倾向却仍可能以较为隐蔽或"柔化"了的形式存在,因为它的根子——文化专制主义并未彻底死亡。在新形势下,国际上的文化霸权主义和文化殖民主义,某些国家或地区内部的封建专制主义文化统治等,都有可能使历史上的悲剧重演。

文化生产机制的僵化,如社会文化体制的落后,脱离现实、脱离群众,不能适应社会发展的需要;"精英文化"自我封闭,不能够从生活实践中汲取丰富的营养;由于各种原因造成的知识分子队伍的萎缩,文化生产者的心态普遍失衡,文化创造的动力和能力衰减,等等。这种情况往往在社会向市场经济转型的过程中发生,但不是必然发生的,它的发生与否取决于文化机制的自我调节成功与否。事实上,知识分子"象牙塔里的自我清高"和"纷纷下海的浮躁与轻率"之间,是"两极相通"的,都与对文化生产片面的理解有关,并且都是文化生产体制的落后所产生的副作用。一个社会如何让经济与人文、文化生产与文化消费、雅文化与俗文化等处于"各得其所""相得益彰"的平衡状态,本身具有更为基础性的文化意义。

单纯追求文化消费,或把大众文化就当成了唯一的、全部的文化,用消费型文化代替了生产型文化。在以"市场"为导向的文化方略下,容易(不是必然)出现这种情况。当人们以为文化生产的价值只能通过产品在市场上的销路来体现,认为"能够卖得出的才是有用的,越是畅销的越是好的",进而无视文化生产的意义时,就会犯这样的错误。上文说的以往的香港就属于这种情况。

狭隘、片面甚至扭曲地理解文化消费,从而压抑甚至破坏了更广大的文化消费需求,并进一步断绝了文化生产发展的动力源泉。这种情况,在我国"文革"时期最为典型。那时受"左"的思想影响,无论雅文化还是俗文化实际上都得不到尊重。那时似乎只提倡政治灌输,片面强调向群众进行单一的政治教育,并且这种政治教育把自己伪装成理论层次极高(经常出入于哲学、史学、文学等专业学术领域)的教育。但实际上却是:一方面,其中并无真正的精神生产,忽视对所灌输内容本身的反思和发展;另一方面,对人民大众的日常精神需求也极端漠视,剥夺了群众多方面文化消费的权利。这样的结果,必然是既不利于文化消费生活的丰富,也不利于精神生产的发展。人民的日常需要受到压抑,专业化的文化工作更是备受摧残。于是,当时精神文化的生产与消费,就同当时物质的生产与消费一道,全面地处在贫困和萎缩的状态,使当时的人面对着一种真正的"文化沙漠"景象。

可见,要想保持文化,特别是文化生产的良性状态,避免发生"文化沙漠化"的后果,需要全面地、均衡地理解和掌握文化上的多种辩证关系,其中包括文化上的一元与多元、统一性与多样性、文化的生产与消费、文化生产的外部环境与内部机制、精英文化与大众文化、雅文化与俗文化、文化自身的创新发展与满足社会需要、群众文化生活中的普及与提高,等等之间的关系。而处理好文化体系自身生产与消费的关系,则具有中心的地位。它是造就富有生命力的新文化的不竭源泉。

第五章

文化命运的"兴"和"衰"

文化的各种特性,都源于文化主体的社会历史特性。文化的主体是人,人是以社会的形式进行历史性活动的生命体,各种文化也都有自己的生命力和自己的生命历程,有发生、成长和衰亡,也有健康和病态的区别。一种文化的生命力之强弱、它的兴衰顺逆乃至生命长短,都与这种文化的主体——它的创造者和执行者的历史命运相联系。所以,文化的生命和运动也是人类社会历史的写照。

一、文化的空间、时间和生命力

文化的生产与消费状况,是文化生命力的内在形式,而文化的空间和时间状况,则是文化生命力的外在形式。

"文化空间",是指一定文化体系存在和覆盖的空间范围。这里所说的"空间范围",既有物质的自然界的空间范围,如地域,也包括社会性的、精神上的空间范围,如"文化圈""文化界""文化层次"等。

人的生存发展所依存的自然环境条件,是形成一定文化空间的前提。创造文化的人们生活的地方、地域,是其文化活动的舞台。例如尼罗河流域是古埃及文化的舞台,恒河流域是印度文化的舞台,长江、黄河流域是中华文化的舞台,等等。不同地域往往有不同的文化,这一点是不争的事实。在人类的生产和文化活动中,地理环境、自然因素是不可能排除出去的。就是说,它们实际上已经进入人的社会生活。比如,你能说土地是纯粹的自然环境吗?显然不能。因为从农业生产角度看,土地属于劳动对象,是经济或生产力的要素,因而也是社会的一部分。森林、河流、生态等自然环境条件的因素,越是进入人的活动,它们就越是成为文化的因素,就会给文化以一定的影响,造就一定的文化特色。比如古希腊文化的特色,离开了它当时的自然条件(半岛或岛屿、丘陵和海洋等)是没法解释的。

但是说到底,自然环境条件只是形成一定文化空间的前提,还不是"文化空间"本身,或者说,还不是这一概念的主要涵义。前面说,文化空间是指"一定文化体系存在和覆盖的范围",主要意思是:一种文化以人的什么样的生活方式为基础和内容,它适用于什么样的范围和条件,它能够覆盖、容纳、支配和影响多大范围的社会生活,达到什么程度,等等这些构成了真正意义上的文化空间。

从这个意义上可以清楚地看出:所谓文化空间,主要不是指自然地理的、或物理学意义上的空间,而是指人的活动范围、人的特定"生活样法"所覆盖的社会空间。所谓"形成于长江黄河流域的中华文化",其实是一个复合的概念,它主要以"中原文化"或"汉族文化"为代表,但也包括中华各民族的文化在内。这就意味着,存在于长江黄河流域的,并非只有一种民族文化;而在长江黄河流域以外,也并非没有中华文化或中原文化。如今不仅在整个中国,甚至在海外的各个地方,只要有华人华侨生活在那里,就有中华文化的存在。于是,"中华文化圈"成为一个超越了地理界限的空间概念。

可见,"文化空间"不同于一般空间,它是一个以"文化"为标志的特殊概念。更确切些说,文化空间是指人的特定活动方式所处的空间,特别地,它意味着人们依生活方式的特征而区分成不同的族群。同一族群的人们在既定的自然和社会境况中生存,一定的文化空间为大家提供了共同的文化氛围,包括特有的物质、能量、信息资源。人们在同一方式和风格中从事经济生活,处理伦理关系,创造和运用共同的语言、神话、艺术、宗教、技术,等等。对于个人来说,一定的文化空间往往就是一位有形且无形的导师,用有形或无形的力量,把人造就成为具有一定文化内涵的、现实的"人";而世世代代被文化了的人,反过来又加强和巩固着这一文化氛围,保持着这一文化空间。

这样看来,文化空间具有双重的效应:一方面,在一定族群内部、一定文化圈的范围内,文化是把人们联系起来,使人们趋向统一、凝聚的因素,每一种文化有自己特定的容纳和导向范围,这叫做文化的"内在空间";另一方面,在不同族群、不同文化之间,文化空间则如一道天然的屏障,意味着一定的相互分隔、相对独立,甚至可能是相互排斥,每一种文化有自己特定的范围和外部界限,这叫做文化的"外在空间"。

就文化空间本身来说,应该注意的主要不是"外在空间",而是它的"内在空间"。一种文化的外在空间如何,是广是狭、是大是小、是散是聚,实际上取决于它的内在空间:它有什么样的适应能力、发展能力。这是文化在空间上具有的生命力。大体说来,一种文化能够给人们提供的发展自己、完善自己的范围越大、机会越多,它的文化生命力也就越强。

与前面说的联系起来,"文化的内在空间"也就是文化体系内部生产与消费发展的空间。文化生产和消费的关系越是合理、协调,文化的创造力越是充沛,就意味着它的发展越有潜力,它的内在空间越是开阔,越有发展的余地。

总之,增强文化的内在空间也就是增强文化的生命力,这方面的建设必将成为今后人类文化发展竞争的决定性因素之一。

"文化时间",是指文化形态的变化性(历时性)、过程性、发展顺序性等。文化时间表示:文化不是静止的,而是历史地展开和演化着的,每一种文化形态都有自己形成、发生、发展乃至衰落或走向新形态的过程。文化时间是在时间维度上展开的文化内在逻辑。如果说,文化空间是文化的"横向展开",那么文化时间就是文化的"纵向势态"。

文化时间不等于物理时间,它是以社会文化的运动为标尺,指的是主体人的发展状况。拿民族文化的时间来说,可以相对于该民族的发展情况,区分为诸如"早期文化""中期文化""成熟期文化"和"后期文化"。这就是说,同一民族的文化,在不同的历史时期也会不同。不仅有成熟程度的差别,也有发展速度的差别(有时发展快些,有时发展慢些),甚至还有运动方向上的差别(前进、停滞、衰退)。世界上不乏这样的现象:由于某些原因,有的民族及其文化处于长期封闭、相对静止的状态,人们从祖先那里接受同样的文化,然后一代一代传下去,保持不变,其文化时间的进程几乎接近于"零";有的甚至出现历史性的反动,造成文化的倒退、退化,这样的文化时间就会呈现"负值",如"复辟"时期的情况;而有的民族奋发图强,在短时间内迅速改变了自己的面貌,这样的文化时间则大大加快,显现出"一天等于二十年"的效果,如某些"后发展"国家和地区走向现代化的步伐。

文化时间在漫长的古代并不是一个重要的问题。人们不会明显地感觉到文明进步的步伐,也很少关心文化演进的速度。那时候,占统治地位的可能是文化的静止或循环。例如按照一种迷信的说法,过去、现在、未来"三世"是循环转换着的。128亿年来一"劫",届时一切都在劫难逃,全部毁灭,从头开始。所以人世的时间是一个封闭的圆圈,总体上静止不变。在学术上也有过各种"文化循环论"的观念,这是一种静止的、没有生命力的文化时间观念。

大约从17世纪起人们才开始注意文化时间的概念。这一时期,欧洲的科学技术和资本主义工业的迅猛发展,使人们一下子感到社会生活在飞速变化,文化发展的速度一下子加快了,文化时间"缩短"了。西方文化建立了一个全球化体系,造就了一个相互竞争、追求发展的局面,迫使世界上所有的民族都参与到这个时间的竞赛里去。文化时间问题成了一个异常突出的问题。社会发达与落后的观念,文化进步与停滞的观念,经济增长速度和效率的观念,国家实力的"赶"和"超"的观念,传统文化现代化的观念等,成为人们心中普遍且强烈的观念。这些都意味着,文化在时间上的生命力,集中体现了一个文化系统所能提供的预见性、超前性、创造性和更新性的能力如何,它的内部生产和消费自我调整的活力、效率和速度如何,等等。一句话:哪种文化能够使人们更快、更有效地改变和发展自己,哪种文化就更有时间上的生命力,更有前途。

当代世界文化领域里的一个突出现象是，人们正在用一系列新的时间观念来反映和审视生活。比如用"前现代""现代"和"后现代"来界定社会发展的状况，试图制定统一的历史时间量度；用知识和信息增长、传播、应用的速度来衡量文化发展的现代化程度，等等。这些新观念的出现，具有很重要的文化意义。它们表明，在未来的世界中，"文化时间"的定位将成为人类生活质量的重要标志。

"文化时空"，是指文化的"空间—时间"一体化。任何事物的空间和时间都不是分开的，而是一体的，文化也是如此。将空间性与时间性分割开来去谈文化，说的只能是抽象的而非具体的、片面的而非完整的现实文化。在现实生活中，文化空间的拓展，往往意味着文化时间的推进；反之，文化时间上的演进，也必然意味着文化空间的变化。

在古代，不同地区之间人们的生产和生活较少相互联系，交通和信息手段不太发达，文化内外空间往往有着封闭、凝固的特征。那时不仅海洋、大漠、高山等自然限制，而且语言、信仰、习俗、技术等人文条件，都成为文化扩展交流的屏障，造成文化发展的藩篱。以至于在漫长的历史阶段中，各地区和民族的"文化"都曾被看做是人们在空间上彼此隔离、各自封闭的象征。后来随着时间的推进，人类生产和生活空间的不断扩大，这种文化上的封闭凝固也逐渐打破了。

突破文化空间障碍的方式是文化交流和传播——在一定时间范围内文化的空间转移和对流。人口流动、经济交往、商业贸易、宗教和文化教育的推广，甚至战争，都是文化交流传播的重要形式。当中亚和波斯的商人穿梭于"丝绸之路"时，当阿拉伯人来往于欧亚非之间的沙漠地带时，当西域和大唐的僧人来来往往地传教时，当亚历山大的军队占领从恒河到尼罗河之间的广袤的土地时，当成吉思汗的铁骑横扫欧亚大陆时，甚至当欧洲的海盗、传教士、商人、殖民者、冒险家奔走于世界的每一个角落时，不同文化也就通过这些方式打破了地域的界限，走到了一起，在相互比较、竞争、冲突或相互交流、借鉴、影响中，实现着彼此间的理解或融合。在当代，电子技术和信息化网络的形成发展，"经济全球化"趋势的形成，

上篇 文化概论

交往时间大大缩短,文化交流的空间障碍进一步被打破。

随着人类普遍交往的扩大和深化,文化时空的一体化面貌发生着深刻的变化。其特点是:文化交流和进化的时间步伐加快,人类个体所能享有和影响的文化空间范围也日益"扩大",个人逐渐成为世界的人;而人类整体的文化空间却似乎被大大地"缩小",世界几乎成为了一个"地球村"。于是,各种不同文化及传统之间的汇合、交流、比较、竞争乃至冲突或融合,是不可避免、不可逆转的趋势。在这种情况下,仅仅承认多元文化或文明的同时存在,已经远远不够了;仅仅承认每种文化各自的独立和保守的权力,甚至力图回避全球文化的大汇合、"同场竞技",也是行不通的。对于走向未来的文化时空,各种文化在今后的生存发展过程中,将面临新的更大、更尖锐的挑战:哪种文化更合理、更先进、更有生命力? 今后的文化传播和汇合,将是一种怎样的结果? 是各种文化的优势相结合,还是弱势文化受到强势文化的统治? 未来将属于什么样的文化? 等等。不难看出,一种文化只有保持自身的强大生命力,才能够在这场面向未来的文化竞赛中,掌握自己的命运。

总之,封闭、保守的文化空间观念和静止不动的文化时间,必将进一步被打破,时空一体化的、开放、动态的文化观念将取而代之。这就意味着,每个民族的文化为了自己的生存和发展,都要致力于增强自己的文化生命力,并在新的时空环境中经受考验,以求赢得未来。

二、文化的进化和退化

文化的发展有进化有退化,有兴盛有衰落。文化的进退盛衰构成了文化的历史命运,同时也显示了文化的发展也和社会一样,有它的规律和尺度。"人事有代谢,往来成古今。"生活本身是一个由"曾是""正是"和"将是"构成的"流体",文化是一代代人创造的生活连续之"流"。虽然发展的过程不能绝对确定,但人总在不断设定目标,并向目标前进。每一代人在其生存发展活动中,在做工、种地、经商、讲学、著书立说时;在生儿育女、赡养老人时;甚至在敬崇祖宗、祭拜天地时,也就促成着文化的运动,通过自己这样的生活和实践把文化推向前进。

这种运动的主流是进步和进化，但也不时地出现过退化和停滞。因此我们要明白文化的先进与落后、进化与退化的界限。关于文化是否有先进落后之分，一向有很多争议。以往人们多是从形式上看问题，觉得文化只有模式不同的区别，却很难说这些不同模式之间有先进落后之分。因为他们觉得，如果说白人的文化比黑人的文化先进，就会导致种族歧视的错误后果；如果认为现代抽象派的艺术比古代希腊和罗马的艺术高明，也完全不能够说服人。总之，不同文化类型之间是无法比较优劣的。这种看法基本上是正确的，因为它重视了不同主体之间的文化差别问题。但是，它回答的只是"世界上多元文化之间能否比较优劣"的问题，而没有注意对于某一个主体来说，它的文化是否有优劣之分的问题。也就是说，它忽视了文化对于主体自身的意义问题。

应该注意文化的主体个性尺度。按照举世公认的社会进步原理，既然社会的发展有先进与落后之分，那么文化也必然如此：既然文化的本质是人的行为模式、生活"样式"本身，那么判断一种文化是否先进的标准，就应该是以文化主体的生存发展为根据，即看它对主体的意义：看它是否能够反映社会生产力发展要求和人民的根本利益，是否能为主体的生存发展提供最大的资源，包括精神资源（如道义资源、智力资源等）和制度资源（如体制空间、机制活力等）。对于一个国家或民族而言，能够反映它的社会生产力发展要求和人民的根本利益，并能够为这个国家民族发展提供最大资源的文化，就是他们的先进文化，反之则是落后的或腐朽的文化。

这就是说，对文化的先进性的判断取决于一个主体性的、动态的历史尺度。对于一个文化主体来说，它的文化是否先进、合理，要看它对主体本身继续生存发展的意义。一种文化的先进性，不仅要表现为它的思想理论科学，群众基础广泛，资源配置合理，产品富有凝聚力、感召力和创造力等，而且要表现在这一文化体系本身具有扩展潜力和更新活力，表现为它的创新机制健全，富有与时俱进的开放精神，能够不断自我发展、自我完善、自我超越。从一定意义上说,文化的先进性就是不断自我发展性。

说到文化的"进化",不仅仅是指文化在时间上的扩展,由过去而现在而将来的前进,而是主要指文化的内容越来越丰富、越来越合理,使人的生存发展质量越来越提高。这就是我们通常说的"向前""向上""由低级向高级"发展。只要看看历史就可以知道,从旧石器时期到新石器时期,从青铜器时代到铁器时代,人类文明一直是在向前发展的,到了近代,人类文明更是一日千里、突飞猛进,各方面前进的步伐简直令人目不暇接。在器物文化飞速发展的同时,社会制度、人的素质、价值观念等等也在急剧变化,总体上提升着人的地位和生活质量。这些就是文化的进化。

依人类现有的共识,文化进步的基本标志主要有:

(1)人支配自然的能力提高。包括生产力的提高、经济的发展、科学技术的进步等,它们意味着自然界"人化"程度的提高。

(2)人的社会化和组织化程度提高。人更加社会化,社会生活的整体性更强,更加合理、有序,意味着人的"人化"程度提高。

(3)人的价值实现。人的主体地位得到保证,人与人的关系走向平等、和谐,人的需要更加丰富、创造能力充分发挥,人们的生活质量普遍提高,人们越来越能够自由全面地发展,等等。总之,是向人类理想的价值目标不断趋近。

(4)人类精神世界的拓展。包括哲学、科学、艺术的不断发展,以及人类思维能力和精神生活的全面进步。人们精神、思想、观念的进步,不仅是物质生活实践的反映和凝结,而且也是它的先导,因此常常成为文化进化的根本标志。

人类文化进化的历史道路更具有其复杂性,情况是极其多样化的:一方面,各个国家民族文化进步发展的道路,往往很不相同、各有特色,没有固定不变的模式;另一方面,每一条道路本身不可能是笔直的、平坦的,其间必然会有各种各样的冲突、曲折、反复甚至倒退。

我们反对直线式的、机械决定论的文化进化观。这种观点把文化进化看做完全按照既定的路线和顺序,按部就班依次实现的,它只承认有限的曲折和摇摆,而不承认有另外的发展路线和状态,因此必然导致发展模式的单一化和僵化。在它那里,人的主观能动性似乎可有可无,人似乎没有任何自由,文化自然地或必然地按标准的进化模式运行,人不必做什么,也不可能做什么。这种观念显然颠倒了文化与人的关系。

说文化是进化的,是从人类文化的大趋势而言,并不排斥可能发生局部的退化、衰落。在历史上确实存在着这样的情况:有的文化发展了,有的文化停滞不前,有的则干脆毁灭了。一些文化,如印加文化、玛雅文化、古埃及文化就毁灭了;许多文化,如中国文化,在很长时间内基本是停滞的,只是在近代才又发展起来。所谓文化的退化,就是指文化不能正常地向新的历史层级跃迁,不能正常地实现文化历史类型的转换,从而造成文化的停滞不前、文化的衰败、文化的萎缩等。

从历史角度看,造成文化退化的内部原因,一般有这样两种:

一种是文化的"特化"。一种文化对自己的某些特征或优点、某些形式或标准过分绝对化地保持和维护,无限充分地强化发展,以至于使其达到漫画式的夸张程度。这就是文化的特化。一种特化了的文化,常常会显示出很强的特色,甚至也会有自己的一定优势。但是这种特化本身则会孳生出许多的副产品,特别是造成价值取向和文化模式的极端单一化,社会结构、生活方式、思维和行为习惯僵化保守。文化的特化常常使人们对其他的文化内涵和价值取向视而不见,甚至视之为异端、怪物;对时代变迁、文化的更新,尤其是对原有基本价值的转换,熟视无睹、不能接受,从而丧失了吸收新的营养以改进自己的能力。例如据考证玛雅文化的衰落,是由于一种宗教意识过度的发展,使得文化畸形化和顽固化而造成的。

另一种是文化或环境的极度无序化。生态环境严重恶化、战争、大规模宗教和民族(种族)冲突等灾害性动乱,使人们正常的社会生活不得不中断,无法安定下来进行正常的发展。例如古楼兰文化的毁灭,据推测可能就是因为土地沙漠化造成的。

当然,对于社会性的"动乱"和破坏,需要加以具体的分析,注意区分它们的不同性质:革命性的动荡,是由于原有文化走向无序化(破坏生产力、民族压迫和阶级压迫、政治腐朽黑暗等)引起的,是新秩序建立前的必要过程,因此它是进化的表现;局部的无序引起连锁反应,使文化在更大范围无序化,那显然是文化退化的表现。无论何种情况,社会的动荡、动乱都是一定社会文化无序化的结果,而不是原因。因此要找出引导社会文化走向动乱、退化的真正原因,必须找到文化本身无序化的更深层的、持续性的根源和表现。

总之,文化的进化和退化,并不是仅指某一个或几个因素的变化,而是作为人的生存发展样态、方式的一个整体性的历史过程。在人类文化总体上不断进化的大形势下,"发展"本身成了当代文化的一种基本形式。所有国家民族,都被卷到"发展"这样一种生存竞赛或生存斗争中,不进步、不发展就意味着退步。每一个国家民族的文化,都只能靠自己的艰苦探索、勇敢创造,不断取得全面的进步,才能以先进的姿态,立足于世界民族之林。

三、传统:民族文化的生命形态

在文化发展演进的过程中,传承与变异、继承与创新,即变与不变的统一,是构成进化的基本条件,是文化特有的生命形态。这种生命形态的时空一体化表现,就是"传统"。

"传统"的涵义,通常是指在人们生活中形成和世代相传的思想、道德、习俗等文化内容和形式。对它的具体表现虽然可以从许多方面去理解,但是有一点,却是各种理解都不应该偏离的,那就是:传统是把人的过去和现在联系、连接起来的那些社会因素和方式。换句话说,传统本身是指一种联系——"过去"与"现在"之间的联系。按照这一规定,不论任何东西,它要代表传统,就一定具备以下两个特征:(1)它是在过去或历史上产生或形成的、经历了一定的延续和积累过程的东西;(2)对于人们现实的生活说来,它是流传至今或仍存在于现今的东西。也就是说,传统是指走到"现在"的"过去",是"过去"在"现今"的存在和显现,而不是单指过去曾有的东西。

从科学看,文化传统包括三个条件:第一,每一个传统和传统的事物,都是在或迟或早的历史中形成的;第二,它们继续存在和体现于当下人们的生活之中;第三,因而它反映和记载了人们某一方面生活发展的历史连续性和内在逻辑。

根据对"传统"的科学理解,我们可以进一步得出几点结论:

其一,传统是必然的社会条件,人们不可能脱离了传统而生活。马克思指出:人们自己创造着自己的历史,但每一代人都不能凭空地创造,都不是从零开始,而是总要在前人创造成果的基础上,从一个既定的条件出发去创造。对于文化说来,这一道理尤其适用。因为文化本身就是人的生存发展方式本身的显现,它绝不可能是个人的、偶然的现象,而只能是一定社会生活的历史产物。对于后来的人们,有的文化不仅是他们生存的环境条件、发展的前提和基础,而且赋予了他们生命本身的社会涵义,决定了他们全部生活的起点,从而影响着他们思想感情的特征。前一代人的创造和进化成果,技术、经济、价值观到语言文字、思维方式一直到遗传基因,都有形无形地渗入后人的气质、品格和生存方式中去,深入到人们的灵魂深处,成为他们的思维方式、价值观念和行为习惯,影响他们做人做事的方式。可以说,任何人本身都是一定文化传统的产物和体现。

所以,人们不可能没有传统,问题只是它是谁的、什么样的传统。比如中国历史上激烈的反传统主义者,却从来都与传统保守主义者一样,身上带有深刻的传统烙印——他们往往是以最具传统特色的方式去反对传统。与之相反,那些并非站在中国文化传统立场上的外国观察者,当与自己利益不相冲突时,却常常表现得对中国的传统文化有更多的宽容、理解甚至欣赏。这恰好说明,传统本身也是多面的。传统主义和反传统主义常常是同一传统硬币的两面。生活在一定文化环境中的人,即传统的主体之人,不论其对本民族的传统是爱是恨,因为他正是在这一传统的母体中发育的,所以都不可能是,或者很难是外在于传统、超越于传统的人。而真正与某一传统相外在、相背离的,却只能是与它本不相干、对它来说属于"非传统"或其他传统体系的人。

其二,传统本身并不是先天注定、一成不变的,而是在实践中不断形成和发展着的。文化实际上就是一种不断改变着自身的东西。中国的文化,其实也在不断变化:春秋时期,赵武灵王"胡服骑射"改变了服装,是一大变;秦始皇统一中国,"车同轨,书同文",是又一大变;汉代"罢黜百家,独尊儒术"又是一变;魏晋玄学的兴起是一大变;佛教传入中国后,形成儒、道、佛相互融合的信仰特征,又是一大变;鸦片战争爆发,西方文明打入中国;后来中国共产党用马克思主义指导拯救中国,建设社会主义……整个一部中国历史,可以说就是一部变革以求生图强,不变则落后挨打的历史。应该说,能够并且善于学习、汲取一切有益的东西,不断地改变自己以适应世界的发展,"海纳百川,有容乃大",这本身也是中华文化的一个优良传统。所以,把传统当成静止的、定型的,千古不变的简单模式,是完全不符合事实的。

文化传统这种在运动中不断展开、不断变易的特性,说明文化是活生生的,是有生命的。正如斯宾格勒所说的,文化不是既有的文明成果形式,就是说,不是那种僵死的东西,不是文物的堆积,它是活生生的历史本身。文化的生命从哪里来? 它只能来自社会历史的实践,来自人们世世代代的生活、劳作、创造。每一代人的生活和实践赋予文化以生命。有生活,有实践,有创造和劳动着的人们,文化也就有了生命,就能健康地、生气勃勃地发展。这种发展就是通过传统的不断延续和更新来实现的。

其三,传统是以"现在"为准,向"过去"回溯所发现的联系,或者是由当时人们所创造的,进而延续一段时间以后,在后人"当下"的生活中体现出来的东西。因此,"古已有之"的东西,未必皆成为传统;古未有过的东西,也未必不能进入传统。说到底,在生活中已经死去的、已经没有生命力的、在历史上湮灭了的东西,并不属于现实的传统;只有在现实中仍然活着、并起着作用的既往存在,才是真正现实的传统。认识任何一种传统时,都不应该忘记这一点。

以这样的眼光看来,当代中国的文化传统,并不仅仅是古代文化的单线遗传，它实际上是由至少三个部分构成的：

（1）中华民族故往的文化传统。我们有数千年的文明史，其中汉字至少可以上溯到甲骨文时代，我们社会的宗法特性（血缘家族文化）甚至可以上溯到史前时代。可以说，中华文化是活文化中保留传统最悠久、在世界历史上唯一不曾中断过的、最完整的文化。她以华夏文化为主体，融合了中华其他民族的文化，也吸收了中亚、西域和印度文化。

（2）近百余年来吸收的近代西方文化传统。西学东渐以来，中华文化在"保种图存"中吸收西方文化，特别是吸收了发展于西方的科学技术及其精神，使之成为当代中华文化的一部分。

（3）新兴的社会主义文化传统。这是指马克思主义传入中国以来，与中国传统文化结合，并在社会主义革命和建设实践中形成的新的文化传统。这些文化传统的汇合，显示出当代中国文化是一个动态的、开放的整体，它具有极其丰富的内涵和强大生命力。

其四，在如何对待传统的问题上，要充分理解和尊重当代人的权力和责任。由上可见，应该破除对"传统文化"的狭隘化、表面化、神秘化的理解，增加一点重视现实、注重实际、尊重群众、依靠科学、面向未来的意识。就是说，在如何对待传统的问题上，也要解放思想、破除迷信。我们民族的一些人，主要是文化精英，有一种习惯和风气，每当重要的历史关头，就要大力回顾过去、追思先人，喜欢走"托古喻今""借古证今"的文化路线。一些激进的改革者，历来也喜欢从归咎和责备前人入手。这种无论肯定还是否定，都重在责求"过去"，却常常忽视"当今"和"未来"的做法，属于一种"逆时序的思维方式"，它实际上是落后的和有害的。对于这种"传统"，我们就不应该无条件地保留。

总之，文化就是生活，文化就是创造；"传统"从过去而来，但并不等于"过去"；传统存于现在，人们的传统就在于人们的现实。文化怎么样，传统向何处去？归根到底是指人怎么样，人要向何处去？以认真负责的态度谈论传统，就不应该忘记人，不应该忘记人们自己现实的权力和责任。这样才更有利于增强我们对自己民族文化和传统的健全意识。走在现代化道路上的中国人民,要充分意识到我们对于自己的传统文化有充分的责任和权力,不仅要继承,而且要进一步创造和发展它。要建设走向新世纪的、有中国特色社会主义的新文化,就是要从我们自己的现实出发,向前看,在改造和发展实际生活本身的同时,去探索和建立促进社会全面发展的新思想、新道德、新习俗。

四、文化命运的尺度

每一种文化及其传统,在人类文明史上的地位和命运如何,并不是由当事人自己决定的,而是由社会历史的规律和大势使然。它们是检测文化命运的尺度。

那么,什么是人类文化发展的规律,人们如何掌握自己的文化命运呢?

说到"规律",人们很容易想到自然规律。文化规律与自然规律既然都是"规律",那么必有相同之处,比如它们都意味着"不依人的意志为转移的客观必然联系"等。但文化演化毕竟是属于人的社会历史活动的范畴,因此它终究要服从社会历史的规律,而不同于纯粹自然界的规律。社会历史规律不同于自然规律的主要之点在于:社会历史的规律归根到底是人和人的活动的规律,是人自己生存发展中"不依人的意志为转移的客观必然联系",它不依赖于任何个人的主观意志,但却不能不依赖人,以及人的存在和活动。要是没有了人,也就没有了社会历史,当然也就不可能有社会历史的规律,而自然界的规律却是可以与人无关的,在没有人类的情况下,自然界仍然按照自己的规律运行。由于有了这一差别,社会历史规律的表现就要比自然规律的表现复杂得多。

文化的发展首先服从社会历史的规律。说到底,社会历史的规律就是文化演化发展的根本规律,是文化一切特殊规律的基础和实质。因为文化的本质和表现,都在于人的社会生活和历史活动之中,在此之外,文化不可能有其他不同的本质规律。比如马克思的唯物史观所揭示的社会历史一般规律和原理:人的活动与自然界关系的原理、人的社会存在与社会意识的原理、生产力与生产关系的规律、经济基础与上层建筑的规律、人民群众历史作用的原理,以及社会进步和社会发展"自然历史过程"的原理,等等。这些规律和原理也就是文化发展的根本原理、一般规律。只有掌握了这些规律和原理,才能从根本上把握文化的发展和演变的整体面貌,并大体预见它的未来。

在此基础上,再来考察文化还有什么特殊的规律。因为文化毕竟是从一个角度所看到的人类社会,它是通过"人化和化人"的成果所反映出来的社会历史,因此也必然从这个角度、这个侧面反映出人类生活的某些特殊规律。比如前面谈到的文化进退盛衰的内在机制,就是文化发展的特殊规律之一。前面还谈到过文化的多样性和统一性、多元化与一元化的关系,文化生产与消费的相互作用,文化空间和文化时间的一体化联系,文化传统形成和演化的逻辑等,也都是文化所特有的一些具体规律或规律性线索。综上所述,还可以进一步指出两条带有一定普遍性的规律。

1. 文化的积累和渐进规律

文化的本质,是指"人化和化人"的方式与成果的总和。就是说,文化是以人的生存发展本质为标志的,而人的生存发展本身,是人的自我发展和演进过程,它在总体上是积累式、渐进式的,是连续地进行的。这意味着文化的发展演化必定具有总体上的积累和渐进性质。

事实上,并不是人类的任何活动及其结果都能够进入文化的层次,都可以成为一定文化的标志。人类自古以来所进行的活动、所制造的东西不计其数,有些甚至是极其偶然的奇迹。它们都可以算作是一定文化的表现和产物,但却并不为文化的存在和发展增添任何东西,并不改变现状或推进文化的发展,因此最终将在文化的进程中完全消失。一般说来,这一类现象就不具有文化发展的意义。在漫长的历史中,一定有很多人有很多奇怪的发明,有很多特殊的生活方式,有许多奇怪有趣的思想,等等。但它们不为其他人所知,没有传播开来,没有对人们的生活方式产生影响。这种情况即使存在,也已不代表人类的文化了。相反,只有那些为人的活动所必须接受和保持，并经过不断地重复和延续而发展起来、积淀下来的东西，才构成文化的成分。正因为如此，我们所能看到的一切文化现象，无不是无数次实践的产物，并在无数人的实践中体现出来。

从这个角度看来，"积累"是文化发展的必然方式。而积累又必然与"渐进"相联系，而不可能以偶然性、即时性的"跳跃""突变"为主。当然，渐进不等于"匀速直线"运行。并不排除在历史的发展过程中，文化有可能发生局部的、暂时性的加速或减速、跳跃或停滞，乃至毁灭等情况，但一般说来，这些也都是在积累和渐进过程中的情况，它们取决于积累的条件和程度，并且事前事后也要经过一定的调整，纳入渐进的轨道。只有在发生了人类无法控制的巨大自然灾害的情况下，才会出现真正的例外。

承认文化积累和渐进的规律，意味着必须尊重历史、尊重传统，从人类或民族文化主体的具体历史条件出发，去进行新的文化建设和创新。割断历史，无视前人的成果，试图回避或抹杀传统，仅凭主观意愿去"制造"某种文化，或企图超越历史阶段去实现文化的"大跃进"，类似这样的想法则是违背规律的，对于文化的发展有害无益。

2. 文化的主体性和选择规律

文化的规律，不但不是外在于人的，而且就是人的活动的规律，就是人基于一定的价值目标进行生产、生活和其他活动所具有的内在逻辑。就如同并没有一个抽象的"人"一样，现实中的文化也不是抽象的，而是具体的。每一个具体的文化体系都有具体的主体，如民族、国家、地区、社团、行业等。具体的文化是具体主体生存发展方式的内涵和产物，因此它们必然因主体的特性而有自己的特性。文化因主体性的差异而显示出来的重大社会性差异，是世界文化多元化的根源，也是每一文化体系中包含多样化的根源。

主体间的社会差异构成文化的差异，而这种差异又多半是通过主体对文化发展方向、方式和特征的不同选择表现出来的。人们在相同或不同的生存发展条件下，都可能进行不同的选择，从而形成不同的文化特征。比如世界上有许多沿海国家,由于他们在历史的不同时期作出了不同的选择,因而形成了各自不同的沿海文化,有的开放、有的封闭、有的工商业发达、有的旅游业发达、有的则非常落后。当然,他们的选择并不是完全主观随意的,而是受到了当时许多国内外条件的影响。但客观上存在的选择可能性,往往不会只有一种,并且不会是一次性的,永远会有再度选择的可能。因而可以确认,主体的选择作为文化发展的"内因",是造成具体文化差异的决定性因素之一。并且无论如何,主体面对重大选择时,他们所表现出来的思想和行为方式,本身也构成其文化的深层特征之一。

承认文化的主体性和选择在文化发展中的规律性地位,意味着充分尊重人的地位,重视人们自己对于文化发展的权力和责任,重视发挥积极的主观能动性的作用,反对文化宿命论和文化奴隶主义。同时它也意味着,人们要对自己的选择有更深入的反思。正确的选择会引导和促进文化健康发展,错误的选择将会造成文化无序甚至退化。因此把握主体选择的规律性,认识选择中的客观条件性与主观能动性之间的关系,从而提高自己选择的水平,使选择更加科学化、自觉化,是掌握自己文化命运的关键环节。

文化是个非常庞大复杂的体系,因此它的规律性不可能像想象的那样简单明白,需要集中全人类的智慧,经过长时间的探索和总结,才能说得比较清楚。上面所说的两点,只是一种初步的尝试。并且即使在这样初步的层次上,也可能不止上述两条,也许还可以发现文化的其他规律或有规律的现象。比如关于世界各民族文化发展共同性的规律问题,是否存在着从低级到高级、从简单到复杂的统一发展线索?世界上发达国家与不发达国家在文化上的相互关系问题,其演变遵循什么样的规律?经济与科技在文化发展上的特殊地位和作用问题,其中是否有一定的规律可循?等等。各种不同层次上的普遍性、规律性的问题,对于指导文化建设都有重要的意义,它们都有待于被研究和发现。

总之,文化的发展进化有其不依个人意志为转移的客观规律性,但这种客观规律性又是通过人的活动而存在并表现出来的,是依靠人的选择的必然性和合理性而实现的。正是在这样的客观规律面前,各种不同文化的命运有得失顺逆之别,人们的文化建设有成败优劣之分,人类的文化呈现出一种多元、多样化而大体有序的格局,不断地从一个阶段走向另一个阶段,从一个高度登上另一个新的高度。它告诉我们:只有严格遵循社会发展的一般规律,同时也遵循文化发展的特殊规律,才能成为高度自觉的文化建设者。

中华文化论

第六章

中国传统文化的价值取向

中华文明是世界"四大文明摇篮"中,硕果仅存的、保持了历史延续性的伟大文明。在漫长的文明演进过程中,中华民族以"自强不息""厚德载物""海纳百川""求实顺变"的精神,创造了内涵十分丰富、结构异常复杂、形式多种多样的文化传统。这一传统长期滋养、培育、塑造着中国人民,内化为中华民族的血液和灵魂。

一、"人"的定位

每一种文化都必然把主体自己的地位、状况、权利和使命等问题置于首要的位置,并作为一切思考和选择的出发点。因此,考察中国传统文化的特征,不妨以它如何处理有关"人"的地位和状况,它主张如何看待世界和人生,它要求人们如何看待和把握自己等问题,作为切入点。

1. 神、天、人:"敬天畏命"?

人是否从来就是自立自主的? 人的地位和命运是否服从于某种在人之上甚至超乎自然界的神圣力量? 这是每一种文化都经常会遇到的问题。这个问题表明,在茫茫宇宙中,人需要找到自己的归宿,才能在精神上有一个安身立命的基础。

或许是出于对神秘莫测的大自然的恐惧,或许是由于在种种外力面前,早期人类无法把握自己的命运,先民们不约而同地找到了隐藏在自然物中或隐藏在大自然背后的"神"。中国从奴隶制社会开始,就有以神权论证王权的"君权神授"说。夏代即已经出现了对神的崇拜,相传夏禹本人就把祭祀神鬼作为确立其权威的手段;禹的儿子启也依例行事,把自己的权力说成是由神所授,并由此开始中国的君权世袭制。殷代统治者更是以崇拜鬼神为能事。"殷人尊神,率民以事神。"(《尚书·甘誓》)年成的丰歉、城邑的兴建、战争的胜负、官吏的黜陟等,都要通过占卜来请示神或祈祷于神。殷商统治者还进一步设计、创立了一个众神之长——上帝,号称其祖先是上帝的子孙,即所谓"天命玄鸟,降而生商"(《诗经·玄鸟》)。到了周代,"神"开始向更抽象的"天"转化。因为各路神仙及上帝都已经为殷商等率先"霸占",周统治者不好直接让其"叛变",于是转而泛讲"天命":"皇天无亲,惟德是辅。"(《左传》僖公五年)当殷商之汤王有德时,故"天命归殷";而后来殷纣王无德,"乃早坠厥命","天命"由是归周。

用"天"取代"神",在中国文化史上具有重大的意义。最具影响力的思想家孔子相当推崇"以德配天"的天命观。孔子极少谈鬼神。他以自己特有的智慧,提出要"敬鬼神而远之",主张先弄清人自身的问题:"未能事人,焉能事鬼?"(《论语·先进》)这一思想在当时是很了不起的。但是,孔子也未直接肯定"人是万物的尺度",他主要是继承了周朝的理论和方法,大谈"天命",要人们"敬天畏命",服从"天"的意志和安排。他仍然认为,只有让人们保持这种神圣的敬畏感,社会才能得到安宁。孟子则更直接地说:"顺天者存,逆天者亡"(《孟子·离娄章句上》),强调天命、天意不可违。

后世的思想家们大致遵循了孔子的这一思想,主张一切考虑都要因"天"而及"人"。"天人感应""天人合一""天人合德"等具有神秘主义色彩的形而上学理论,大同小异。《淮南子》说:"四时者,天之吏也。日月者,天之使也。星辰者,天之期也。虹蜺彗星者,天之忌也。"汉代董仲舒的天人感应说认为"人副天数":"人理之副天道也,天有寒有暑,夫喜怒哀乐之发与清暖寒暑其实一贯也。喜气为暖而当春,怒气为清而当秋;乐气为太阳而当夏;哀气为太阴而当冬,四气者,天与人所同有也。"董仲舒的重点是强调天理与封建纲常的一致性，认为天是人的原本，人是天的副本，由此论证"王道之三纲，可求于天"（《春秋繁露·基义》）。

但是，一种文化的思想内容，不能仅仅看它的言说和字面意义，有时为了真正理解它，倒有必要看看它的"背面"和"反面"。若如此审视，我们会发现，有时，统治者或思想家们真实的思路往往是相反的。实际上，关于天人关系，我们很难用"天"推出人的什么，反倒是用"人"推及于"天"，由个人而推及天下，来得比较容易些。古代思想家们所做的，正是把人的行为感情外推而解释各种自然现象，把家庭、家族外推于社会而解释国家结构，从而，君臣亦如"父子"，"四海之内皆兄弟也"；"国家"者，家即国、国即家也（当然是对皇帝而言）；于是，"孝长"和"忠君"就是一理，为天意必不可违，如此等等。

也有人不信邪，干脆戳穿了这个惊天大秘密，大胆说出"天视自我民视，天听自我民听"，"民之所欲，天必从之"（《尚书·泰誓中》）。这等于是说，"天"是用人的眼睛和耳朵来感知的，"天"是听从人的意愿的，"天"并不神秘——归根到底，"天"就是人的代理和化身。这种态度为历来的思想叛逆所持有，成了人们蔑视皇权、破坏既定秩序、争取自由的武器。在千百万处于社会底层的普通百姓的实际生活中，这类观念的影响往往大于御用文人的说教。

可见，自古以来，中国就有两种不同的"天人合一"观：一种是"人合于天"，天是主宰；另一种是"天合于人"，人是主宰。在二者之间，人们依其需要，各有所取。

例如，以神秘主义、宗教迷信、个人崇拜等作为统治之术，以神旨神意美化统治者，是长期以来封建社会等级制的理论基础，是封建统治者愚民的通行做法。直到今天，还常有人别有用心地装神弄鬼，宣称自己是某佛转世、某神附体，以欺骗愚弄百姓；更有一些人大搞个人崇拜，宣称某人生来就是"天才"，肩负着某种重大的使命，不管形式上有多少新奇之处，玩弄的却不过是一套"老把戏"。

当然，随着社会的发展，民智的开启，更多的人从敬天畏命、顺从苟安中解脱出来。他们悟透了,"天"和"命"的本质,其实不过是自然和社会的运行法则、规律、秩序。掌握它们是人自己的权利和义务。因此,人们的主体意识逐渐觉醒,开始自觉地用科学的世界观、人生观和价值观武装自己,努力用自己的眼睛看世界,用自己的头脑思考问题,逐渐成为创造自己的新生活的主人。这种反思和觉醒,是当代中华文化的主流。

2. 人与己:"群而忘己"?

"天人"论回答了人在宇宙中的存在问题,"人己"论则进一步试图解决人在社会中的存在问题。

人与人、人与社会的关系是极其复杂的。每个人生活在世界上,都要与无数的人发生直接或间接的关系。但简要地说,对于每一个人,无数的个人都可以归结为"两个人":"自己"与"他人"。因此,以人为认识对象的时候,人们就要弄清楚一个问题:什么是自己,什么是他人?"(自)己"与"(他)人"一样吗?二者之间是一种怎样的关系?我国古人的智慧,已经使他们说出了这个问题的重要。并且,他们发现了另一个概念,用这个概念回答了"己与人"的问题,这就是——"群"。

儒家学说一向强调一种"族群主义"的人生定位,强调"能群"是人之为人的根本。荀子说:"(人)力不若牛,走不若马,而牛马为用,何也?曰:人能群,彼不能群也。"那么,"人何以能群?曰:分。分何以能行?曰:义"(《荀子·王制》)。也就是说,人之所以能驾驭牛马,是因为人能组成群体、社会。人之所以能组成群体、社会,在于人能以礼划分等级,而实行等级秩序的保障,则在于仁义道德。与这种"族群主义"相联系的价值取向,当然也就是重群体,依赖群体,强调个人对群体的责任、义务、服从和牺牲;轻个体,认为人人都应该"群而忘己""无我"。在这样的群体原则中,甚至贵为天子诸侯的个人,也应该"群而忘己"。董仲舒说:"独身者,虽立天子诸侯之位,一夫之人耳,无臣民之用矣。如此者莫之亡而自亡也。"(董仲舒:《仁义法》)就是说,如果不遵守群体至上的原则,即使是群体的首领、天子诸侯,也不过是个"独身者""一夫之人"(孤家寡人)

而已,就没有人会服从他、为他所用,他会自取其辱、自取灭亡。

看起来,这种"族群主义"在理论上是很明确、很彻底的。因此常有人把它等同于集体主义,认为中国自古就有"集体主义传统",甚至认为它是社会主义集体主义的源泉。那么,实际情况怎样呢?如果不是"想当然"和简单的望文生义,而是认真地看看历史、分析现实,注意其中的如下两个问题,那么就会发现,这与"集体主义"根本不是一回事。

第一,它所说的,是谁的、什么样的群体?谁是这个群体的代表?从这一点上,可以看出它和马克思所说的"真实的集体"——自由人的联合体之间的区别。中国在长期的封建社会,实行的是宗法等级专制统治。在这一体制中,"群体本位"的真实涵义就是"家族本位"。"国"不过是放大了的家,个人是完全从属于家庭、家族和其放大意义上的国家社会的。"家长主义"是这种族群主义的实质。作为最大的"家长",皇帝雄踞金字塔形权力结构的顶端,天下乃一人之天下,"普天之下,莫非王土,率土之滨,莫非王臣"。所有个体包括各级官僚,仅仅是君主实现其个人目的、满足其个人需要与欲望的手段。而各级官僚与其"子民",家长、族长与其家族成员的关系,也大致与此相类似。因此,这种"群体"绝非真正意义上的"集体"。

由于古代社会本质上是以家族方式为根据建立"群体",并将其推广到国家的社会,那么也就决定了这种社会必然有两大特征:一是以宗法等级权力为核心的"权力本位";二是以个人之间伦理关系为内容的"伦理主义"道德原则,而不是以社会公共关系为内容的社会化道德原则。

第二,在群体中,个人处于何等地位,人们彼此之间是什么关系?从这一点上可以看出它对待个人的方式:与家长的绝对权力相联系的,必然是众人的人格从属地位。就是说,这种族群主义要求每一个人都"忘己"、消融于群体之中,但却并不是主张平等,而恰恰是要保持等级。结果必然是依等级、辈分形成普遍的"下对上"的人格从属关系、依赖关系。比如"三纲五常"就最能说明问题。正如陈独秀曾指出的:"儒家三纲之说,为一切道德政治之大源:君为臣纲,则民于君为附属品,而无独立自主之人格矣；父为子纲，则子于父为附属品，而无独立自主之人格矣；夫为妻纲，则妻于夫为附属品，而无独立自主之人格矣。率天下之男女，为臣，为子，为妻，而不见有一独立自主之人者，三纲之说为之也。缘此而生金科玉律之道德名词——曰忠，曰孝，曰礼——皆非推己及人之主人道德，而为以己属人之奴隶道德也。"（陈独秀：《一九一六年》）概而言之，这种族群主义及其道德，无外乎以维护"别尊卑、明贵贱"的等级制度为本义，它是不主张人的独立自主性和主体意识的。

事实上，这种传统的"族群主义"往往导致道德虚伪，即所言与所行、对人与对己、对上与对下的双重标准化。让大家都"忘己"，恰恰是为了少数人的"专己""利己"。诚然，"家长"们有时也不得不"忘己"，但那正如荀子所警告的，多半是怕会导致"无臣民之用矣"。它非但不能真正起到维护国家社会共同利益的作用，相反，它助长起来的，恰恰是少数人的"自我中心主义"，是一种打着"公"字号旗帜的恶性膨胀的极端个人主义！试看古往今来的官场黑暗、官吏腐败、当权者的堕落，哪一个是真正全心全意为了集体？

正因为如此，中国古代的族群主义在近代启蒙和现代革命运动中，必然地受到了批判和唾弃。随着现代人主体意识的觉醒和马克思主义学说的传播，中国人的"人己观"和"群己观"都发生了深刻的变化，逐渐形成着新的传统观念。

近60年来，这种变化首先是"人"从家庭走上了社会。旧式的家族本位随着旧制度的瓦解消失了。在新的制度和体制下，它曾一度由"单位本位"所代替。社会主义在中国的胜利，使广大人民成了国家的主人。但是，这个"主人"怎么当，普通个人如何能够承担起这个重任，还要有个探索、实践的过程。由于实行国家统一控制的高度集权的计划经济体制，一切都以自上而下的管理方式进行，人们便以工作单位的组织形式，与整个国家社会发生着不可分割的联系。任何个人都从属于一定的"单位"，个人必须完成单位分配的任务，对单位负责，同时在单位内享受一系列政治经济待遇；个人的几乎一切事情都与单位息息相关，如工作、收入、福利、养老、身份、地位、前途、荣誉,甚至个人纠纷与家庭矛盾等都要诉诸单位解决。有单位就有了一切,失去了单位则意味着被社会遗弃。

这种"单位本位"的文化,比起以前的家族本位,有着显著的进步。但是,由于体制本身的缺陷,也由于旧观念的影响并未完全消除,它在实践中还未能与旧的封建主义传统彻底划清界限,从而造成了一些不良后果。

值得注意的是,这个时期人们同样把"群而忘己""公而忘私"等当做主要的精神、道德导向。并且,人们似乎仍然着重个体道德觉悟的层面,而不是从体制性改革和制度性建设的层面去理解这些口号的意义。这样就更不容易分清社会主义的集体主义与旧式族群主义的界限,无助于使新型的人际关系得到更加充分的发展,反而削弱了人们觉醒起来的主体意识,强化了行政等级意识,把计划体制的某些弱点更加扩大了。

我国 30 年改革开放的经验表明,要适应时代的发展,确立起先进的人与人之间的关系,调动最大多数人的积极性,增强社会主义的凝聚力,仅仅靠人们"忘己""无私"是不够的。"忘己"不仅会使人忽视自己的权利,而且也会使人漠视、丢弃自己的义务。如此看来,重要的还是要解决人们如何"有己"和如何正确对待"己与人"的关系问题。人们在彼此平等的基础上,实现应有的社会权利与社会责任的统一,才能够协调彼此的关系,并且在利益共同的前提下,结成马克思所说的"真实的集体"——"自由人的联合体"。只有在这样的集体中,健全的社会主义体制和集体主义精神才能得到充分体现。目前,我国社会体制改革和新的思想文化建设的任务之一,也就是要在理论和实践中,使这一点逐步得以实现。

3. 身、家、国:"修齐治平"?

关于人生的使命和由此产生的人生理想,也是体现文化取向的一个重要问题。中国古代文化传统对这个问题的权威性或标准性回答,是首先将人分成两类:"大人"("君子")与"小人",然后将人生的使命和理想目标,定位于人人力争做"大人"("君子")。

儒家有一本成熟的经典之作——《大学》。它是一本教人怎样做人的书，历来被规定为学生必读。"大学"就是"大人之学"。《大学》开篇就说："大学之道，在明明德，在新民，在止于至善。"将"明明德"（使明白正确的大道理彰明于天下）、"新民"（管理教育老百姓使之成为新人）、最终达到"至善"这三点列为"大学"的"三纲领"，就是确立了人应有的人生使命和理想目标。然后，它又指出了实现的逻辑（八条目）："欲明明德于天下者，先治其国；欲治其国者，先齐其家；欲齐其家者，先修其身；欲修其身者，先正其心；欲正其心者，先诚其意；欲诚其意者，先致其知。致知在格物，物格而后知至，知至而后意诚，意诚而后心正，心正而后身修，身修而后家齐，家齐而后国治，国治而后天下平。"（《大学》）

"正心诚意、修己齐家、治国平天下"这一套完整的做人目标，多年来激励了许多有志之士发奋图强、力求上进，献身于振兴民族国家的大业。应该说，它确实代表了那个时代所能提出的最高人生目标。

然而，只要我们看看，自从这个纲领、口号被宋明理学喊得震天响，在中国"深入人心"之后，中国社会发展至近代，并没有获得持续的强盛繁荣，相反，中国在世界上的地位却开始走下坡路。人们已经不止一次地提出过这样的问题：为什么人们越是讲求"修身、齐家、治国、平天下"的时候，却越是不能收到更加"修、齐、治、平"的效果呢？

也许有人会说——人们常常喜欢这样回答诘难："那是因为它没有得到认真的贯彻实行，人们违背了它的精神实质。"但是，如果这套口号是真正合理、有益的，那么，它为什么会不被人们（乐于和能够）实行？历史的经验能够作出更深刻的回答，这就是后来人们结合实际对传统人生观及其致思方式的批判和反思。归纳起来，"修、齐、治、平"的人生原则包含着以下严重的缺陷：

首先，它以把人分成"大人"（"君子"）与"小人"两类为前提，然后专注于前者，这种理论不仅含有轻视群众、脱离群众的意味，而且也拔除了社会产生优秀人才的根基。无论伟大思想成果还是卓越人才的涌现，在将其剥离了大地的土壤之后，就注定不可能成为"参天大树"，而只能如鲁迅所说,产生的是"一碟子豆芽"。

其次,"修、齐、治、平"的道路是以个人为本位,完全寄托于个人的学识修养的治国方略。这套治国方略的关键缺陷在于,它忽视了社会制度、体制的作用,忽视了民主法治的社会治理功能。这套方略显然是与封建主义时代的"人治主义"相配套的观念,而不是一种社会整体变革发展的方略。千百年来,中国社会罕有实质性的制度、体制变革,与此不无关系。对于这一重大缺陷,在当今时代尤其有注意和改正的必要。毕竟,在今日中国社会上,很多人仍然期盼着"青天"降临,"为民做主";更多的人认为,官员之所以腐败,仅仅是因为个人素质太差,道德败坏。不革新这种似是而非的旧观念,社会体制的改革、民主法治的建设,都将受其影响而难以实质性深入。

最后,"修己"是为了"治人",这是将道德手段化了。以"齐家、治国、平天下"为目的而去"正心""修身",显然是把个人的道德修养当成了工具或手段。从实际效果来看,它事实上也造就了许多虚伪、两面、强迫型的人格,造就了不少"野心家""假道学""伪君子"。

对于普通百姓来说,强求人人都去做"大人""圣人",这本身就是不适当的。不仅对多数人没有必要,而且逻辑上也说不通,实践中更是难以操作。用这种过高的人生目标普遍地要求普通大众,意味着对普通人人生选择的过分干预。

中国传统的人生观念,除了被极力推崇的"修、齐、治、平"模式以外,还有大多数默默无闻的普通百姓默默奉行的其他哲学。例如,关注生产和生活,注重功利和实效;自立自强,自力更生,自食其力;蔑视权贵,追求真我;安居乐业,各得其所;清静无为,淡泊名利;不拘一格,勇于创新;豁达宽容,勤俭朴实,等等。从中华民族生生不息、经久不衰的发展来看,我们未必不应该说,这类人生哲学才是中华文化传统的真正"精髓"。

4. "官本位":人对自己的否定

制度文化是文化的重要组成部分。中国几千年的封建宗法等级制度

体现在人的地位与面貌方面的一个直接后果,就是"官本位"现象的普遍而顽固的存在。它的主要表现和特征是:

其一,单一行政化的社会体制。为了便于高度集权、实行自上而下的统一管理,在全社会力求造成一种格局,将社会上的一切都纳入国家行政系统的体制结构:将所有的人、所有的组织和部门,都分别归入行政序列,规定其等级,划分其行政权限,并最终服从统一的行政控制。"普天之下,莫非王土;率土之滨,莫非王臣。"对于所有人来说,这意味着他们的身份只有"已入仕""未入仕"和"待入仕"的差别,任何人都有随时听从行政指挥的义务。马克思说过:"归根到底,小农的政治影响表现为行政权支配社会。"①在以农业为主导的社会形态中,这种情况有一定的历史必然性。

其二,个人权力至上。在这种单一行政化的体制下,社会实行的不是整体的规则的统治,而是个人的统治;不是由规则和法定程序,而是由"长官意志"支配一切。规则和程序甚至常常可以因人(尤其是皇帝)而易。在这种体制中,各级长官个人的素质如何、品德如何,往往具有决定性作用。概而言之,整个社会实行的不是"法治",而是"人治"。

其三,自上而下的单向隶属关系。在这种金字塔形权力结构中,等级森严、秩序分明,但官员之间的分工,并不意味着相应的权力与相应的责任达到统一和自身相对独立,而使他们的"级别"更具有实质性意义。上下级之间不是对事务进行综合与分析的双向、合理运行关系,而是下级完全隶属于上级,一切听命于上级。对下级官员来说,一切只对能决定其个人前途命运的上级官员负责。官员们的前途命运如何,并不取决于他们的政绩如何,而是取决于他们与其他人之间的"关系"如何,这往往成为决定仕途的"第一要素"。因此,官场上的"一损俱损,一荣俱荣","一朝天子一朝臣",甚至"一人得道,鸡犬升天"等相互牵连的局面,比比皆是。

当然,"官本位"的具体表现远不止于此。观察中国社会的风俗可以发现,在观念上,"官本位"并非只存在于官场,甚至在民间社会也有很大

---

① 《马克思恩格斯选集》第 1 卷,678 页,北京,人民出版社,1995。

的影响。有这样一则古代笑话,颇值得玩味,也颇能说明问题。一位目不识丁的王婆婆,花钱请木匠给自己做了一口上好的柏木棺材。看着气派和质量上乘的寿材,她很是满意,但是,思前想后又总觉得缺了些什么。于是,她请来一位秀才,在自己的棺材上写几个字,以表明身份。于是写上"翰林院侍讲太学士国子监祭酒隔壁王婆婆之枢"。

从历史文化的角度来说,"官本位"是有其社会基础和合理性的。然而,这种在一定时期、一定层面上难以避免的现象,经过普遍化的加强,并向人们的思想深处渗透以后,便成为一种恶性文化和不良传统。

首先,"官本位"实际上是"权本位"。权,原本是人的手段,然而在特定的情况下,人们却使它成了目的,而把人自己变成了它的手段,这种根本上的颠倒即是所谓"异化"——人对自己的否定。

其次,"官本位"自身缺少对权力的足够制约、监督和检验机制,并且自己不能创造这样的机制。"官本位"的一个必然结果,是"公权私化"。"公权私化"是一切官吏腐败的共同根源和特征。因此,"官本位"作为"绝对的权力"的象征,就无法避免"绝对的腐败"。

最后,长期推行"官本位"的后果,是将官场上通常存在的落后和腐败现象推向民间社会,必然限制了社会多样化生活的发展。长此以往,则将引起整个社会生活的简单化、文化的贫乏化。

"官本位"导致的社会毒瘤还有许多。在当代中国进行现代化建设的进程中,"官本位"是一个将通过体制改革而被超越的历史陈迹。若非如此,则不能建成有中国特色的社会主义的民主政治,不能实现中华文化的现代化和中国社会的现代化。

二、义利与名实

"义、利"和"名、实",是最具有中国传统文化特色的两对范畴。它们从不同的方面表达了中国人所看重的普遍价值内容。

1."义利之辩":重义轻利?

一般认为,"崇德、重义"是我国传统文化的一大标志。考察现实可以发现,中国人"重道德、讲仁义"之心的确可以说是很普遍的。它表现在:一事当前,人们往往是自觉或不自觉地首先从道德方面着眼,多用道德标准来衡量是非得失,而把经济、技术等方面的得失置于较次要或从后的位置。这种心理习惯根深蒂固,同西方一些民族缺少这样浓厚的道德色彩,而习惯于一事当前先从功利、实用处着眼的传统相比,显然是我们民族的一大特色。这一传统的形成,与大多时候占据传统文化主流的儒家文化的影响有很大关系。儒家认为,人之所以异于禽兽者,人之所以为人者,在于人有仁义、讲道德。孔子认为,"君子喻于义,小人喻于利"(《论语·里仁》),"君子义以为上","义然后取";孟子强调"义,人之正路也",提倡"惟义所在"(《孟子·离娄》),要"去利,怀仁义以相接"(《孟子·告子下》),"舍生而取义"(《孟子·告子上》);荀子则认为"义胜利为治世,利胜义为乱世"(《荀子·大略》),主张"先义后利","持义不挠"(《荀子·荣辱》)。在这些说法中,多少包含着某种将义利视为互斥,并无限推崇道义价值,否定和贬低功利价值的倾向。到了汉代以后,儒学成为统治者的官方御用学说,经董仲舒的"正其谊(义)不谋其利,明其道不计其功"、宋代程朱理学的"存天理,灭人欲"主张加以发挥,就变得更加片面、偏激,进而绝对化了。

于是,"重义轻利"的价值观,似乎就成了中国历史上的一个不争的结论。从此以后,"耻言利"便成为人们证明自己道德的一个标志,"口不言钱",而呼之为"阿堵物"的矫揉造作,也成了"人品清高"的佳话。这一道德偏向对后来的文化走向,包括我国社会主义建设时期的某些思想、政策导向,都产生了重大而深远的影响。在付出了不堪回首的沉重代价之后,人们终于感到了重新审视这一传统观念的必要。

那么,究竟何为义,何为利?如果说,"利"是指人们的现实利益,"义"代表人们应遵守的伦理规范,那么,二者何以注定会彼此冲突呢?

孔子只是说:"义者,宜也。"(《中庸》)当然,它是指在人伦关系中的适宜,即道德上的合乎要求。倒是墨子以非常透彻的语言,一针见血地道出了其中的奥妙,"义,利也"(《墨经上》),即义乃"国家百姓之利""人民之大利"(《墨子·天志下》)。

无论是认为"利从属于义",还是认为"义从属于利",这里有一点是十分清楚的:义利原不是死对头,而是"一家"。古人讲"立德为本"的同时,从来也都强调"立功";在主张"先义后利"的时候,也努力实践着义和利之间的统一。因为"义"不是"非利",而可以是国家人民的"公利""大利",《大学》云:"国不以利为利,以义为利也。"因此,求利并非一定要害义,并非只有"小人"才"怀惠",而是"君子"也"爱财",只是应该"取之有道"而已。正因为如此,几千年来,崇德重义的中国人并没有都成为脱离实际的道德幻想家和空谈家,而是在经济、科技、军事、文化等方面做了很多实事,有过无数不朽的发明和创造,而且如今更加一心一意地以经济建设为中心,发展壮大自己,为中华崛起而努力。没有这种务实、求利、建功的传统取向作为基础和心理准备,我们的国家不可能如此迅速地从计划经济转向市场经济的轨道,改革开放的政策不可能取得如此巨大的社会效果。"务实重利"是我们的文化传统与其他民族相同之处。忘记了这一点,或刻意否认这一点,我们就不可能真正认识我们自己。

问题的关键,往往在于把"义"与"利"割裂、对立起来。其根源,又在于无视广大普通百姓的利益。儒家所承认的"利",是指整体之利、群体之利。然而,这些利实际上为皇帝、各级官僚等权力拥有者所掌握,群众个体之利从未真正得到承认,对利的合理追求也长期被压抑,令其消失于抽象的"义"(即"大利")中,实际上是要人们完全服从"圣人"和"大人"之义。

在确定主体是人民大众自身的前提下,"义"与"利"、道德价值和功利价值的统一就比较容易理解了。正确的义利观,应该是将普通大众的个人利益和全体人民、国家社会的利益结合在一起,将道德理想和物质利益统一起来,坚定不移地追求和维护它们的协调、平衡和全面发展。为

中篇 中华文化论

此,一方面,应该充分尊重人民大众的合理利益诉求,并且依靠人们自己实现自己合理利益的追求;另一方面,应该保持这种追求与实现全体人民或绝大多数人的利益的一致。若能如此,就实现了"义"与"利"之间的高度统一。

2."理欲之辩":人性本恶?

"义利之辩"中包含了对人的权利、特别是普通百姓的生存发展权利的态度。"利"总是包括个人的物质需要和感性欲望的满足,而"义"则通常表现为人们公共理性的要求。这样,义利关系就常常与理欲关系产生联系。儒家的义利观后来发展成为理欲观的历史进程,就体现了这种联系。

先秦儒家从其义利观出发,就已提出了道(理)与欲的关系问题。如孔子"君子谋道不谋食","君子忧道不忧贫"(《论语·卫灵公》),"富与贵是人之所欲也,不以其道得之,不处也"(《论语·里仁》),就表达了重道轻欲、以道制欲的倾向。孟子更是直接提出:"养心莫善于寡欲。其为人也寡欲,虽有不存者焉,寡矣;其为人也多欲,虽有存者焉,寡矣。"(《孟子·尽心章句下》)明确地将静心"寡欲"作为一切德行的基础。荀子虽然肯定欲望追求是人性之本然、"生之所以然",但却认为,这种本性是恶的,必须以理治欲、以理制欲,否则,将会"人欲盛而天理灭"。

先秦儒家的"以理制欲"说被宋明理学进一步发展,提出了"存天理,去人欲"的口号。例如,朱熹认为天理是善、人欲是恶,只有"革尽人欲",才能"复尽天理","天理存则人欲立,人欲胜则天理灭"(《礼记·乐记》)。陆九渊、王守仁等心学派亦主张"去欲",认为"欲去则心自存矣"。宋明理学这种要求"无欲""去欲"的绝对道德价值学说,并不能限制少数权贵的穷奢极侈、肆意纵欲,终于演变成了漠视弱势个体、"以理杀人"的工具。

这里需要反思一下历史上关于"人性本善"还是"人性本恶"的争论。这一争论流行了两千多年,在中国影响甚大。然而,它却是一个在错误前提下产生的无谓论争。这个虚假的前提是：它未经分析和论证，就事先断定了作为价值概念的"善恶"是一对先验的、可以附着于任何事物的"属性"范畴。因此，就像可以断言任何事物都固有某种善或恶的"属性"一样，进一步断言人性（人的本质属性）也固有某种善或恶。然而，这是错误的。哲学价值论的研究告诉我们，"善恶非性也"——"善恶"（价值）并非属性，它并不为任何事物所固有，而只是作为（事物与人的）关系中的现象才发生和存在。任何事物本身都不存在所谓固定不变的善恶属性，人性更是如此。庄子说："物固无美恶"，这是深刻而正确的。在这一点上，道家学说比儒家学说高明。

在我们看来，什么善、什么恶，只能以是否符合人的需要和能力、是否有利于人的发展为标准。这个标准本身，才是人性存在的证明，并且是人的社会需要和判断能力的显现。离开了这个标准，事实上就是不懂得"善恶"的来历和本义。同时，善恶的标准总是依人的发展变化而变化着的，人自己首先是、始终是它的根据和实质，而不是它的对象。因此，不应该说（一般的）人性是善还是恶（这样说不仅否定了人本身是标准，而且事实上犯有逻辑错误），而只能依据一定人的标准，去说某些具体人的表现是善还是恶。

否定了人性"本善或本恶"这种抽象的、似是而非的思路，就意味着将人的主体地位和价值标准归还给人自己，同时，也意味着要客观地历史地理解人的生存发展状况。

3."名实之辩"：以名正实？

"正名"的主张，最早是由孔子提出的。在《论语》中，他说："必也正名乎！"孔子还进一步解释道："名不正，则言不顺；言不顺，则事不成；事不成，则礼乐不兴；礼乐不兴，则刑罚不中；刑罚不中，则民无所措手足。故君子名之必可言也，言之必可行也。君子于其言，无所苟而已矣。"（《论语·子路》）这里所说的正名，是指从礼制上明确君主和臣民各自的名分、地位，包括他们的相互关系规范。孔子认为，只有正名，国家的政策和官员们的言论才能统一,政令才能顺利地下达,政事才能成功,礼乐才能复兴,刑罚才能准确,老百姓才能有所依从。显然,孔子主张"正名"的目的,是为了"正行"即匡正人们的行为。所以他要求:"名之必可言也,言之必可行也。"名要正,才可言;言要顺,才可行;而行得正,名才能正,这一思想十分重要。《论语》记载了孔子与季康子的一段对话,季康子问政于孔子,孔子对曰:"政者,正也;子帅以正,孰敢不正?"君主和各级官员们都按照自己的名分来行事,就能够建立起稳定的政治和社会秩序。

无论在理论上还是在现实中,正名问题都是古代思想家们关注的问题。逻辑学家公孙龙著有《名实篇》,荀子也有《正名篇》,详论名实问题之理论。汉朝董仲舒也提出了所谓"一于正"思想,于是"正名"也就开始与"统一思想"联系起来了:"正心以正朝廷,正朝廷以正百官,正百官以正万民,正万民以正四方,四方正,远近莫敢不一于正。"(班固:《汉书·董仲舒传》)为了"一于正",则要以教化为大务,要尊孔崇儒。

自此以后,人们充分认识到了正名的重要性。而在实际生活中,特别是在一个思想环境并不宽松的社会氛围中,正名就显得更为重要。做什么事情都要讲究"师出有名",有正当的理由。对于个人来说,对"名"的追求,常常与社会价值的体现、得到社会的认可相联系。多少人终其一生都在为"名"而奋斗。孔子说:"君子疾没世而名不称焉。"(《论语·卫灵公》)有时,"名"被人们大体理解成"面子"。有无"面子","面子"的大小,反映一个人的社会地位和形象。光宗耀祖、流芳百世,是人们矢志追求的目标;而"声名狼藉""身败名裂",则是对人生最大的负面评价。因此有的时候是:"名也,即命也。"

古人的传统,偏重于把"名"与"义",即政治和道德联系在一起,国家社会之"名"就是政治问题,个人行为之"名"就是道德问题。对于国家社会而言,注重对主义、思想、政策、路线、方针、观念等"名"的完整准确把握,使其成为现实活动中人们行动的指导,是必要的。但是,"名"终究不过是"实"的反映和产物,而不是它的根源。由于事物是不断变化的,当"实"变了,"名"也需要随之而改变;当名和实发生冲突时,不能光责求于实,也要反思其名。正像一切真理超过它的限度就会走向反面一样,"正名说"也有它的另一面和极端化形态。这就是将"名"的重要性夸大到蔑视现实的地步,不是力求使名副其实、实至名归、名实相应,而是片面地要求以概念剪裁现实,客观服从主观,强调"正名"成了推行僵化教条的武器,从而出现"以名制实""以名害实"的情况。在"正名"的背后,始终掩盖着实事求是与主观臆断之间的"貌合神离"。人们真的需要解放思想,实事求是,站在自己的立场上,用自己的头脑好好反省反省。

三、情理与法度

在社会生活中,人们要进行共同的活动,彼此交往,就有一个循情与循理的问题。在国家社会的层次上,理的贯彻往往需要通过"法"的形式才能体现。于是,情、理、法之间的实际关系状态,必然能够体现一定的传统,成为一种文化的特色标志。

1."人情圈"和"关系网"

人生天地之间,其生命是靠同类相互支撑才能延续的,"情"是这种联系的精神形态。"问世间情是何物,直教人生死相许?"情感的力量不容怀疑。那么,中国传统的人情味与别人(如西方)有什么不同?或者说,我们的人情味的特点体现在哪里?

从历史上看,这里有一个细微的差别,但却是非常重要的区别,即这里的"人"是谁?"人情"是指对于没有特别限制的任何正常人都一样的感情,还是有一定限制,只适用于一个特定范围的感情?

从事实上看,人情不可能是对任何人都一样、毫无选择的。试想,你对敌人和朋友怎能有一样的感情,对自己的妻子和别人的妻子的感情能一样吗?人情一定是有范围的、是有具体指向的。那么,关键的问题就是:这个范围和指向是怎样的?

著名社会学家费孝通曾经专门研究过这个问题。他在 20 世纪 40 年代写过一篇著名的文章《乡土中国》,其中披露了他的发现:中国人的人情关系范围,并不是指固定的团体,更不是想象的那样完全以家族体系为标准,而是"好像把一块石头丢在水面上所发生的一圈圈推出去的波纹。每个人都是他社会影响所推出去的圈子的中心。被圈子的波纹所推及的就发生联系。每个人在某一时间某一地点所动用的圈子是不一定相同的"①。这个圈子以"己"为中心,有很大的伸缩性,"社会关系是逐渐从一个一个人推出去的,是私人联系的增加"②,"一圈圈推出去,越推越远,也越推越薄"③。他还指出,这并不是西方式的个人主义,而是一种特有的"自我主义":在西方的个人主义原则中,"个人是对团体而说的,是分子对全体。在个人主义下,一方面是平等观念,指在同一团体中各分子的地位相等,个人不能侵犯大家的权利;一方面是宪法观念,指团体不能抹杀个人,只能在个人们所愿意交出的一份权利上控制个人。这些观念必须先假定了团体的存在"④。个人在团体中的角色,必须代表团体、服从团体。所以在西方文化中,耶稣作为"神"的代表,不能强调自己有生身父母,而必须强调是神的儿子——和大家一样的"人子"。而"在我们中国传统思想里是没有这一套的,因为我们所有的是自我主义,一切价值是以'己'作为中心的主义"⑤。从孔子"推己及人""己欲立而立人,己欲达而达人"的原则,到后来"修齐治平"的纲领,强调的都是这样一种逻辑:要以自己为中心,以个人为发端,然后推广开来,应用于他人、集体乃至天下。

这种"自我主义"的人情模式,有三点最突出的表现:

第一,对"圈子内"和"圈子外"的人实行完全不同的标准。根据人们所在的圈子来区别对待,固然跟宗法等级制有关,但却不是一回事。尤其是在官场上,人情味的真实涵义就是"非我族类,其心必异",跟官之大小并不一致。以自己为中心,就必然对"圈内""圈外"的人区别对待,实行不同的标准。对"圈内"的"自己人",当然是情义为上、情真意切,什么都

---

① 费孝通:《乡土中国》,27 页,南京,江苏文艺出版社,2007。
② 费孝通:《乡土中国》,32 页,南京,江苏文艺出版社,2007。
③ 费孝通:《乡土中国》,29 页,南京,江苏文艺出版社,2007。
④ 费孝通:《乡土中国》,30 页,南京,江苏文艺出版社,2007。
⑤ 费孝通:《乡土中国》,30 页,南京,江苏文艺出版社,2007。

可以,恨不得"两肋插刀";而对"圈外"与自己无关的人,非但毫不关心,免不了冷漠无情,甚至可以损人利己、不讲公平、不讲道义。这就是为什么在如此讲究情义的中国传统社会中,竟然发生过那么多冷漠无情的悲剧,发生过那么多惨无人道的迫害行为,而每次又总有那么多的人,不仅在一旁观望,甚至还参与进去,"落井下石"的缘故。

第二,"圈子"本身很有伸缩性,可以根据具体情况而改变,及时调整。这是因为,"圈子"既然如此重要,那么它就必须有弹性才能生存,才能发展;而圈子既然又是以自己为中心的,那么在需要的时候,当然也可以随着自己的改变而改变,只看"自己"的需要如何。中国老百姓早就看透了"穷在闹市无人问,富在深山有远亲"的奥妙——"拍马是为了骑马"。这显然是一种人格上"吃小亏占大便宜"的实用主义策略。

由于"圈子"的这种可伸缩、可变动性,造成了"拉关系、走门子、建关系网"的社会风气。"关系网"对于一个人十分重要。一个人建立了广泛社会关系,俗称"吃得开""路子野",意味着手里掌握了重要的社会资源,因此便可以"左右逢源"。有些人深谙其道,有些人以深谙此道为能事。今日之"关系学",几乎成了一门高深的"国学"。人们把心思都用到了"搞关系"上,不能不说是对独立健全人格的极大讽刺。

第三,"有人情,无是非",这是人情关系被普遍化的产物。因为人情终究是以个人的好恶为转移的,那么在大家都以人情为准的地方,就必然会导致人情与私情统一起来,并彻底进入公共生活。俗话说,"在家靠父母,出门靠朋友"。这话真实地反映出了中国人"人人都靠别人并被人靠"的心理和生活方式。也就是说,人要生活、要做事,就要靠适当的人际关系。有了适当的人,就能做成想做的事,不在于这件事本身是否该做、是否重要,所以,是非如何、是否具有合理性,这些问题就不重要了,办事的规矩、规则就更不重要了。"只要办成事,怎么做都行",从此人们自然就"重成事,不重立规矩",不去依据道理建立规则,甚至连道理也不必讲了。有人便是有理,有人情便胜过了一切理。"朝中有人好做官"——甚至连做官也可以主要不是靠真本事和业绩,更不是靠有关的法规、制度和程序,而是靠人,靠有人欣赏、有人帮忙。这样的结果,自然是人们越来越不重视规矩、法治,越来越依赖各种人治手段。

以上几种表现,是这种"自我主义人情观"的逻辑。直到今天,它仍然有相当大的市场。当然,它只是在一部分人中间实行的原则,普通百姓对它早已看得很透,并且深恶痛绝了。

2. 从"礼治"到"法治"

在社会生活中,人情不可排除,但要纳入合理的轨道,才不至由于人情的不和,而使社会无序、天下大乱。那么合理的轨道是什么?孔子开出的药方,是"礼治"。多少年里,人们以为这是治世的良方。

"礼"的基础和前提是"德"。重德轻力是儒家基本的价值取向之一。孔子说:"骥不称其力,称其德也。"(《论语·宪问》)好马不以力强而被认可,而是以其品性良好获得称道。这句话以比喻的方式,道出了个人的道德与实力之间的关系。他还说:"道之以政,齐之以刑,民免而无耻;道之以德,齐之以礼,有耻且格。"认为治理社会,行政强制、刑法处罚都不如德化、礼治之有效。"为政以德,譬如北辰,居其所而众星共之。"(《论语·为政》)如果实行德治,则可将士大夫、广大百姓紧密团结在周围。孟子则从王道与霸道的关系探讨了德力关系。他说:"以力假仁者霸,……以德行仁者王";"以德服人者,中心悦而诚服也"(《孟子·公孙丑上》)。孔孟重德轻力的道德主义观念为后世儒家所继承,一度成为中国文化的传统政治观念。

儒家提供的社会治理方案是"礼治"。它主要强调伦理道德的教化和调节作用,不太重视法治,提倡"无讼"。"子曰:必也使无讼乎!"(《论语·颜渊》)"礼"是儒家解决人与他人、社会关系问题的一套最重要的、根本性的行为规则、道德规范,是一种"应该"、甚至"必须"服从的"绝对律令"。为了维护礼,儒家规定了极为严格、详尽的等级规范,如"三纲五常""三从四德",等等。孔子曰:"不以礼节之,亦不可行也。"(《论语·学而》)而且,"礼自外作",无论你是否愿意,都必须无条件地遵守,以使人的行为举止合乎礼的要求。

封建社会有一整套推行"礼制"的办法,即订立一套完整系统的礼制规矩,然后借助严格持续的"教化"制度予以推行。"礼教"的目的,在于从"礼制"达到"礼治"。"礼"虽不是法,但在当时却具有法的地位,发挥着与法一样整合社会的功能。"礼"即是"法","礼"高于"法",甚至以"礼"代"法",是中国传统文化的一个重要特色。在漫长的中国历史中,"礼""法"一直并称,绝不是偶然的。

然而,礼毕竟不是法。古人虽然也说法,如法家学说还特别强调法治,但那时实际上并没有现代意义上的"法"。人们对法的理解和对礼的理解一样,仍然摆脱不了"人情社会"的水平。对法的理解和要求也是如此:"因天理,顺人情","法不外乎人情","法合众人之情",等等,往往是人们乐于强调的共识。在一定程度上,它为轻视法律提供了理论依据。不仅法律法规的制定要慎重考虑人情人意,就是法律法规的执行,也必须考虑情理因素。由于种种人情的渗透和干扰,即使有法,在执行过程中也总是难以到位,出现许多偏差。况且,在制定法律的时候,就早已有了"礼不下庶人,刑不上大夫"的等级差异。说到底,那时是"人情大于王法""权大于法"。"打官司"往往成了"打关系"。因此,多少年来,法律只能在情理的怪圈之中艰难地前行,也就不足为怪了。

"礼治"不同于"法治"之处还有一点,就是孔子主张的"无讼"。儒家为了防止人们之间的争斗,极力提倡"无讼",提倡"和谐",提倡"忍让",提倡"退一步海阔天空"。在现实的纠纷中,人们往往更关注谁是"好人""坏人",而不大重视合法还是不合法。实际上反映出对"法律公正"的不信任和法制观念的淡薄。

孔子提出"无讼"的主张,显然与当时法制的水平有很大关系。但由此而忽视法律的调节作用,则是一个历史的误区。封建社会所制定的法律基本上都是刑法,缺少保护人民权利、调解人与人之间纠纷的系统的民法。走进法律程序的人,往往被怀疑和造反、偷盗、抢劫、伤害、强奸、杀人、放火等恶行相联系。所谓"惹上了官司"的人,大多被人笼统地视为

"有罪""有问题""有前科"之人。也因此，古代对于那些专门替人——往往被认为是"坏人"的人——打官司的人，即律师，有一个很不雅的称号——"讼棍"。这种歧视，反映了人们对法治的误解和偏见。

从传统的"礼治"走向"法治"，首要的关键点在于变"人治"为"公治"。传统的封建社会是一种宗法等级制社会。在这一金字塔形的权力结构中，权力意味着一切，但公权本身却非常容易私化成为少数人的特权。比如虽然有"王子犯法与庶民同罪"之类的说法，但事实上，不同等级的人的命运却往往大不相同。且不说法律在皇帝面前显然是苍白无力的，所谓"朕即是法"；即使不是皇帝，事实上也有所谓"刑不上大夫"的规定，皇亲国戚、达官贵人们大多可免于法律的管束；任何一级"父母官"，对于"子民"也具有"最终裁判权"，"子民"们的命运全得看"父母官"的清浊正邪；而普通百姓只能祈求"贤人政治"，祈求"清官"莅临，否则就很难获得公正的对待。

将"礼治"变为人治、公权化为私权，意味着统治者们可以把法律视作自己手里的工具。约公元前 500 年时，郑国子产把原来不公布的法律公开铸在刑鼎上，就遭到了贵族、当权者们的激烈反对。他们说："形（刑）不可知，则威不可测。"若"民知争端矣，将弃礼而征于书"。即是说，若普通百姓知道了法律是如何规定的，就会用法律保护自己，统治者就失去了威严，百姓就难以统治了。因此，他们认为，法律条文不应该公开，以求其对于普通百姓的深不可测的威慑力，当然也求其对于权力之行使的方便、随意。类似这类分歧，充分昭示了"人治"和"法治"之差别的实质。

第七章

中国传统文化的多重品格

每一种文化都有其特有的品格,即它的致思层次、导向和特征。它们往往并不在于直接的言语本身,而常常在于言语和情感背后的东西。它往往比人们已经说了或做了什么,更能体现一种文化的特殊风格。

一、道与器:生活境界的追求

在中国传统文化中,思想、理论、概念有一大特点,就是气象宏伟、意旨高远,追求高层次、高境界。古代圣贤讲问题,哪怕是很具体很实在的问题,也要从天地宇宙之初和万物一同的大道理讲起。因此,常有玄远宏大的气势,深沉含蓄的意味。

关于"道"的说法,便是其中典型一例。

在中国古代哲学中,"道"是一个最高范畴。老子说:"有物混成,先天地生,寂兮寥兮,独立而不改,周行而不殆,可以为天下母,吾不知其名,字之曰道,强为之名曰大。"作为"天下母","道生一,一生二,二生三,三生万物"(《老子》二十五章)。管子也说:"道也者,通乎无上,详乎无穷,运乎诸生"(《管子·宙合篇》),还说,"闻一物以贯万物,谓之知道"(《管子·戒篇》)。总之,尽管老子认为"道可道,非常道",即道是不能用我们通常的语言来描述的,但是,仍然可以看出,他们所说的"道",有点像是包罗万象的统一性,是先天地生的万物本原,或一切事物永恒规律的代表。孔子和儒家很少讲这样的"天道",却并不否认"天道",他们主要讲伦理政治哲学,是将"天道"落实为"人道"——人世的最高原则、治国的根本原则。

"形而上者谓之道,形而下者谓之器。"(《周易·系辞上传》)与"道"相对的是"器",指各种派生的、有形的或具体的事物。关于"道"与"器"的关系,我国近代学者郑观应主张"道本器末",即道是根本,其他一切是道的外在表现,器是从生、从属的东西。这一观点代表了传统观念。既然道是"本",器是"末",那么在追求根本、注重高远的人看来,就应该重本轻末、重道轻器。这是自老子、孔子以来的一个传统。重道轻器者特别强调要"以道御器"——要让器服从于道,服务于道。"庖丁解牛"这个十分著名的比喻,就很好地表达了他们对道本器末的理解。这一比喻力求告诉人们:"以神喻、不以目视"(用心从精神上把握,不靠用眼睛去看)的"道",是比技艺("器")更高明的境界。就是说,洞悉、掌握了大道的人,天机藏于内心,善于精细地体察一切,能够高屋建瓴,可以凭借"运用之妙",平静地完成任务,顺应吉凶,达到目的。这显然是一种非常理想化的状态,一种极高的水平、极高的境界。

然而,高妙的理想并不等于高超的现实。有的近代学者如王韬,在比较中西文化时认为,"形而上者中国也,以道胜;形而下者西人也,以器胜"。这完全是一种想当然的臆断。事实上,"重道轻器"的原则,并未使中国文化和中国社会在"道"上有更大的作为。这是因为,一方面,它难以深入现实,难以被后人实行;另一方面,它也没有使对道的探究有新的突破,没有使中国产生出影响世界的伟大之"道",反而使之不得不面对后来思想文化的落伍。将理想与现实、理论与实际对照起来观察,我们不能不注意"重道轻器"原则的内在缺陷和历史局限性:

第一,它把"道"与"器"简单割裂开来,只看到道高于器、统率器的一面,没有看到道寓于器、依赖于器的一面;只强调要重道,却没有反思道从何来;只讲要"以道御器",却不懂得具体的道原生于器、受器的实际效果检验。这样就难免产生很大的片面性。例如,由于重道轻器,又把道仅仅理解为"大道理"和道德原则,似乎只有搞政治、讲道德才是重道,而关心经济、研究科学技术等都与道无关,因而导致了轻视科学技术、生产创新等,甚至说技艺是"小人"的事业,为君子所不齿,视之为"奇技淫巧""雕虫小技"。《礼记·王制》说:"凡执技以事上者","不与士齿","作淫声、异服、奇技、奇器以疑众,杀"。古代民间甚至流传着这样的歇后语:"教儿习技艺之事——没见识。"受这类观念的影响,科学技术研究在中国长期没有得到统治者应有的鼓励和重视,特别是自近代以来,我国根本就没有产生现代科学、实验科学。这不能不说是一个绝大的遗憾。

第二,它所承认的思想境界,至多表现了少数"君子"们的兴趣和志向,而且,只有更为少数如"庖丁"那样修养极高、能够将"运用之妙,存乎一心"的人,才能达到其境界。对于大多数人来说,这种要求则太高太难了。将这些作为社会的理想和原则时,往往意味着脱离实际、脱离群众,不关心广大普通百姓的疾苦,更不尊重实践的现实和人民日常生活的境界。

第三,它所体现的思维方式,是一种主观先验的思维方式:对"道"的研究和阐述不注重科学的论证,因此也不利于哲学和人文科学的发展;对"道"的实践和贯彻,只讲究"运用之妙,存乎一心",即过分依赖人们的个人能力和智谋,不重视将其变成社会的普遍精神、方法、规范等。因此,它在社会生活中,也只是支持"人治"而非"法治"的理论。尽管孔子认为应该"人能弘道,非道弘人",但实际的结果却总是相反,"认人不认(道)理","重成事不重立规矩",成为影响深远的社会风尚。这不能不说是观念本身的缺陷所致。

毫无疑问,"重道"本身是非常重要的。道是指根本道理、方向、道路、原则等大问题。这些问题不解决好,当然就要犯大错误。因此,做事总须重道,对这一点任何时候都不能轻率。但是,道本身不是先验的、一成不变的简单公式和绝对教条,对于具体的、历史的人来说,唯一正确的根本之道,是科学的真理体系和为人民服务的价值原则,它们是要在实践中把握,在实践中检验和发展的。忽视了这一点,也就违背了最根本之道——实事求是。

从历史上看,当"重道"原则被加以抽象片面的理解,特别是被绝对化了的时候,往往会比只知"重器",即只从眼前现实出发、目光有些短浅但脚踏实地的思想境界,造成更大的危害。我国"文革"时期"左"的表现把这一点发挥得最为充分:它不仅把高度政治化、道德化的"道"片面地当做唯一的"道",用以排斥经济、生产、科学、技术、业务等,而且对政治、道德之"道"本身,也采取了非常不负责任的实用主义态度,只求服务于一时的斗争需要,却缺乏科学、认真、细致的研究和建设,任凭少数人随心所欲地解释,使马克思主义之道也屡受践踏,结果是国家"道器两伤",面临绝境。这种深刻的历史教训很值得深思、记取。

二、体与用:文化根基的探寻

与"道器之辩"相联系的是"体用之辩"。在古人那里,它们都属于对世界、人生和文化中"本末问题"的大思考。"体、用"是比"道、器"更晚(魏晋时期)正式形成的概念,它的含义比较复杂多变,基本意思很难概说清楚。唐朝崔憬的解释是:"凡天地万物,皆有形质,就形质之中,有体有用。体者即形质也。用者即形质上之妙用也。……动物以形躯为体,以灵识为用;植物以枝干为体,以生性为用。"(崔憬:《周易探玄》)孙中山说得最为简单和形象:"何谓体? 即物质。何谓用? 即精神。"(孙中山:《军人精神教育》)然而,这些说法似乎都"只可意会,不可言传"。

概而言之,"体"主要是相对于"用"而言,指事物的自身存在、实体形态,也可以推广到事物的内在本质、结构、规律、属性等的自身基础、内在根据、变化前提;"用"是相对于"体"而言,指事物的外部联系、功能、作用等。前人将"体用"二字应用于社会生活和文化现象时,"体"往往就代表着立场、原则、目的等根本问题;"用"则是指具体方法、手段、条件等从属问题,二者之间有主辅之分。而这种规定本身,就似乎已经预示了"重体轻用""体本用末"的结论。

在清末以前,仅有少数学者注意体用问题。真正把体用问题作为重要议题提出来,是当近代中华文化受到威胁、颇感危急的时候。19 世纪中叶,英国舰队凭借"坚船利炮",以强盗式的侵略撞开了中华帝国闭锁的国门,中华民族陷入空前危机之境地。面对资本主义以野蛮方式显现出的勃勃生机,坚守仁义之道的国人陷入了深深的沉思之中,一场民族救亡运动首先在思想界掀起。有感于帝国主义的"船坚炮利",救亡运动的文化主旋律很快就确定为"中学为体,西学为用"的救世主张。沈寿康在1896年4月《万国公报》上发表《匡时策》一文,说"夫中西学问,本自互有得失,为华人计,宜以中学为体,西学为用"。同年8月,孙家鼐在《议复开办京师大学堂折》中也说:"应以中学为主,西学为辅;中学为体,西学为用。中学有未备者,以西学补之;中学有失传者,以西学还之。以中学包罗西学,不能以西学凌驾中学。"薛福成则强调:"取西人气数之学,以卫吾尧、舜、禹、汤、文、武、周公之道。"(薛福成:《筹洋刍议》变法篇)。可见,其最初的主张是把西学当做拾遗补缺的手段。在不对祖宗之法的主体加以变革的前提下,仅仅对其细枝末节进行些修补。张之洞按照洋务派的观点对"中体西用"做了新的阐述:"中学为内学,西学为外学;中学治身心,西学应世事;不必尽索之于经文,而必无悖乎经义。"(张之洞:《劝学篇外篇·会通第十三》)其反复说明的要点,在于将"中体西用"说朝着有利于变革的方向引导,强调坚持"中学为体"时,不必事事拘泥于经文,只要本着中华传统的精神去做就行。他还针对传统文化的变与不变的问题指出:"夫不可变者,伦纪也,非法制也;圣道也,非器械也;心术也,非工艺也。"(张之洞:《张文襄公全集·劝学篇》第二零三卷)认为"伦纪""圣道""心术"不可变,而"法制""器械""工艺"等则可因时势而变。总之,只有以"中学"为体为本,以"西学"为用为末,才是积极的、最佳的、可靠的选择。

中体西用之说表明,在中国传统文化破裂氛围中成长起来的时代精英,一定程度上已经意识到了传统文化的弊端,并比较系统地对比了中西文化。他们认可了西方文化有其合理之处,有足以弥补中华文化的价值与作用,主张"师夷长技以制夷",以儒家精神为主体,合理吸收外来文化,重新建构民族文化。这一含有变革图强精神的口号,在当时产生了极大影响。如梁启超后来所说,"中学为体,西学为用"的口号,为当时维新派的"流行语",举国以为"至言"。

但是,这种"体用"划分的性质和意义究竟如何?还需从后来的实践中进一步观察。洋务运动是中国近代史上最早出现的自强运动。它以"中体西用"为理论纲领,以"师夷长技以制夷"为口号,以富国强兵为目的。长达几十年的洋务运动,推动了中国近代民族工业的从无到有,在推动社会政治变革、传播先进科学技术、促进社会文化和思想观念变革等方面,也取得了一定的历史功绩,但它最终却失败了。失败后痛苦的反省,引发了旨在政治改革的戊戌变法、辛亥革命和后来的新文化运动。

对此,有学者总结道:"1840年以来中国人向西方学习,经历了一个始而言技、继而言政、进而言教的过程,言教即主张学习西方自由、民主、平等等资产阶级观念。"[①]"如果说,在言技言政阶段,改良派的主张还可以容纳在'中体西用'的纲领之中,那么,到言教阶段就再也不行了。而洋务派在历史发展到应该抛弃'中体西用'的时代仍固守着这个口号。"[②]结果是,洋务运动和"中体西用"这个口号一样悲壮地失败了,未能实现拯救中国、使之富强起来的目的。概括地说,"中体西用"论和以它为纲领的洋务运动,存在着两大思想误区:

第一,它人为地割裂了体和用,即存在者和它的存在方式、事物的实体和它的功能属性、文化的本质内容和外在形式等之间的联系,把它们简单分隔开来了。对于这一点,严复实际上早就有所察觉。他指出:"体用者,即一物而言之也,有牛之体则有负重之用,有马之体则有致远之用,未闻以牛为体以马为用者也。中西学之为异也,如其种人之面目然,不可强谓似也。故中学有中学之体用,西学有西学之体用,分之则并立,合之则两亡。"(严复:《与外交报主人论教育书》)他看到了世界上的事物都是各有体用,由体而用,由用而体,相互关联、不可分割的。这一思想相当深刻。但是,在历来的体用之辩中,常常发生两个混淆:

---

① 张岱年、程宜山:《中国文化与文化论争》,328页,北京,中国人民大学出版社,1990。
② 张岱年、程宜山:《中国文化与文化论争》,329页,北京,中国人民大学出版社,1990。

一个是"体用"与"道器"之间的混淆,使整个思考方向又重新堕入了重道轻器传统的轨道。以道为体,以器为用,意味着以体为本,以用为末。这样的"中体西用"说就必然只看到中西强弱差距的表面结果,而忽视了其中深层的历史文化原因,以为这种差距仅仅在于器用本身,缺少由此而引发的对"道"本身的科学反思。洋务运动"变器不变道"的改革,结果只能是使自己"舍本逐末",把科学技术仅仅当做一时的权宜之计和"末级"手段,只把获得某些科技成果当做目标而不发展和充分依靠科学技术。

　　另一个是将"体用"与"存在与价值"相混淆,或者不如说,还不懂得事物的存在、现象与它对人的价值之间是怎样的关系,以为造就了相应的事物(如坚船利炮等),就可以发挥相应的作用,获得相应的价值。不懂得即使是同样的事物,对于不同的主体也有不同的价值。这就像是一个文弱的书生,以为只要自己也有了一把刀子,就能够比对面的强盗更强大一样。要使中国富强起来,究竟是同时着眼于解决主体自身的问题,还是仅仅着眼于外在的器用? 对这一问题觉悟的迟或早,解决它的条件是否具备,所采取的措施是否恰当有力,事实上决定了这场改革的命运。

　　第二,它以保守主义的态度对待自己的文化传统,因此不可能自觉地从根本上突破单纯道德主义的落后文化传统。"中体西用"论不仅对"中学"之"体"采取了不加批判的保守态度,如薛福成所说,目的仅仅是保卫而不能触动"尧舜禹汤文武周孔之道"这个所谓的体,而且,它还包含一种盲目乐观情绪,有所谓我们"物质文明落后,精神文明领先"的判断。这更导致了文化、思想与制度上的抱残守缺,注定了后来洋务运动之难以成功。

　　总之,在"体用之辩"中存在着理论上的根本缺陷,并且进一步暴露出传统哲学思维和文化导向中存在的弱点,即缺少科学的深度和力度,而停留于主观意向化的构想之中。由于存在大量含混模糊、似是而非的概念和判断,讨论难以产生更加深刻积极的、切实可行的结论。因此,虽然至今仍然有人热衷于谈论体用(如李泽厚近年又提出所谓"西体中用论"等),但历史已经证明,在文化导向上,使用任何一种"体用分离"的观点

中篇　中华文化论

作为基础,都不可能得出正确的结论。因为,它本身就不是一个科学的命题,不是一种恰当的分析问题的方式。

三、知与行:思维方式的导向

无论是关于道器、体用的问题,还是前面谈及的天人、义利、名实等问题,都涉及一个思维前提的或思想方法的问题:人们这些滔滔不绝的议论,坚定执著的判断,等等,是从哪里来的? 到何处去验证? 在这一哲学认识论的领域中,中国传统文化也有自己的特色,体现在历来关于"知行"问题的思考和回答中。

在中国古人的,特别是儒家的学说中,"知"虽然包括一切知识,但重点常常是特指具有道德意味的"良知";"行"虽然也包括人的一切行动、行为,但其中心则在于对良知的"践履""躬行"。所以,知行问题不仅涉及认识论,同时还重点关注思考人的道德、伦理和国家的管理、统治方法。孔子说:"生而知之者上也"(《论语·季氏》),孟子说:"人之所不学而能者,其良能也;所不虑而知者,其良知也"(《孟子·尽心上》),只把仁义礼智等道德意识看做是人心中先天固有的良知良能。良知既然是生而得之的,那么要达到它,就只能靠内心的反省和体悟,并且努力以实行之。北宋张载总结了这种思路,将知识分为两大类——"见闻之知"和"德性之知":"见闻之知,乃物交而知,非德性所知;德性所知,不萌于见闻。"(张载:《四书章句集注》)在肯定了两种知识之间的区别之后,他仍然强调"德性之知"的特殊重要性和意义。

在"知"上强调"德性之知",在"行"上强调依据良知、发挥良能的个人修养,"践履""躬行",最终以达到天下之治为目标。这一直是中国知行论研究关注的内容。所以,"知行之辩"的本质和主流,是与社会伦理政治及其思想的发展相联系的。与其说它是有关认识论的研究,还不如说它是有关价值观的发挥更为确切。在此之外,虽然古代哲学家们也从多方面讨论过知行之间的关系,有过"知难行易"还是"知易行难","知先行后"还是"行先知后","贵知"还是"贵行"等争论,并发表了许多精彩的见解(其中某些理论观点确实属于严格的认识论领域),但其社会背景和总体导向,却终究未能超出上述范围。由"知行之辩"的主流导向和它回答问题的方式本身,可以看出这种思路总体上显现了一种以人伦为中心、以直观和直觉为依据的思维倾向。应该说,这也是中华传统文化在思想方法上的特色。这种思想方法的一个重要体现,就是重实用、不重实证。

关于重实用,我国自古以来就提倡并造就了发达的"经世致用之学"。形形色色的知行观,总体上注重的是"生活""行动",关注"行动"的效果。尽管不一定都以成败论英雄,但并不欣赏那种空疏的"玄学"、并不欣赏那些坐而论道之士。科学的实证精神不够导致了许多文化后果,如轻学理,重技术(如数学之重算不重证),即理论也倾向实用而缺乏思辨传统、完整理论体系,以想象代替实验。

一般认为中华文化传统具有世俗性,本身就具有浓厚的"实用"精神和风格。它关注现实人生,追求现世幸福,而对彼世、来生较少考虑。在这种情况下,实用的政治哲学、实用伦理文化、实用科学技术……乃至日常饮食文化,在我国的历史与现实中都十分发达。但是,对现实、实用的追求一旦排斥了深刻的理论思考,就绝非幸事。例如:我们有世界上最"精妙深奥"的实用政治权术,却没有关于权力本身的实际思考,缺乏关于体制、机制的思想理论;我们有举世闻名的饮食文化(包括酒文化),吃得有滋有味、喝得举世皆惊,却一直没有科学系统的营养学。中国古代科学技术曾经辉煌灿烂,可仔细探究就会发现,古代科学技术大都是一些实用技术,如天文历法、中医理论与实践、四大发明(指南针、造纸术、印刷术、火药),等等。许多科学技术门类,如中国古代的指南车,本已蕴含着自动控制的原理,但它始终只是皇家仪仗队的摆设;"被子熏炉"装有现代的陀螺方向支架装置,但它只为达官贵人所享用。特别是,由于统治者的愚蠢短视,很少有人真正会对发展科学感兴趣,也很少有人专门花费时间和财力去发展它,以至于一些曾在古代领先的科学技术门类,在近代先后衰落,失去了领先地位。甚至中国哲学也具有很强的实用性和功利目

中篇 中华文化论

的,它主要旨在为伦理原则寻找依据,为道德教化服务。当然,讲究实用并没有什么错。在任何意义上都没有"用"的事情,也不值得我们费时费力去做。20 世纪末,邓小平还告诫我们说,我们对待马克思主义的态度,还是"要精、要管用"①。这里的关键在于,对事物之"用"应有一个科学、完整、准确的理解,不能只考虑一时一地的"小用",还要考虑对于社会人生的"大用";不是只有工具性作用才是"用",对社会人生的指导、对具体工作的启迪也是用;满足人的具体需要当然是有"用",提升人自己、发展人自己更是实质性之"用"。总之,由于具体主体的情况是不相同的,而"有用"与否又必须与具体主体相联系才有意义,因此,要判断一事物"有用"还是"无用",还必须联系具体主体,历史地、动态地加以理解,而不能凝固化、绝对化。

关于不重实证,中国文化传统缺乏分析、实证、实验传统的表现之一,是长于直观式的综合,短于具体的分析。这种思维看问题总是注重从整体、全局出发,综合地把握对象,满足于笼统的自圆其说,不求甚解,忽视局部、个体或个性。这直接决定了古代中国科学笼统、直观、猜测的特征,与西方以细节分析居优的思维方式形成了鲜明对照。在风格迥异的中西两种文化传统中,这一对照的表现是丰富且鲜明的,几乎渗透到整个社会的一切领域。例如,中国人的姓名排列顺序为宗姓、辈分、自己的名字,西方人则是自己的名字、父名、族姓;中国人的地址书写顺序为国、省、县、街、门牌号码,西方人则惯于按门牌号码、街、县、省、国的顺序排列;中国人的时间表达,一般以年、月、日为序,西方人则以月、日、年为序;汉字是由象形文字发展而来的会意文字,西语文字则是由个体字母组成的拼音文字;中国画以象征写意为特征,注重整体神似,西洋画则以写实见长,力求细节真实;中国伦理传统强调以国家、民族、宗教、家庭为重,追求圣人境界,西方社会意识则以个体为生活重心,生活和个性呈现多元化特征;中医把人体视为一个整体,辨证施治,而西医则注重人体解剖,分析人体

---

① 《邓小平文选》第 3 卷,382 页,北京,人民出版社,1993。

结构，"对症"下药。可见，中国长于综合、西方偏重分析的思维传统，对东西方文化特征的形成具有决定性的作用。

笼统综合的思维习性，也妨碍了民族思维精确化的演进，使模糊性成为中国传统思维的又一显著特征。也许，正是模糊、笼统的直观、综合把握，造就了中国古代科学的辉煌，但它因缺乏定量分析手段和形式化、系统化工具，又使得中国古代科学在近代未能继续发扬光大。战国时期的墨家对杠杆力关系、滑轮、滑车等就有了定性分析，但一直未能加以定量化分析，找出其数量制约的关系，构造出力学公理体系；中国古代天文学在天象观测、数据记载上毫不逊色于西方，但始终未能形成天体运动的假说体系。

本来，大胆的猜测，形象的比拟，神秘的直觉，粗糙的模型是中西方古代科学的共性。但近代以来，西方借助科学观察、实验方法的普遍运用，特别是数学与逻辑工具的公理化、形式化与系统化，使其科学研究渐趋精确化，大大拓展和深化了研究。然而，中国却没有走上同样的发展道路。究其原因，主要在于中国传统数学与逻辑存在严重缺陷。例如，占据文化阵地的诸子百家大多对算术理论不屑一顾，也很少有数学理论专著行世。传统经典《九章算术》载有246个实用的问题及解答，但也仅是根据问题的表层特征构造算学框架。实用性、有效性而不是理论的严密性成为评价数学的重要标准。以筹算制为基础，以算法为中心的传统数学虽在数值计算的方法上领先于西方，但一直未能建立起类似欧氏几何的数学公理化体系。中国的传统逻辑也是一样，一直使用模糊的自然语言表达，未创立演绎推理、归纳推理等形式化系统，甚至没有关于逻辑方面的独立、系统的理论问世。因而，传统数学的非公理化、逻辑的非形式化，严重地阻碍和影响了中华民族思维的精确化。中国未能形成从实验观察中归纳出科学假说、理论并用数学公式等表示出来的研究方式。

虽然中国古代科学不善于用数学与逻辑的方法对大量的材料进行理论概括，但排斥逻辑推证的、缺乏经验或事实作基础的直观想象、空泛思辨却极为发达。儒家中庸之道的信条，追求至善至美的理想，驱使古代思想家们用那种含糊其辞的表达方式和具有无限涵容量的"玄论",以抽象的思辨来容纳一切,逃避经验事实的证伪与具体生活的反驳,达到永远正确、"放之四海而皆准"。所谓"大道不称","大辩不言","大巧在所不为,大智在所不虑"的洒脱务虚,"无为而治","不求有功,但求无过"的处世方式,使人对大自然保持一种诗意的神秘感,却遏制了古人深入探索自然奥秘的可能。这种理论上、思维方式上缺乏分析、实证、实验精神的传统,还导致了知行脱节,造成古人事实上并不尊重实践。王阳明甚至有"一念发动处便是行"的说法,似乎良知即是实践。而缺乏分析、实证精神,缺乏实验传统,使得国人办事不认真、不彻底,对问题不求甚解、马马虎虎的现象十分普遍。古人云:"差之毫厘,失之千里。"如果不改变上述习性,无论是科学理论的发展,还是人们现实生活的改善,都会是十分困难的事。

四、阴阳刚柔:文化气质的得失

阴阳原本是指自然界的现象,即日照的向背。但在善于"天人合一"的古代哲人那里,它也有了哲学与社会人伦的意义。《易经·系辞上》说:"一阴一阳之谓道",认为阴和阳的交互作用是宇宙间的根本规律,将其上升到了世界观的高度。《易经》进一步说:"阳刚而阴柔",指出阳的特征是"刚",阴的特征则是"柔","刚柔相推而生变化"。

战国时期以来,阴阳概念被用来称谓世界上任何两种基本的矛盾现象或属性:凡动的、热的、强壮的、明亮的、公开的、亢进的、有力的、向外的为"阳";凡静的、冷的、柔弱的、晦暗的、隐蔽的、减退的、无力的、向内的则为"阴"。总之,将天地万物的"正面"和"反面"加以比较,可以归纳出这样两种普遍的姿态和倾向。这种理解应用于社会人生时,"阳"主要是指光明、正大、公开、运动、生长、向上,其中也包含了"刚"的含义,即刚健、正直、坚强、进取和有为;"阴"则主要是指晦暗、内隐、静止、向下,同时还包含有"柔"的含义,即委婉、隐忍、曲折、退守和虚无等。

在上述思想中,包含有追求阳刚,以阳刚为主、刚柔相济以立人立事的价值取向。"阳刚文化"一度成为中华民族值得骄傲的理想精神境界。《周易·彖传》中说:"天行健,君子以自强不息","地势坤,君子以厚德载物",主张将天地之正气定位为中华民族的精神气质;孟子主张"养吾浩然之气"的大丈夫气概,说"富贵不能淫,贫贱不能移,威武不能屈"(《孟子·滕文公下》);墨家"尚力"(崇尚人自己的力量)、"非命"(否认外在命运),主张依靠自己的力量去艰苦奋斗的精神。这些都体现了中国早期"阳刚文化"的特色。

多少年来,这种"阳刚文化"渗透于中华大地的深处,在各种艰难的环境下维系了民族生存的根基,使中华民族得以自强不息、生长壮大。同时,它也造就了无数优秀的民族儿女,他们以博大的胸怀、深邃的目光、崇高的精神、豪迈的气概,通过艰苦卓绝的奋斗,成就了中华民族的伟大事业,为人类留下了可歌可泣的壮丽诗篇。这是中华文化中最光明的、也是主要的一面。

但不能忽视,与"阳刚文化"相对立的"阴柔文化",也在汉以后历代王朝的扶持下滋生起来,给民族文化的发展带来了相反的影响。所谓"阴柔文化"的萌芽,最初以老子的道家学说为代表。老子认为,"重为轻根,静为躁君"(《老子》二十六章),"无欲以静,天下将自定",主张无为,"致虚极,守静笃"(《老子》三十七章)。他有一个著名的比喻:牙齿掉光了,舌头还在,这足以证明,柔可以胜刚。庄子及以后的道家更主张要以"心斋""坐忘"(忘记人己、物我的一切区别,停止身心的一切活动),达到"形如槁木,心如死灰"为能事,认为"虚静恬淡,寂寞无为者,天地之平而道德至"(《庄子·天道》)。在孔子的儒家思想中也有"尚柔"的因素存在。例如孔子曾主张"无欲"的原则,与道家尚柔的规则一致。这正如鲁迅曾指出的,儒道两家都"尚柔",所不同的是,"儒以柔进取",儒家文化的特点是阳柔;"道以柔退守",道家文化的特点是阴柔。

老庄的阴柔思想虽然遭到荀子等人的批判,但从汉代"独尊儒术"开始,古代思想家们却将阴柔文化实际推上了文化主导的地位。后来,董仲舒将阴阳刚柔加以人格化的阐述,是这一转折的标志。董仲舒提出"贵阳而贱阴"的原则,并将其与"王道之三纲"联系在一起,认为君臣、父子、夫妻之间的关系,就是阳与阴的关系:"丈夫虽贱皆为阳,妇人虽贵皆为阴,……诸在上者皆为其下阳,诸在下者皆为其上阴。"(董仲舒:《春秋繁露》)董仲舒将阴阳刚柔加以人格化的比附和分割,固然是为推行其政治主张服务。但这样一来,中国社会以阳刚为主导的传统文化,在这种比附和分割中被消解了。因为,将阳归于"在上者",将阴归于"在下者",同时又主张"贵阳而贱阴",这无疑意味着:一方面,人人都有阴阳两面性,对下对上要采取不同的方式;另一方面,"在下者"必然是绝大多数,绝大多数人处阴境而尚柔术,就成为普遍的社会风气。从这个方面讲,中国传统文化在实际上就可能成为一种以阴柔为主导型的文化。

这种情况,可以拿人们深有痛感的"阴盛阳衰"现象作为例证。自五四新文化运动、特别是新中国成立以来,在"男女平等"的旗帜下,蛰伏已久的妇女们砸碎套在身上几千年的精神枷锁,纷纷从厨房、深闺中走出来,空前积极地参与到各种社会活动中。她们热情洋溢的激情、坚忍不拔的意志、不畏艰难的投入、超凡惊世的忍耐精神,使她们很快在社会生活的各个领域崛起,甚至在世界舞台上取得成功。她们迅速取得的成功让人们惊叹,让男人们汗颜。与之相比较,人们感到我国的男人在需要展示其阳刚之气的很多领域,如在和平时期备受瞩目的竞技体育运动领域,表现较妇女就不尽如人意。自妇女获得解放、走出家庭参与世界竞争以来,我国不少竞技体育运动领域中都存在所谓"凤先飞"现象。在田径、游泳、自行车、球类等开展广泛的基础性运动领域,女运动员的战绩大都好于男运动员。当中国男运动员在世界上并不具备太大竞争力的时候,女运动员却往往能够披金挂银,为国争光。尽管机械、简单地对比并不一定合理、公平,但"阴盛阳衰"一词却早已不胫而走,广为人知。

中国是否存在或出现了"阴盛阳衰"的情况?对此不必武断地下结论。但不少人指出,旧文化传统束缚下的中国男人缺乏"阳刚之气"的现象,却是比较普遍的。当然,这绝不是否认中国历史上真正顶天立地的男子汉的存在,诸如比干、屈原、苏武、文天祥、谭嗣同、彭德怀……他们刚毅果决、不屈不挠、胸怀宽广、敢作敢为，是中华民族的脊梁和骄傲。但就文化特质而言，中国男人确实普遍地有些缺乏那种襟怀宽广、光明磊落、敢做敢当的男子气概和阳刚之美。例如，有些人对上奴颜婢膝，依赖顺从，"等、靠、要"成癖，对下则装腔作势，拿腔拿调，"瞒、哄、怨"成性；做事蝇营狗苟，得过且过，做一天和尚撞一天钟，且争功诿过，错了不敢认账，推卸责任，正确时也不敢坚持，怕担风险；工作中斤斤计较，不卖力气，在分配和享受上却用尽心机，锱铢必较，攀比无度，贪得无厌；想要什么、想干什么，不肯据理直说，而要找一大堆堂而皇之的"高尚"借口，或者干脆拉关系、找靠山；即使是与人斗争，也不堂堂正正，光明正大，而是拐弯抹角，背后告黑状、打小报告、散布流言蜚语，当面却还故作笑脸，一团和气；"在狼面前是羊，在羊面前是狼"，"宁肯得罪君子，不肯得罪小人"，以至于眼见歹徒行凶、为非作歹时，见义而不为，胆怯如老鼠，甚至被盗被侮被辱了，居然也不敢作证！从这些社会现象看来，说是"阳气过衰"并非毫无根据。而作为社会缩影的官场，在官僚等级制度下，则更是以"顺从"为第一要则。一进入官场，就必须"小心""谨慎"，不要冒风险，不要出风头，否则，将很快莫名其妙地出局，甚至陷入万劫不复的境地。相反，只要"小心""谨慎"，不犯错误，那么就可以只上不下，永保官位、久享福禄。因此，各级官员的为政之道，大都只喜欢做表面文章，以"不出错"为上。因此，也就有了一群虚伪圆滑，整天以开会、喝茶、读报为主业的政客。有一首民谣这样形容他们的办事方式："原则同意，奥妙无比；话不说死，留有余地；模棱两可，便于扯皮；事情办好，洋洋得意；事情办糟，责任在你。"当然这些人在官场上，也不是什么事都不做，一旦做起正事来，则有一种"阳奉阴违"的本事，当面一套，背后一套，"上有政策，下有对策"常常大行其道。

客观地说，以往中国男人们"阳气过衰""阳刚不足"，并不是男人们心甘情愿这样，也不是后来的男人们突然变得这样。这里有一个长期文化心理的积淀问题。也就是说，这里的根源在于，传统文化中含有某种很强的阴柔文化成分，表现为：

第一，重和谐轻竞争的倾向。人们一味重和谐、中庸，强调"过犹不及"，久而久之，陷入了害怕矛盾、冲突和竞争的消极求"和"状态。小富即安的小农经济意识有广大的市场。在人际的关系上，国人以内向自省为主，外向扩张较弱，习惯于忍让、依赖，独立性差。许多人把克制、忍让，"退一步海阔天空"当做自己的信条。长期以来，养成了安分守己，逆来顺受，不思进取，不求有功但求无过"无为而治"的保守心理。

第二，重统一轻多样，并不提倡和保护个性鲜明的气质。这也使国人从众心理十分普遍。说话做事最好随大流，即使做坏事，因为"罚不责众"，也可能逃脱惩罚。反过来，扼杀冒尖，害怕与众不同，对于有个性、有能力之人，则"枪打出头鸟"，使"出头的椽子先烂"。久而久之，在这个"大染缸"里，就少有个性鲜明、特点突出、充满阳刚之气的"硬汉"了。

第三，喜含蓄重谦逊，也常常造成模棱两可、含混是非的性格。国人在与人交往时，含蓄、中庸、模棱两可的特点更是显露无遗。这样并不能消解生活中的矛盾，而只是将其压抑、掩盖起来。因此国人有意见常常不直接说出来，即使有矛盾，也不摆到桌面上来，还要保持"你好、我好、大家好"的一团和气。大家虽然表面上没事一般，但在暗地里较劲，"使阴劲"、下绊子，无所不用其极，斗得你死我活。

第四，处世的方式讲究以柔克刚、以静制动、以不变应万变。强调所谓"将欲取之，必先与之"之类"后发制人"的策略。中国的兵法谋略，讲究以"智"取胜，以弱胜强。中国哲学、伦理学、养生学等也多以"静"为根，以"守静""入静"作为修炼的手段和追求的目标。这些思想所缺少的，也是那种"雷霆万钧"的雄伟气概。

第五，从教育管理体制来看，培养人才长期奉行"灌输"式的教育，要求学生服从，做符合家长和老师意愿的"乖孩子""好孩子"。在没完没了的考试这一指挥棒下，作为学习主体的孩子们永远处于被动接受的地位。特别是在应试教育中，统一的试题、统一的标准、统一的要求，没有给学生们留下什么自由发挥创造的余地。下自幼儿园教育，上至大学课堂，教师都要求学生"鸦雀无声"地老实坐着听讲，不欢迎提问，不鼓励讨论，更不喜欢学生对教师提出不同意见。教育界认为青少年学生的脑袋就如同一个空桶，只要将之"填满"即可；甚至如果"正确的""革命的"东西不将之"填满"，还有可能为错误的东西钻了空子。长期以来，这种教育模式"塑造"出来的好学生，往往依赖性较强、自主性较差、创造力不够。

有些古代文化艺术作品中，阴柔之美远甚于阳刚之美。或许是由于古代艺术家大都是科举路上的"宠儿"，他们不敢过于放纵自己，不敢成"一家之言"，因而艺术品中多了许多依赖、服从、婉转、叹息，而少了许多刚强、放达、豪气、抗争。例如，古代诗歌总是细腻抒情、柔曲回肠者居多，而类似刘邦、李白之类豪迈雄强、恢宏放达者少；古典乐曲也多为幽软婉转之音，缺少类似贝多芬《英雄交响曲》的刚劲昂扬之调。

检讨历史，或许阴柔亦有其合理性，亦有其价值，我们也无意对其全盘否定。但在科学、民主、法治彰显的今天，在"发展是硬道理"、竞争成为时代主旋律的今天，阳刚却是一种必要的品质，一种必要的社会文化气质。阳刚是一种浩然正气，一种宽阔磊落的胸怀，一种敢作敢为的气概。追求真理义无反顾，不畏权势，不媚时俗；在自信握有真理时，不以真理的"化身"自居，居高临下强迫人服从；在大义面前，不计小怨，不计私仇，见义勇为；在责任、义务，甚至错误与失误面前，不推卸，不诿过，如果有错，知错就改，跌倒了爬起来继续奋斗。在走向现代化的中国大地上，时代正呼唤着这样的阳刚文化，期待有更多富有"阳刚之气"的男子汉大丈夫，将中华崛起之时代伟业推向新的高度！

第八章

中国传统文化的总体批判

　　既具有悠久灿烂的文明,又曾被认为"不文明";既一度陷于落后,备受屈辱,又能以自强不息走出落后、重铸辉煌。这就是中国传统文化在历史上所显示的总体面貌,也是我们改造、建设中国现代文化的前提。

一、中国传统文化的面貌与倾向

　　关于中国传统文化的各种优点和缺点、长处和短处、精华和糟粕等的具体表现,古今中外曾有过很多说法,自然是"仁者见仁,智者见智",并且人们的看法也总是变化着的。人们可以随时举出很多很多实例去论证或反驳某种见解。我们认为,中国传统文化总体上的最大优势,在于它自古以来造就了一种特有的民族精神和文化气质,这种精神气质的集中表现,用古代思想家的话说,是"厚德载物""大象无形"的胸襟和气概。而其最大的劣势,则在于它同时附加了一种比较片面的、越来越自我封闭的文化倾向,这种倾向的集中表现,也可以用古人的话说,在于对"道德文章"和"克己复礼"过分追求的偏执之中。

　　1. "海纳百川,有容乃大"

　　"厚德载物"一语出自《周易·篆传》:"地势坤,君子以厚德载物",在这句话的前面则有"天行健,君子以自强不息"。《周易》主张君子要学习天地之势,掌握阴阳之理。天属阳,代表刚健、有为、进取,所以君子要学习"天行健",永远自强不息;地属阴,大地包容和负载着众多物类,代表诚厚、宽容、顺达，所以君子也要效法"地势坤"，有大地一样的胸怀，以"厚德载物"，包容和负载多种多样的物类。

"大象无形"一语出自老子。《道德经》中描述"道"的至高至极境界时，使用了"大方无隅，大器晚成，大音希声，大象无形"（《道德经》四十一章）等说法，意思是："宏大的方正（形象）一般看不出棱角，宏大的（人）材（物）器一般成熟较晚，宏大的音律听上去往往声响稀薄，宏大的气势景象似乎没有一定之形。""大象无形"可以理解为：世界上最伟大恢宏、崇高壮丽的气派和境界，并不拘泥于一定的事物和格局，而是表现出气象万千的恢宏场景。

"厚德载物"和"大象无形"，从不同的角度说出了共同的道理和意向。以"厚德"载万物，兼容天下，故而总体上似无"定形"；由于"固无定形"，故而能容纳"多形"，时时吞吐吸纳外来之物，以壮大丰富自己，故能看似"无形"之上，而成其泱泱"大象"。老子个人过分主张"阴柔"，与"天行健，君子以自强不息"的精神相悖，他还常用"辩证"的方法来为自己消极"无为"的主张做论证，这一点了不可取。但他所说的"大象无形"倒有阳刚之气，用"大象无形"来形容中华文化的特点，概括其泱泱大度、不拘一格、包罗万象、生机无限的伟大精神气质，倒是非常贴切。

古人以朴素的方式，阐明了中华文化的宏观定位和发展定向。可以说，"厚德载物"和"大象无形"，正是一个地域广阔、人口众多、历史悠久的伟大国家所特有的景象、特有的气派，是一个有志于肩负人类历史重任的伟大民族共同体所需要、所应有、所能以自持的文化风格和整体面貌。

在几千年的生活实践中，这种"厚德载物""大象无形"的文化，作为一种无形的精神底蕴和活力资源，被一代又一代中国人自觉不自觉地（在很多情况下是未必自觉的）保持并发扬，成为中华民族不断成长壮大，历经无数劫难而不衰败溃散，并能够取得成功和辉煌的一个重大条件。

中华民族共同体的形成和发展，就是这一文化定位的最有力显示。中国大地上原有许多部族和民族，这些民族能够长期共处，并互相交流、促进，共同发展，融汇成一个多民族和谐而不单一的大家庭，没有"厚德载物"的土壤和"大象无形"的自由,是不可想象的。其中最为典型的例证,要数人口最多的民族——汉族的产生。众所周知,汉族本身并不是中国原生的一个单纯民族,而是在原有许多小的民族多次交汇、结合的基础上,经过一场伟大的自我创造而形成的。中华民族的主要成分——汉族本身的人种特征就是如此,它的文化就更不能不具有"厚德载物"的渊源和"大象无形"的特色了。

因无定形而成大象,因有大象而具大形。这一点可以从许多方面得到印证。这里不妨以"服饰文化"为例。中华民族的服饰,不仅因少数民族众多而没有统一的样式;就是单一的汉民族服饰,也是自古以来就在不断地变化着,并无统一固定、保持不变的"传统"样式。在 20 世纪 70 年代末,曾发生这样一件有趣而发人深省的事:时值改革开放初期,城市里的一些年轻人追赶时髦,一度兴起了穿海外流行的"喇叭裤"的风气。街上到处都是喇叭裤,很令一些"正统人士"感到不安,于是他们发表文章说,穿喇叭裤"不合中国传统","有损中国人的形象",云云。然而不服气的人却反问:那么符合传统的裤子又是什么样子的呢? 他们历数了从北京猿人起自古以来人们穿过的各种裤子样式之后说,究竟哪一种是标准的中国传统样式? 这一反诘倒令持异议者哑口无言。然而没过多久,事情又发生了戏剧性的变化。根据敦煌壁画"飞天"而编演的大型歌舞剧《丝路花雨》出台了。观其服饰,人们发现原来我国早在唐朝时期就有"喇叭裤"了,它竟可以说是"国粹"之一。于是,关于"喇叭裤"的争论从此息然。而在现实生活中,服饰的演化则依旧在进行。

这个看来不经意的一个小插曲,却使人看到了大现象,这就是:中国服饰没有统一的固定不变的样式,随时可以改变和发展,这本身也可以成为一种特有的样式风格。在服饰文化领域,中国的传统恰恰是"以人为本、不拘一格、唯实是务"的。事实正如俗话所说:"不在于穿什么,而在于怎样穿。"不论穿着什么样的服饰,只要穿着合身,为我所用,都可以保持中国人的面孔,表现中国人的气质。这就是所谓的"大象无形"。

"厚德载物""大象无形"的风格,在生活实践中表现为文化上的胸襟开阔,广纳兼容;求实顺变,不拘一格;善于学习。

文化上的胸襟开阔,广纳兼容,造就的是一种海洋一样的广阔性和丰富性,使我们的文化不断地接收和积累各种各样的丰厚资源,可以永远取之不尽,用之不竭;

文化上的求实顺变,不拘一格,造就的是一种自我发展、自我完善的主体活力,顺应而不是抵牾历史大势,求实而不务虚名,使我们的文化能够为谋求民族的生存发展提供最大的选择空间,而不至于僵死凝固;

文化上的善于学习,造就的是一种敢于和善于面对世界多元文化的同化吸收能力,既能够广泛吸收别人之长,不断更新自己,又能够保持自己的鲜明个性,使我们的文化始终具有巨大的内部亲和力、凝聚力。

"海纳百川,有容乃大。"这句话足以描述中国传统文化中最伟大、最成功,也最具魅力的那一面。"大"是来自"广有所容";而其之所以能够广有所容,又在于其自身之"大"。可以把中华文化的这种伟大气度,比喻成"汪汪如东海之波,澄之不清,扰之不浊"。它永远自成一番宏大景象,具有无限的风光,无限的生命力。几千年来,地球上的人类发生过无数次的巨大变化,时势变幻、沧海桑田、风云莫测。在这些变化中,世界各个民族和他们的文化都或多或少地改变了,有些改变很大,有些瓦解了,有些甚至消失了。然而度尽劫波,人们发现,在世界文明发源地的文化中,中华民族的文化是迄今为止唯一不曾中断过的民族文化。其之所以能够如此,不能不归功于它自身的这种生命力。

这种"厚德载物""大象无形"的文化生命力,是中华文化特有的风格和优势,是滋养生长绚丽生命和无穷智慧的最肥沃的土壤。我们民族以往所取得的许多骄人业绩,都是这块沃土上的丰硕果实。

2.“克己复礼”的道德化情结

细观我们传统文化的劣势,则与上述"厚德载物""大象无形"刚好相反,是一种比较片面、狭隘、越来越自我封闭的文化倾向。这就是历史与现实中以"克己复礼"为导向的"道德文章主义"。

　　"克己复礼"是孔子当年于乱世之中提出的一个立身治世的主张,其中心思想,就是要人们克制自己,以恢复和实行过去(周公时代)曾经实行的"礼治"。他在回答颜渊问如何实现"仁"的理想时说:"克己复礼为仁。一日克己复礼,天下归仁焉。"(《论语·颜渊》)颜渊继续询问如何做,孔子解释道:"非礼勿视,非礼勿听,非礼勿言,非礼勿动。"(《论语·颜渊》)在其他场合和其他情况下,孔子也一再强调类似的思想。孔子这一原本有具体针对性的主张,经过后世儒家的进一步推广和发挥,却逐渐具有了一种文化纲领的性质。

　　就其内容和思想倾向来说,"克己复礼"及其对后世产生的巨大文化影响,主要有"道德文章主义"和"逆时序的思维取向"这两大特征:

　　(1)道德文章主义,是指那种过分专注于道德文章的倾向。通俗地说,就是指那种专爱在"道德"上做文章,和在道德上又只爱"做文章"的思想。

　　在我国,"道德文章"是个流传已久、应用很广的提法。它通常被用来评价(歌颂)治学或为官的人,说某人"道德文章如何",属于一种层次很高的评价方法。从这种有中国特色的传统应用中,可知人们已经习惯将道德与文章相提并论,并且持有一种郑重的崇敬感。根据这个传统,我们把它叫做"道德文章主义",认为它是道德中心主义意识与脱离实际的道德理想主义思想相结合的产物。

　　道德是人所特有的社会生命形式。"人无德,其异于禽兽几希?"只要是人,就要讲道德,这一点本身无可置疑。然而,道德中心主义和泛道德化意识的表现,就是遇事时专爱在人伦道德上着眼,而不知社会还有别的甚至更为根本、更为重要的方面。孔子的"克己复礼",从一开始就表现出这样的倾向。孔子身处社会剧烈变革的"乱世",当然会有许多深切的体验和感想。但由于终究缺少科学历史观的基本意识,他无法进行更加广泛深刻的历史观照,不能通过经济、制度等更深层的根源去解释社会现象,因此只能停留在人们的个人道德层面。他将治世的最终希望和出路,主要寄托于个人、特别是权势人物的道德操守,因此不遗余力地到处呼吁,要求人们修身"克己",企图通过人人都来"克己",以恢复或建立理想中的"礼治"社会。在他的"礼治社会"中,伦理道德秩序是首要的根据和内容,政治也带有浓厚的伦理道德色彩,经济不过是手段,至于制度、法律、科学等,相比之下更显得无足轻重了。这样的"道德本位"和"道德至上"取向,再加上所讲的道德又仅限于个人,专注于个人的道德修养和道德表现,就难免导致忽视社会历史的整体性因素,忽视社会经济政治制度本身的存在与作用,忽视人们现实生活条件的存在和作用,进而脱离实际,走向纯粹意向化的道德理想主义。

因此,尽管孔子对当时的现实,特别是其中某些不合理现象、无序化状态的观察和批判,多数是比较深刻的,但他所提出的治世方案,最终却被证明是软弱无力的,至多不过是一种美好的理想。归根结底,这是因为,他"提出问题"的方式,大体上是从实际出发的,而他"解决问题"的方式,却严重脱离现实。脱离现实的结果必然是,一切美好理想、高谈阔论,最终都只不过是"做文章"而已。

把讲道德和实施道德建设最终都变成了"做文章",正是纯粹意向化的道德理想主义的必然产物。孔子的"礼治"社会理想和"唯个人修己"道德思维,固然在某些方面能够适应当时的社会生活方式和统治者的需要,因此也一度在一定程度上被采用,但终究是与人的现实本性、与大多数人的现实利益和要求相脱离的,从而也与社会生活的实际发展相脱离,最终难以变成现实。孔子生前就曾被人视为"知其不可而为之者"(《论语·宪问》),他自己对此亦有所察觉,故曾有过"道不行,乘桴浮于海"(《论语·公冶长》)的念头。但是,他毕竟没有意识到这种道德思维的根本缺陷,未能在现实面前实现自我超越,所以他留下的只能是悲愤和无奈。

可惜的是,由孔子开其先河的这种并不成功的道德化思维方式,却对中国传统文化的影响极其深远。人们对孔子这一思维的弱点似乎并未注意,反而有所放大,以至于越往后来,关于道德的构想越容易脱离现实,越表现出与社会的经济、政治、科技发展脱节甚至与之对立的倾向,大多停留于意向和空谈。中国人历来爱讲道德，关于道德的文章总是很多，而且越做越多，越做越漂亮，人们对此津津乐道。但是，观察中国社会道德的具体面貌和发展水平，却发现其并未因此而有长足的进步，我们在道德方面所表现出来的困惑和尴尬，丝毫也不比别人少。与此同时，别人已经在其他如经济、科学等方面做了的事情，我们却没有用足够的心思去做。

由此可见，在这种缺乏科学性的思考和行为方式的情况下，"道德文章"做得越多，可能延误或失去的也越多；越是以"道德文章"为要务，越是以为它是我们的强项和光荣，并乐此不疲的时候，我们就越可能被偏见和虚荣所左右，不仅看不到自己的实际需要和真正优势，反而会舍本逐末，甚至把一个重大的优势变成了劣势。因为历史已经证明：切实可行的道德理想，从来不是出自什么人的睿智头脑或意向文章，而只能植根于现实，只能来自社会生活自身发展的要求。只有与社会经济、政治、文化的整体发展相联系的道德，才能显示和发挥其应有的力量。

（2）逆时序的思维取向。这是指一种思维的兴趣和习惯，表现为进行价值判断和选择的标准，总是指向过去，从过去而不是现在和未来出发。

"克己复礼"的"复"字包含了这样一种历史倒退的取向。孔子具体指明："周鉴于二代，郁郁乎文哉！吾从周。"（《论语·八佾》）"周"是先朝，它的一切都很美好，值得效法，而周朝的美好，又是学习和继承了夏商两代的成果。至于夏商两代的治世是从哪里来的，是不是恢复了更古老的传统？孔子没有说，但他的这种论证方式却从此开了先例。虽然孔子实际上未必真的希望复古，他也许不过是"借古人酒杯，浇自己心中块垒"，只是为了阐述自己的社会理想而已。但是，这种"法先王"、回头看、以过去为将来立法的表达形式，却对我们的文化传统颇有影响，甚至被后人当成了固定的思维方式。特别是在儒家的经学主义传统中，一直就有这种"言必称祖宗"的色彩。

多少年来，"逆时序思维"已经形成了一种强大的心理定势。它的一个前提，是以自己有选择的印象和想象为根据，对"过去"作出某种夸张式的净化和美化。在道德上，一说起美好的时光，就总是想到过去，怀念过去某个时候达到的境界。最有代表性的例证是"人心不古"这个成语，在我国流行了千百年，成为批评不良道德风气的经典语言。在这种语言环境中，仿佛"古"是天然的道德楷模和是非标准，道德上的是非得失，言行的根据是否正当，主要在于人心的"古"与"不古"，"古"即根据，即正当，即真善美的代名词。最不可思议的是，人们尤其喜欢美化远古时代的原始生活，仿佛那时只有各种纯洁、真诚、安详、朴实和公正，却不存在野蛮、贫困、愚昧和与之相联系的以人为食的景象。说到当下的社会道德发展和建设，人们也喜欢拿出留有美好印象的某些过去的场面，作为新的目标或标准；而说起对于未来的向往和操作，则常常不是流于空洞，就是缺乏新意。

诚然，当人们面对陌生的现实，又看不清前途的时候，回忆和怀念过去的好东西，是很正常的。但是，受这种自发的情绪所左右时，就容易忘记理性的思考和判断，常常是以理想化的提升代替了既往的现实。"美化过去"固然能够揭露现实的反差，为着手改变现实提供一定的动力；但是以"返回过去"作为前进的目标，则必然迷失方向，并且事实上总是不可能成功的，最终只会给人增加思想上的迷惘、心灵上的痛苦。

逆时序的思维取向，是造就脱离现实、脱离大众的"道德文章主义"的又一思想基础。由于复古的道德不能在历史进程的时序之内找到自己生存发展的基础，所以它只能通过"做文章"来显示自己的存在。同时，这种带有浓厚的道德主义色彩的思维取向，也有道德之外的普遍性。世界上的一切事物都具有时间性，而时间总是从过去走到现在，再走向未来。逆时序的思维则是其反动。作为一种不自觉的、不科学的思维方式，它在多方面表现出来，必然产生消极的效果。中国历史上多次改革的失败，中国之所以未能从漫长的封建社会尽早地自我解脱出来，多少也都与这种心态有关。

优势和劣势不是绝对分明、一成不变的。一种文化要素的长处和短处、优势和劣势，常常结成一体，相互依存、相辅相成、如影随形。最大的长处所在,往往也是最大短处的根源,最大优势的发挥,常常暴露出最大的劣势。如"厚德载物"原本具有"阴柔"的含义和气质,它的重心并未超出一个"德"字;"大象无形"则缺乏足够的精细和确定性要求,很难与实证科学的精神相容。相反,"克己复礼"和"道德文章"却很能适合一般人通常的思维方式、思想感情,具有道义和情感上的一定号召力,因此较易实施,能够在社会上造成强势的普遍心理。既以片面的道德主义笼罩一切,又以逆时序的导向束缚自我前进的步伐,这样的文化怎能不落后和封闭?幸亏这种因素并未成为中国历史文化的一贯主导,我们的社会和文化才未曾长久地封闭和落后。但是,我们却不可放松对它的警惕。特别是在社会发生深刻变革或转型的时期,这种道德上的崇古复旧倾向,往往成为改革创新的巨大精神阻力。一旦让它占据了主导地位,我们就将重新丧失自己的文化优势。

二、传统文化精神的历史反思

看待中华传统文化的兴衰,特别是反思后来衰落的根源时,需要特别注意那些使中华传统文化一点点地由强变弱的内在因素。这里不妨重点选取三个有代表性的领域——科学、道德和信仰,进行一点具体的分析。

1. 科学:只差一点"精神"

李约瑟,这位国际著名的科学技术史专家,一位对中华文明有深入了解并有着深厚感情的英国老人,曾对一个问题深深地感到困惑不解:作为一个历史悠久的文明古国,中国古代就曾创造了辉煌灿烂的文明,它的许多科学技术成果,在世界上也长期居于领先地位,为什么它会在近代衰落下来?特别是,究竟是什么使它未能产生出西方那样的先进科学?这个问题被称为"李约瑟难题"。当然,不少人都曾提出过、关注过这个问题。这是一个备受瞩目,困惑了几代中外学者的问题。不少人在扼腕叹息之余,试图揭开这个中华历史之谜。人们从不同的方面查找原因,发表了不少极富启迪的见解。其中较有代表性的是如下几种说法。

从生产和生活方式上找原因：认为在自然经济下，长期手工劳动的生产方式和交换形式，使人们处于各自封闭和分散的状态，自给自足，生活节奏缓慢甚至停顿，缺少足够的竞争和动力因素去刺激、促进生产知识和技术的创造更新，社会缺乏普遍性的科学探索需要。

从政治方面找原因：认为在长期特别是中后期的封建等级和专制制度下，统治者凭借长官意志和统治权术来管理，既不需要民主，也不需要法制，因此也不需要科学。因为科学和科学精神正是现代民主与法制的基础，而大众受压制、被剥削，并且受制于各种人身依附关系的束缚，自保已属不易，也很难有条件、有积极性去关心和发展科学。

从思想道德方面找原因：认为占主导地位的儒家思想是以伦理政治为中心的，不重视自然和社会的具体知识，轻视甚至排斥经济和科技；整个社会以统治者的好恶为是非，压制多样个性的发展；强制推行纲常礼教，倡导内修、中庸、保守型的消极人格，这些都极大地压抑、限制了人们求新好奇、探索实验的天性。

从科学发展机制方面找原因：认为由于单纯实用化的动机是从事科学技术主要目的，因此就不能自觉地将科学本身与应用技术分别开来，而以达到技术上的解释为满足，不求"举一反三"，以取得系统化的理论知识；对于已经取得的、多属实用技术型的成果，则满足于一时的有用，甚至是仅仅满足于极其庸俗的目的，亦不求甚解，并常常将其据为私有，或将其神秘化，不求将其普遍化，以达到公众普遍可用的效果，等等这些都必然妨碍科学的真正形成。

关于最终的原因，人们至今还未取得一致的意见。也许，本来就不存在一个能够解释一切的唯一理由。实际上，我们也不必过于纠缠已经消失了的过去，而应该着眼于现实能够找到并且可以改变的东西。如果这样思考，那么这里最明显不过的一个现象就是：由于上述种种原因，曾经造成了一种普遍的现象或传统，使我们的文化一直缺少那么一点点精神——在学理上认真彻底、追根究底、严密论证、应用检验、反思批判的精神，即科学上的彻底精神。

科学,特别是现代科学的产生,是与人们在实践中,对自己遇到的问题不轻易放过,什么事情都想要"弄个彻底明白"的态度相联系的。要彻底弄明白,那就需要多问几个为什么,需要得到的观点可证实、可重复,需要提出的理论可形式化、可普遍化,等等。缺少这样的科学精神的表现,是人们容易满足于一得之见,不求甚解,认为够用即可,或者大而化之、浅尝辄止,或者秘而不宣,无意对其普遍验证和推广,等等。缺少这种精神,使得我们在历史上曾与许多重大科学发现和理论创造失之交臂。

著名的阴阳学说就是个典型。"阴阳"是传统文化中解释自然、社会、人生乃至一切的重要范畴。古人曾提出,"阴阳相激而为电",地震是由于"阳伏而不能出,阴迫而不能蒸"引起的;王充曾以"元气呼吸,随月盛衰"的说法,较早地解释了潮汐周期;朱熹用"星有堕地,其光烛天,而散者变为石"来解释陨石,用下雨使日光散射来解释虹。这些本是有一定道理的,但是,从没有人用实验去加以证实或证伪。古代科学停留于直观和猜想的知识,一旦超出日常经验和直观推测所能把握的领域,如在微观物质结构、光学、声学等领域,以及在探索机械装置、技术设备等更深层的理论时,就显得力不从心、远远落后。

中国古代也有某些系统的观测与精巧的实验,但主要都集中在某些实用领域,如天象观测、弓弩设计,等等。摒除了功利实用的目的,而为验证假说或理论所做的实验,已经难得一见。即使是个别需要实验支持、进行研究的对象,也缺乏对实验条件自觉严格的控制和定量分析的传统,其与假说或理论的联系大多也是松散的。

以火药为例。中国发明的火药是由硝酸钾、硫黄、木炭三种粉末组成的混合物。火药顾名思义即为着火的药,最早可能是在中药炮制中偶然发现的,如在汉代的《神农本草经》中,硝石、硫黄已被列为重要药物,在明代的《本草纲目》中,李时珍仍将硫黄作为治癣、杀虫、辟湿气与瘟疫的药物。至于火药为什么会爆炸,如何配制威力更大,对于诸如此类问题,则无人通过分析其反应机理加以研究,而是笼统地以阴阳五行之类学说解释之。例如,宋应星在《天工开物》中说:"硝性至阴,硫性至阳,阴阳两神物相遇于无隙可容之中。其出也，人物膺之，魂散惊而魄齑粉。"由于满足于这类含混模糊的解释，所以当中国还停留在用鞭炮庆贺或驱邪的时候，不同思维传统的西方人则通过分析硝酸甘油的性质和化学成分，经过多次试验，发明了强度大得多的安全固体烈性炸药。

中国古代"只差一点点"就与重大科学理论失之交臂，进而与现代科学无缘的情况，可以举出很多。当近代西方实验科学蓬勃发展起来，成就日益丰富时，中国却仍热衷于通过内省思辨，构筑远离现实世界、经验事实的理学、心学大厦，重了悟、轻论证，终于使中国错过了深化科学，进而建立理论、实验、技术与生产密切结合机制的机会。甚至今天，我们的科学技术向社会、向生产转化的机制也没有很好地建立起来，而"宇宙最高规律""世界普遍法则""最高范畴"之类的惊世"研究"却层出不穷；在中学、大学，我国学生的成绩很好，理论课程成绩尤其突出，他们在竞赛中屡屡得奖，可实验、动手能力却极差，毕业后往往难当重任，特别是难以独立地担当重任。这都是值得深刻反省的。究其原因，并不是中华民族的智力发育不足，也不是中国人没有发达富强的欲望、没有发明创造的兴趣，而是由于其只差了一点点追根究底、务求彻底的"精神"。今天看来，这"一点点精神"——科学精神，正好是最重要的、决定性的因素。

对待科学的态度不是孤立的，它其实是一种文化性格的缩影。对于严肃的科学研究尚且不能够做到彻底、认真，对于其他事情，就更有可能采取"适可而止""大概""差不多""马马虎虎""见好就收"之类的态度。例如，国人在对待工作，对待产品的质量，对待合同、契约的约束，对待道德的是非标准，对待信仰的根基和意义，对待民主的规则和程序等时，都有可能不求明白彻底、一以贯之，不求把事情"办得最好""办得更好一点"，而是满足于随意性较大的"够用而已"，让事情停留于比较低的水平。这种文化性格，使国人在日益激烈的竞争环境下处于劣势。

2. 道德：谁在"推己及人"？

中国社会的道德水平，也和科学技术一样：一度十分领先，后来却落后了。只不过这一情况要更为复杂隐蔽,不像科技那样明显,那样受到广泛关注。但是,中国的传统道德在近代、特别是自从五四运动以来,就一直遭到人们的怀疑和批判,人们在实际生活中感到了它的压力,认为它至少要对中国近代的落伍负有不可推卸的责任,这一点是无论如何不能否认的。

有人可能不同意这个判断,他们也许从不认为我们的传统道德也可能落后,甚至已经落后了。他们会说:社会的落后并不能证明传统道德体系本身有问题;片面地讲道德、只做漂亮文章当然不好,但是重视道德、文章做得漂亮本身有什么不好? 社会没有按照好的道德文章去执行,这是社会的问题,能怪道德文章吗? 事实上,我们的反思正应该从这里入手:既然讲道德在中国传统文化中占有极重的分量,那么它也应该对社会文化的发展起到自己的作用。无论它"不起作用"还是起了"反作用",都说明它有问题。

我们不妨分析一下传统道德思维方式的核心——"推己及人"。

道德的规范和原则是从哪里来的? 根据什么来制定和确立? 这些被称作道德理论的"元问题",即一切伦理道德体系的根据问题。从孔夫子开始,中国历代的思想家们的回答,实际上都是以"推己及人"的方式,沿着"由自己到大家"的思路进行的,尽管他们总是打着"天命""天意""天理"和人的"天性"的旗号。

孔子提出了"推己及人"的思路和原则。他说:"夫仁者,己欲立而立人,己欲达而达人。"(《论语·雍也》)孔子认为以"仁"为目标和标准的道德体系的核心原则,是"己所不欲,勿施于人"(《论语·颜渊》)。这个"推己及人"的原则——通过自己的观察和内心体验,找到"人"的本性和天理,然后再将它推广到其他人和整个社会,得出一套道德规范,和后来康德所说的道德"绝对律令"(大意是:每个人都要做希望别人也一样做的事,这是道德的绝对要求)有异曲同工之妙,都被认为是奠定了道德思维的根本出发点,可以被用来说明和制定其他道德规则。

多年来,这种以个人意识为起点,"自我→他人→一切人"的思路,一直在为众多伦理学家们自觉不自觉地遵循着,成为一种很有代表性的传统道德思维。"己所不欲,勿施于人"或"推己及人",在世界上也被称作道德的"黄金规则"。抽象地说,它确实很有道理,似乎找不出比这条"黄金规则"更合理、更普遍适用而又简单明确的原理了。但事情总有另一面,如果不停留在抽象上,而是结合一下历史和现实,那么就会发现,恰恰是这种看来无懈可击的伟大抽象,其中就包含了某些失误的因素:

首先是它的理论和逻辑前提,为什么要"推己及人"? 应该且能够实行"推己及人"的根据是什么? 在生活中,每一个"己"与"人"之间,都是可以忽略具体条件而随时"推及"的吗? 这些恰恰是没有经过论证和说明的。现在看来,"推及论"的致命弱点,恰恰是它预先想象了"人"与"己"之间是完全相同或一致的,至少也是"应该"相同或一致的。"己"所欲者,一定也是他人所欲;"己"所不欲者,也一定为他人所不欲,这种想法忽视了主体的多样性。这种舍弃了个性的"人己同一"论,是一种非历史的观点,或者说它只能是人(包括各种群体)的个性尚未充分发育时代的理念。

中国和西方的传统道德思维,一直固守抽象的、无个性的人性论,所以人们把这种"推及"视为理所当然。随着人们多样化的个性和独立性的日益发展,无条件的"推及"必然会遇到难题,人们需要说明:人与人之间,在什么条件下是可以,而且应该被看做彼此相同或一致的? 又在什么情况下是决不可以如此"一视同仁"的? 在人人平等、各自独立的情况下,一个个体有什么权利和必要把别人看得和自己一样? 有什么必要大家都去"推及"别人或接受别人的"推及"? 在生活实践中,这样的问题的出现是不可避免的。如果得不到解答,那么"推及"论就很难成立。

其次是"推及"的实现过程:过去的伦理道德是由什么人、如何"推"出来的? 未来的道德又要指望谁、怎样去"推"出来? 这些都有待于考察和验证。但有一点却很清楚,世界上的人和人之间,存在着各种各样的差别,有些甚至是根本利益的差别。在这种情况下,如果让人人都去"推己及人",显然是不行的,于是就要依靠少数人,即"圣人""大人"或统治者。

然而少数人从他们自己所"推"出来的东西,能够无条件地适合绝大多数人吗?比如皇帝自己并不愿意做奴隶,但他却必然希望别人都甘心做奴隶,那么他又怎样"推己及人"呢?如果有损于绝大多数人利益的规则也要强制推行,那么这种"推己及人"的道德,就成了专制的借口,还有什么"仁爱"可言呢?最后,再看看"推及"的结果和产物:"推己及人"的道德思维,必然因"推及"者的不同而有不同的结果,即所谓"仁者见仁,智者见智"。如果在最好的情况下,即人们是以最大的善意,从绝对的公正无私之心出发,去进行最严密合理的"推及",那么它所产生的思想成果,也只能是一种纯粹理想化的道德、一套抽象合理的观念,还不等于会在生活中成为必然的现实。正因为如此,尽管"推己及人"看上去似乎很合理,但在存在着社会分裂的整个历史上,它的结果,事实上却总是造成社会上一部分人"己所不欲,偏施于人"。有权势的人,将自己所不愿的东西,施加于另一部分人;无权无势的人,则不管是否为自己所欲,也只能接受别人的"施予";同时,权势的得失本身也有其不稳定、不可靠一面,人可以一时得到它,也可以一时失去它。得到权势的人乐于施于人,失去权势的人则苦于被施于。于是,人们总也看不到"推己及人"被真正全面、一贯地执行和落实,相反却总是看到它被当做一种实用主义的手段,"招之即来,挥之即去"。一个似乎美好的原则,在现实中却成了虚伪和残酷的掩饰品,这就是一个抽象化原则的真实命运。

可见,仅仅依据对"人或个体善的本性"的理解和推广,或凭借对"恶的本性"的"超越"而设想出来的美德及其规范,往往只具有理想的性质和力量,而缺少现实的力量。道德常常只被理解成是人类生活中某种发自内心的"应然"(理想),而不是历史本身一定意义上的"实然"。这种观念本身,也是传统道德思维的一大特征。

理想是重要而宝贵的,但缺少现实根基的理想,则注定要在现实中处于弱势。只要回顾一下历史就不难印证:在强有力的现实历史进程,如经济、政治、科学技术和人们日常生活的变革与发展面前,"道德"常常受到冲击和亵渎,多被说成是社会进步的牺牲品。特别是在社会大的变革和转型时期,在人群中,尤其是在道德理想主义者那里,总要出现"世风日下"和"道德滑坡"的慨叹。在他们眼里,似乎世俗的经济、科技和人们的日常生活,天生就是与道德背道而驰的。有人甚至认定,只有在物质贫乏的远古时代、原始社会,人类才有道德上的黄金时期,而随着物质生产生活的进步,人类在道德精神上的境界,就只有失大于得、退步多于进步。更值得注意的是,在这种议论下,欲挽救或复兴道德的构想,则多半寄托于恢复故往的东西,并且这些构想往往需要依靠某种政治的或行政的权力干预才能实现,并不能从多数人的现实中得到支持。从历史发展的角度看来,传统的道德思考方式越来越与现实相脱离、甚至相冲突,这恰好说明它本身有严重的缺陷。

综上所述,"推己及人"或"外推式"的道德思路,是传统伦理学一个很大、很普遍、影响很深的误区。它的根本问题,是从抽象的、单一的"人"即个人("己")出发,而不是从现实的、多样化的具体人和人的社会关系出发,用一种主观的意向构造了原则。因此,要克服其根本局限,出路就是回到现实的、具体的人和人的社会历史关系上来。

在人类生活中,从来都只存在具体道德形态的差别,而不存在有无伦理道德的差别。除了抽象的、理想化的道德,还有现实的、真实地存在并发挥着作用的道德。现实的、强势的道德,不是来自任何人"推己及人"的想象,而是由人们的共同活动和相互关系本身产生的,"内生"才是社会各个领域的现实道德产生、发展的主要方式和真实途径。道德规范不需要等待圣贤的推及或启示,也不是每个人在主观上都以自己为尺度,并推广到其他人,而是人们由于客观上共同的活动和交往,以及特定的活动方式及其条件等,本身向内、向下提出了一定秩序或规则性的要求(这些要求是维持这一社会系统或活动方式的存在所不可缺少的),表现出"必须如此""这样才有利"和"不得不如此"的约束力量,并促使有关的人们在意识和行为中普遍地适应这些要求。一句话,它是由人们自己的活动创造形成的。这就好比足球比赛的游戏规则,它并不是由什么人在那里思考,按照"一个好球员应该如何"推出来的,而是足球比赛这项活动本身所必需的条件,是足球运动生命的一部分。没有足球的游戏规则,就没有足球这项运动。如果说这里也有"推及",那么它并不是从个人出发,而是从群体出发的;不是个人用头脑在"推出",而是由群体共同的生活逻辑"推出";不是从一个点向外、向他人"推及",而是一个整体在向内深化调整,进行自我完善和自我规范。既然如此,现实的道德必然与人的生存发展相联系,必然就存在于人的现实生存发展实践之中,并由人的实践本身强有力地创生出来。在此基础上建立起来的理想和理念,才能从现实中得到有力的支持。"内生"出来的道德,作为人和社会的一部分现实,就与全面的现实一道,呈现其具体的、不可超越的历史面貌。因此它不仅应该、而且事实上也是"强势"的。

用这样的新观念来看待道德,可以发现中国传统道德的缺陷,正是它拘泥于过分理想化的抽象,局限于来自头脑的主观意向。一味追求美好的社会目标,却又仅仅立足于、依赖于个人"推己及人"的觉悟和能力,而缺少了依靠现实公共生活、追随社会关系进步而不断改变和发展自己的自觉性,从而必然与现实的发展相脱节,并使自己丧失活力。它越是被人为地强化和推行,就越是容易造成虚化的形式主义和伪善的表演型人格。我们的道德说教常常脱离现实、脱离大众、厚古薄今、崇古非今,其根源就在于此。在古代一度成为精华和优势的传统道德,之所以不能在近代继续走在前头,反而成为社会解放和自我超越的精神阻力,其根本原因也在于此。

3. 信仰和宗教:为何"急时抱佛脚"?

信仰,是人类特有的文化存在和精神生活方式之一。不论人们以什么为信仰对象,信仰这种精神形式的特征,都是把某种价值信念置于思想和行动的统摄地位上,使之成为人的全部价值意识的定向形式、调节中枢,成为人的"主心骨"。人不能没有信仰,没有信仰的生命就等于没有灵魂,没有信仰的社会就等于没有方向。信仰的偏差,会造成人生和社会发展道路的根本性错误。

自古以来,人们的信仰就是多样化的。信仰的对象总在历史地变化着,而信仰这种方式却是人类永恒的特征。人们具体信仰(包括迷信)什么,是神灵、道德、金钱、权力、权威,还是自然界、科学、真理、人自身等,各有不同,但归根到底都反映了人对自身本质力量和生存发展方向的把握。恩格斯说:"即使最荒谬的迷信,其根基也是反映了人类本质的永恒本性,尽管反映得很不完备,有些歪曲。"①透过信仰,能够考察一定社会发展阶段的文化特征,把握一种文化的具体面貌。

宗教是一种以某种神灵和教义为核心的、有组织的、社会化的特定信仰形式。信仰并不等于宗教。宗教的类型也并非一律。但由于在西方,信仰的宗教化形式较为普遍,宗教的历史地位十分突出,所以人们经常以西方文化为背景,将信仰与宗教相混同,以为信仰就一定表现为宗教,或者将一切信仰的形式都归同于宗教。然而实际上,人们的信仰既有宗教的,也有非宗教的形式。信仰并不是在任何情况下都与宗教直接联系着的。尤其在中国传统文化中,信仰与宗教之间,存在着一种十分复杂的奇特关系。

中国自古以来有过无数大大小小的民间宗教,其中不乏历史悠久、组织严密的教派。特别是较早产生的道教和后来输入的佛教,也有很大的规模。但是却从未有一种宗教真正占据了信仰生活的主导地位,成为具有"国教"性质的宗教。这是为什么?恐怕是由于,中国文化的主流,一直是"人本主义"而非"神本主义"的。

从主流上看,以儒家学说为代表的中国传统思想文化,近似一种"有信仰,无宗教"的状况。儒家学说的精神实质,是以"天"为最高信仰的人本主义。"天"是宇宙自然力量和社会人伦秩序的化身,人的一切都要问究于天,听命于天;但"天"本身却从未被人格化成为一个统一的、唯一的神或意志代表,而是可以由人们随时随地去认识、体悟、理解的信仰对象。从孔子开始,就从未对神或上帝有过认真系统的强调和发挥,而是始终以

① 《马克思恩格斯全集》第 1 卷,651 页,北京,人民出版社,1995。

"人的方式"去理解和阐述"天意"。天永远与现实的人伦政治结合在一起。所以,关于"天"并无一套唯一的、完整严密的说法(教义),也不需要有一个与世俗社会组织不同的特殊的组织形式(教会),不需要用一套不同于现实"礼制"的特殊形式(仪式)去维护和体现它,等等。这些不同于西方宗教的特征,表明儒家学说本身确立了一定的、对人世最高价值原则的信仰,但并未将其宗教化。

从信仰的社会地位和社会影响方面看,中国也表现出不同于西方的发展方式。梁漱溟认为,中国不同于西方的是:西方是以宗教为原则的社会,教权曾独立于、甚至高于世俗政权;而中国则是"以道德代宗教","以伦理组织社会",历史上教权从未摆脱过对政权的依附和从属关系。这确实是中国社会和中国文化的一个传统特色。不过后来,特别是宋明之际,儒家也有被宗教化的迹象。这是由于被定位于意识形态的"一尊"以后,通过国家政权参与的推行和教化,使儒家学说不再仅仅是一套人伦政治学说,而是进一步被当成了不容怀疑的信仰,要求人们无条件地膜拜遵从。儒家学说的教条化,意味着某种程度的神化;同时,孔子本人也逐渐被神化,成了"大成至圣先师",具有了至少接近"教主"地位。这些使得在中国民间,儒家成了与佛教、道教相并列的"儒教",孔子成了与释迦牟尼、老子并排塑像于庙宇之中的神祇。

儒家本身并非宗教,它的学说也并非主张宗教,但儒家在现实生活中却有被宗教化的趋势,这一情况很值得深思。一方面固然反映出,在当时社会发展的水平下,人们确有一定的信仰需要,而信仰与宗教之间没有绝对的界线,确实很难截然分开;另一方面也显示出中国人对待信仰和宗教的特有方式,即"中国式的"信仰特征或宗教传统。

以人为本而非以神为本,在心理上意味着,人们对"神"的来历和本意,可以不过分认真地追求,不求对其全面彻底地理解和逻辑一贯地忠诚,而只取其对于人的意义,只问其是否能够管"人的事",只求适合于人自己。在这方面,孔子的态度一向非常明确坚定,"子不语怪、力、乱、神"(《论语·述而》);当有人问及如何侍奉鬼神的时候,他说:"未能事人,焉能事鬼?"(《论语·先进》)孔子主张"祭如在,祭神如神在"(《论语·八佾》)。一个"如"字,表明对"神"本身究竟是否存在,采取的是一种存而不论的含蓄态度;而对人们的敬神行为,也采取了理解和宽容的态度。孔子这种异常的大度和睿智,从一开始就做出了榜样,教会了国人如何在神的面前,保持以人为本。

中国特有的以人为本的信仰方式,造就了中国文化中以下突出的特点:

首先,与西方教权相对独立,并高于皇权不同,中国则是皇权高于教权,教权始终服从甚至依附于世俗政权,服务于皇权。如上帝天命崇拜、谶纬之学、天人感应、灾异谴告等传统神学,莫不是为神化君权、巩固君主统治服务的。君权神授的理论,使神权和王权达到了完美的统一。历代统治者以"天子"自居,牢牢地把最高的神权掌握在自己手中,通过祭天地、郊上帝、祀百神、封泰山、禅梁父等宗教仪式显示自己至高无上的独尊地位,要求臣民绝对服从自己,遵守封建伦理纲常,并认为这就是"天命""天理"。至于一些外来的宗教,如佛教、基督教等,其在中国的沉浮则与其是否愿意为王权服务、获得统治者的支持相关。佛教、基督教等外来宗教进入中国时,都曾提出过享受类似"治外法权"的要求,但都毫无例外地失败了,甚至还发生了"三武一宗"的"灭佛"事件。而佛教后来在译经过程中,回避或改译了与封建伦理纲常相冲突的内容,成为迎合统治者需要的工具,才获得了一定的支持和发展。

其次,将宗教思想内容人本化、世俗化,这方面的典型例证是"顿悟成佛"的禅宗之兴起。禅宗运用比附性、融合性、内向性的思维,讲究"快速成佛""顿悟成佛",指出只要众生排除杂念,返归清静自性,就可立时"顿悟"而成佛。慧能认为,众生的自性就是佛性,而佛性也可以说就是宇宙万物的真如本性,众生的本性与宇宙万物的本体是统一的。由此众生觉悟成佛,也可归结为体悟真如本性。由于无论是"触类是道",还是"即事而真",都方便、快速、实际、"有效",于是"出世"的得道成佛就有了"入世"的变通方式,进而很快传播开来。

最后,对宗教信仰的实用化。在中国民众的信仰中,并不是没有神圣的偶像,但人们所崇拜的神仙,并无严格的宗教体系,常见的情形是给各路神仙分配一定的职务,请他们分管具体事物。因此可以超越森严的教义、教派,熔儒、道、佛、基督教等于一炉,甚至将孔子、关公、观音、耶稣、释迦牟尼……供于一堂。人们"求"神亦无定规。例如,为了读书做官就去拜孔子;要求子嗣就去拜观音(送子娘娘);想要发财则拜财神;有时连阎王、小鬼都拜。人们供奉神明的目的大都在于实用的"求",而不在虔诚的"信"。

按其本义,宗教乃是一种神圣主义的、不容调和的感情和信仰,不同宗教之间具有强烈的排他性。但在"中国式的人本主义宗教态度"中,人们却多半表现出一种令人瞠目的"多变性""包容性""不严肃性"。在这看似荒诞的态度背后,实际上含有一种很深刻的人生哲理。它既有合理的一面,也有不合理的一面。

合理的一面是,它借宗教的形式保持了"以人为本"。这一点其实比机械的偶像崇拜更彻底地显示了宗教的根源。正如恩格斯曾指出的,在宗教崇拜中,"人还是不了解,他在崇拜自己的本质,把自己的本质神化,变成一种别的本质"①。宗教的神来自人自己本质的异化和神化,因此中国式的宗教态度,实际上体现了对神的信仰向对人自身的信仰的一定程度的回归,自有其深刻的现实基础。同时,中国式的宗教态度,因其对于各种宗教都采取了较为宽容调和的态度,所以有利于避免西方特别是欧洲历史上多次发生的那种流血的宗教冲突,给社会的发展多保留了一点难得的稳定和安宁。这种大度和睿智功不可没。

不合理的一面,则是同中国传统文化在科学上的表现相一致,或者说相联系的,对现实中很严肃的大问题,往往关注得"不够认真,不够彻底":对于"信仰"的对象,缺少彻底的追究和一贯的把握,而是任其含混不定,随意改变;对于"信仰"这种心理和行为本身,则更少有正面的、开

---

① 《马克思恩格斯全集》第1卷,647、648页,北京,人民出版社,1995。

诚布公的追问、反思和交代,而是将其当做心照不宣的约定,停留于自发选择的水平。这种"大度和睿智"的负面作用,恰恰是把合理的东西(以人为本的信仰)置于不合理的位置,而把不合理的东西(对信仰的不负责任)凸显于前台;把应该坦率地说明、并旗帜鲜明地加以发扬的东西(以人为本的信仰),掩盖于言行的背后,而把应该加以自我反省和校正的东西(对信仰的不求甚解、不负责任),当成了可以立身处世的方法。其结果是使人满足于眼前似是而非的所得,而往往失去更大更宝贵的机会。

"平日不烧香,急时抱佛脚"这句话,抛开其单纯的宗教用意,而取其对于信仰的一般描述,应该说它很好地刻画了由于对信念、信仰缺乏足够的自我论证而必然导致自我矛盾、自我冲突的这样一种情况。究竟信什么,不信什么,人只有在能够彻底说服自己时,其态度才是真实虔诚、坚定一贯的。仅有实用主义式的随机反应,则使人缺乏原则感、敬畏感和自觉的理性归属意识,精神上极易陷入混乱和浅薄。它至多能够保证小范围的精神安宁,而不能产生追求真理和科学的强大动力,甚至可能导致精神上的保守和堕落。一旦遇有巨大深刻的思想冲击时,这种心态就必然会失控,陷入严重的冲突,遭受重大的挫折。

三、对待传统文化的几种态度

1. 保守与虚无:两个极端

从历史的经验教训看,要保持传统文化有一个不断自我创新的态势,特别需要注意防止和克服"文化保守主义"与"文化虚无主义"两大思想误区。

文化保守主义的表现,主要是"天朝大国"的文化优越感、排外主义和故步自封心理。

五千年的文明确实有许多足以让我们民族自豪、骄傲的东西,岁月的沧桑并不能湮灭它们的光芒。于是在一些人那里就出现了一种"中央之国""唯我独尊""天下第一"的心态,表现出一种"无知的傲慢",以为世界上一切好的东西，都是中国"古已有之"的，或者"我们早就有了"。如早就"发明了"足球，早就有了电子计算机(算盘)，早就产生了职业道德，早就提出了系统论……现在和今后所需要的一切，都已在过去齐备，"无出其右者"，只需向"古"搜索、寻取即可。热衷于"发现"我国"古已有之"的东西，却不进一步反思后来的发展境况，意味着满足于一种"话语的占领"，是阿Q式的"先前阔"心理。在这种优越感的背后，实际上隐藏的是自卑和压抑。

迷信祖宗和盲目自大的心理，同时就意味着自我封闭、盲目排外，并且这种心理愈是在面临国际性开放的压力下，就表现得愈为充分。最典型的如清朝乾隆皇帝，当英国商人提出要扩大通商的请求时，他竟一再强调"天朝之大，无所不有，无需与尔等夷狄互通往来"，并指示官员们说："国家四海之大，何所不有，所以准通洋船者，特怀柔远人之道。……天朝并不藉此些微远物也。"(《清高宗实录》卷六四九)把开放通商说成是"怀柔远人"、居高临下的恩赐，这种自大与虚荣的表现，使中国又一次失去了重大发展的历史机遇。胡适曾经指出，文化的保守性，对内能抵抗各种新奇之风气的兴起，对外则能抗拒外来文化思潮的侵袭。正因为如此，历来的王朝统治者都视之为必需。

文化保守主义最突出的特征，是墨守成规、故步自封，甚至复古倒退的情结。一般说来，一种文化愈是源远流长，愈是博大精深，愈是成熟且影响深远，当人们不够自觉时，就愈是容易背上包袱，养成惰性。在春秋战国百家争鸣思想自由时期，孔子就曾效法"文武之道"，以周礼作为规范和标准。自汉董仲舒"罢黜百家，独尊儒术"以后，孔孟儒学更是成为万世经典。一方面，后来的经学家们言必称"尧、舜、禹、汤、文、武、周公、孔孟"，引经据典，想圣贤之所想，讲圣贤之所讲；另一方面，封建权力认定"非圣无法"，圣贤(包括帝王)之言即是法，违背圣贤就被说成是"异端邪说""乱道惑世"。先贤及其经典不仅成为禁锢人的思想桎梏，而且在政治上也被偶像化，成为一套规范的最高象征，任何王朝衰败、世道动乱都只能归咎于"圣王之道废绝"，而绝不可以成为怀疑经典、离经叛道的理由。近代以前,当中华民族尚在世界"领跑"时,这种"尊祖法宗""向后看齐"的民族心理和思维定势因有一定的凝聚作用而未显落后;而近代以来,虽然国运不济、落后挨打、屡遭劫难,而复古守旧之声,却仍不绝于耳:"中国之病,固在不能更新,尤在不能守旧",因此正确的选择只能是"宜考旧,勿厌旧;宜知新,勿骛新"(薛福成:《考旧知新说》),可见这种保守主义是何等根深蒂固。

文化虚无主义是指对本民族文化遗产全盘否定、一概排斥的态度。它看似与文化保守主义彼此对立、势不两立,实际上它们却是"两极相通"的。从历史上看,中国的文化虚无主义主要产生于文化保守主义"物极必反"的症状下。这可以从文化虚无主义的两个主要表现——激烈的"反传统主义"和"全盘西化论"得到印证。

激烈的反传统主义态度在中国古代和近代都有过,起因于对传统文化的保守性、封闭性的不满,因而采取了一种极端否定的方式。明朝的李贽就是一位因反叛传统、离经叛道而著名的学者。在过去,反传统并未导致"全盘西化"论,除了可能当时的人对西方文化还不了解以外,更可能是因为,当时中国的传统文化与西方文化相比,还具有一定的优越性。值得玩味的是,大量事实表明,中国历史上激烈的反传统主义者,从来都与传统保守主义者一样,身上带有(甚至有时比后者更深的)传统的烙印,他们往往是以最具传统特色的方式去反对传统。这恰好说明,传统本身也是多面的。传统主义和反传统主义常常是同一传统硬币的两面。生活在一定文化环境中的人,即传统的主体之人,不论其对本民族的传统是爱是恨、态度如何,因为他正是在这一传统的母体中发育的,所以都并非是、或者很难是能够外在于、超越于传统的人。与之相反,那些并非站在中国文化传统立场上的外国观察者,当与自己利益不相冲突时,却能表现得对我们的传统文化有更多的宽容、理解甚至欣赏态度。

"全盘西化论"产生于鸦片战争,特别是五四运动以后。在当时的文化界痛感传统文化的落后,并进一步提出"打倒孔家店"、倡导"民主""科学"与现代文明的同时,有一些人将西方文化视为唯一先进的文化和中国现代化的唯一榜样,进而采取了一种极端肯定西方的方式。其代表人物是胡适和陈序经。尽管他们的观点并不完全一致,但都旗帜鲜明地赞同"全盘西化论"。胡适说:"现在的人说'折中'、说'中国本位',都是空谈。此时没有别的路可走,只有努力全盘接受这个新世界的文明。"① 陈序经宣称:"百分之一百的全盘西化,不但有可能,而且是一个较为完善较少危险的文化的出路。"② 虽然言者或许有心以一种"矫枉过正"的过激方式提出这种意见,但由于这种论调在事实上得到了近代以来西方所取得显赫成就的支持,就具有很大的诱惑力,成为一些人心目中的真实导向。

"全盘西化论"本身在理论上的错误,是盲目地接受了以欧洲或西方中心主义为基础的世界文明论,而其深层性质,则意味着民族文化主体意识的丧失。以为西方既然走在了前头,那么"现代化""充分世界化""全球化"和未来的先进文明标准,就都永远属于西方;西方国家实现现代化的模式和途径,也就是一切国家现代化必然要遵循的唯一模式;其他国家要学习、借鉴西方的科学技术、管理经验、思维方式等领先成果,也就是要使自己完全西化,而不是要将其消化、转变成自己的东西;中国自己不需要、也不可能走出自己现代化的道路。这种思维方式完全忘记了:任何国家民族的发展都只能是自己实现的,"自己的路只能自己走",学习和借鉴别人的经验也只能以自己为尺度,通过自己的吸收转化才能完成。但传统是割不断的,是"活"在人们现实中、头脑中的东西。这正如马克思所说,"一切已死的先辈们的传统,像梦魇一样纠缠着活人的头脑"③。不管人们喜欢不喜欢,愿意不愿意承认,人们总是生活在既定的文化传统中。就算传统可以如同血液一样更换,可是,在抛弃了我们自己的全部血液之后,输入的血液是否合乎我们自己的血型,我们体内是否会产生抗体,却是不能不考虑的。以"全盘西化论"的方式来寻求中国的现代化,就像是说"要让一个球队能够与强队相比,它就要加入这个强队"。这不

---

① 胡适:《编辑后记》,载《独立评论》第 142 号。
② 陈序经:《全盘西化的辩护》,载《独立评论》第 160 号。
③ 《马克思恩格斯选集》第 1 卷,585 页,北京,人民出版社,1995。

仅是荒唐的,也是不可能做到的。

从文化保守主义到文化虚无主义,从肯定自己过去的一切,到崇拜别人的一切,这种发展和转变有一定的必然性,它们是同一种思维方式的后果。以为文化和传统不是主体自身生存发展的方式本身,而是可以随意弃取的外部对象和工具,结果必然相信可以通过保守原有的文化不变而维持自身的发展,或者相反,相信可以通过抛弃而不是改造自己的文化而使自己得到发展。这两个极端之间的共同点,都是主张人们可以、并且应该割断自己的历史,放弃自身固有的文化权力和责任。

2. 精华与糟粕:传统不是"烂苹果"

致力于民族传统文化的深层反思,力求从最深处探究它的长短、优劣、精华和糟粕,从而有一个全面的、客观的估价,无论结论怎样令人骄傲或遗憾,这一工作对我们来说都是不可或缺的,也是永远不会完结的。

对待自己传统文化的态度,通常大致有三种:第一种是完全暴露弱点和缺陷,持全面否定的历史虚无主义态度;第二种是单纯赞扬和讴歌优点,取全面肯定的文化保守主义态度;第三种是综合分析优点和缺陷,持"取其精华,去其糟粕"的现实主义态度。

在我们追寻现代化的过程中,第一种态度虽有切中时弊、惊世骇俗、寓爱于恨、怒其不争等警醒国人的作用,但却明显地失之于偏颇。第二种态度虽以"浓厚的民族感情""维护民族神圣与尊严"自诩,却有盲目乐观、封闭因循、迂腐顽固之嫌。因此原则上说,普遍认同第三种态度,应该是很明确的,即"取其精华,去其糟粕"。毫无疑问,只有这一态度才是既全面又切实、既稳妥又积极的,完全无可非议。但问题往往出在实现的过程中:对于具体的文化"精华"和"糟粕",究竟如何划分、如何鉴别、如何把握? 这里不仅有操作的方法问题,还有更深刻的理论观点和思想方法问题。关键是要对"批判地继承",有一个科学的、深入的理解和阐释。

所谓"精华"和"糟粕",实际上有两种不同的含义、两种不同的理解:一种是实体性的,一种是价值性的。

实体性的含义,是把"精华"和"糟粕"当做是传统文化中固有的存在,是各种文化现象本身固有的性质,认为其中有一些东西本身就是好的,是"精华";另一些东西本身就是不好的,是"糟粕"。精华就是精华,糟粕就是糟粕,只要它们存在,就是从来如此,不会改变,我们的工作,就是要把它们一一找出来,将"精华"好好保持,将"糟粕"剔除。

价值性的含义,是根据已有文化现象在现实条件下的意义和作用将其分为"精华"或"糟粕",即以我们现在的生存发展为标准,去看过去留下来的东西是好是坏。这里暗含的一个前提是,不认为哪些现象的好坏意义是从来如此、固定不变的,而是承认好坏本质上都因人、因时而易。因此我们的工作,就是要客观地看待过去的东西,而重点是从人和社会的现实发展出发,对它们加以选择和改造。

这两种不同的含义和理解之间,表现出哲学思维方式上的深刻的差别。前一种理解比较简单直观,因此在人们的看法中比较常见,代表了一种传统的思考方式,但它存在着很大的疑点和误区。从理论上说,后一种理解比较符合实际,比较深入和合理。

实体性理解的最大误区,是容易将"存在"和"意义"(价值)混淆,甚至等同起来,因此导致以孤立的、片面的、静止的观点看待历史文化现象的存在,以简单、抽象、凝固的态度对待它们的价值,从而简单机械地理解和执行"取其精华,去其糟粕"。

为了实行"取其精华,去其糟粕",人们很容易产生的第一个想法,就是要给全部传统文化来一个"两分":先弄清楚它们哪一个是"精华",哪一个是"糟粕",开列出清单来,然后照单清理,一劳永逸。多少年来,一直有人在做这样的尝试,想开出一个客观、准确、全面的"清单"来,然而却从未成功。这是为什么?原因当然很多,但归根到底是因为,脱离了人和社会的具体发展,想就每一个文化现象本身去判断它的绝对价值,确定它是永恒的"精华"或"糟粕",这种思路本身是不正确的。

例如,胡适当年曾抨击过中国传统中所独有的某些"宝贝":骈文、八股文、小脚、太监、姨太太、贞节牌坊以及五代同堂的大家庭、地狱活现的监狱、动辄廷杖板子夹棍侍候的法庭,等等。这些残酷地限制人的自由、扼杀人性的东西,毫无疑问是应该划入"糟粕"之列,坚决予以去除的,对此大家已经没有异议。但这只是近代以来的结论,因为它们既然曾被当做"宝贝",就意味着曾被视作"精华"。这说明,它们是一种封建主义制度、一段历史的必然产物。离开了这段历史和历史的发展,我们就无法说明这种从"精华"到"糟粕"的转变。

不管怎么说,在社会已经发展的情况下,人们对于八股文、小脚、太监这一类性质显而易见的事情的好坏,还是比较容易作出判断的。一些比较深层的东西,如纲常礼教、忠君思想、抑利扬义、无为而治、忍让顺从,等等,在过去的确曾是封建主义文化的"精华",没有它们就没有封建文化,就没有长达两千多年的封建历史;而在今天,不同人在不同场合对它们也有不同的评价,它们究竟属于"精华"还是"糟粕",要看怎样理解和发挥。这说明它们的价值具有两面性甚至多面性,离开了现实的具体条件和对象,就无法做出判断。在历史上,自秦始皇统治期间始,历朝历代修筑的万里长城,如今堪称人类历史上最令人叹服的奇迹。这一人间最浩大的工程,当年却曾被作为"暴政"的一个体现,后来也一度显示出"两面性":既是抵御外来侵略的坚固屏障,也是人为与外部断绝商品贸易和文化交往的心理防线。

文化是历史的投影。一个事物、一种文化现象的发生和存在,都是一定历史过程的产物,都有它的原因和条件,因此也有其确定的本质;但它对于社会发展的意义及价值如何,起正面或负面作用,却不是单一的、固定不变的,而是常常具有两面或多面性,还有可变性。在历史上形成的文化传统,它的每一方面内容、每一特征,在现实中都能够表现出这种两面性。那种所谓精华部分发挥积极作用、糟粕部分产生消极作用的说法,只能是简单化的想象。实际上,在发生作用的时候,无论是精华部分还是糟粕部分,都不是只向一方面产生作用,而是如同一柄双刃剑一样,在不同的历史条件下有其正的和负的两个方面和两个方向。这要视文化主体的具体发展情境而定,视文化主体的具体需要、结构和能力而定。因此只能

中篇 中华文化论

通过依据现实、对照社会发展的要求来具体地分析，不能简单地一概而论。

机械理解的"取其精华，去其糟粕"，是以对文化现象的简单"二分"为基础的，它完全忽视了文化和传统作为一个"有机系统"的客观事实。它希望如同对待一个烂掉一块的苹果一样，对祖宗留下来的文化传统来个"二分"："去"掉烂掉的一半，"取"其好的一半。可问题的关键是，盘根错节的文化传统，并不像，也不可能像一个已经成熟了、最终定型了、从树上摘下来苹果，而是一个复杂的动态生命系统，它有自己的机理结构，它在生长变化着。这使"烂苹果"之类的比喻完全没有意义。因为，如果它真的烂了一部分的话，那么，这烂掉的一部分和所谓好的部分也往往是相互交错、彼此渗透在一起的，无法分开；如果它真的烂了一部分的话，那么，另一部分恐怕也同样已经烂了，或者与之相适应了；如果切除烂的一部分的话，另一部分大约也很难原样保留和维持。这就是为什么人们总想像处理烂苹果一样将传统文化"取其精华，去其糟粕"，而实际上却总也处理不清楚的原因。不从系统整体和根本上看问题，只想就一个个具体现象分别做处理，是不可能分得清楚、处理得干净的。

事实上，所谓"精华"和"糟粕"的简单划分，总是离不开以现实主体为根据的选择和塑造。所以那种将传统文化简单化的倾向，通常也和对待传统文化的实用主义态度相联系：打着"取其精华，去其糟粕"的旗号，对前人的文化遗产随意解释，各取所需为己所用，却根本不管它们在历史上和现实中的具体情况。比如这些年来，总有人喜欢在编选"传统精华"上做文章。他们从古代文献典籍、"先贤"语录中，草草搜罗出一些自己喜欢的话语、案例，将其汇集成文成书，便大加鼓吹，名曰几千年中华文化的"精华"，似乎已经开出了至少是一部分的"清单"，可供"弘扬优秀传统"之用。实际上，他们既未联系历史现实做深入的考察批判，也未对自己"选择"的思路做深刻的反思和改进，这样做的效果，只能是为了满足一时的需要而"造造声势"罢了。这样的闹剧在历史上重演过多次，并未能也不可能真正解决如何"取其精华，去其糟粕"和"弘扬优秀传统"的问题。这是对精华和糟粕作单纯实体性理解所必然面对的困境。

按照价值性的理解方式，"精华"和"糟粕"不是指任何对象本身，而是指它们对于人和社会发展的现实意义。用于传统文化则是：对于历史上形成的文化现象、传统，主要不是去看它们"是什么"，而是重点思考"我们怎样对待"。

历史上形成的文化现象、传统，是已经存在的客观现实。它们都是一定历史过程的产物，都有它的原因和条件，因此也都有自己发生、发展、消亡的逻辑。对待"存在"的事物，首先要按照存在的逻辑，理解它们的历史地位和历史过程性质，不把它们看做是一成不变的。对它们的历史意义，也要在这个历史过程中去把握。要弄清楚它们在什么情况下是必然的或偶然的，在什么情况下是有益的或有害的，在什么范围和程度上是精华或糟粕，等等。用历史本身说明它们在历史上的价值，说明它们为何产生，为何消失。在这一点上，绝对不应该仅以我们今天的好恶为标准，用今天的想象和愿望代替过去的事实。然后，要把重点放在我们自己的今天、现实及其发展要求上，对于过去已有的东西，不论它们在过去曾起过怎样的作用，是不是精华，都要以有利于我们今天的发展，有利于社会的继续进步为标准，去重新加以分析、研究、判断和选择实施。就是说，过去的东西对于今天来说，是精华还是糟粕，要看我们是否需要并能够正确地对待它们。所谓"正确对待"，就是要符合今天的历史要求，适合于我们的能力和条件，有利于国家民族自身的健康发展，而不是其他。这是我们对待自己传统文化应有的权力和责任。

"取其精华，去其糟粕"和"弘扬中华文化优秀传统"的关键与核心，是立足于当代中国人的自我认识、自我发展。当代中国人是全部中华传统文化的载体和主体，对传统文化的批判继承，离不开中国人的自我改造。只有面对当代和未来的世界，认清自己的位置和使命，同时清醒地了解自己身上的长处和短处、优势和劣势，并在今后的发展中自强不息、扬长避短、扬长补短、不断前进，才是真正的（不是口头上的）弘扬和批判继承。

所以，当代中国人如何搞好自我认识、自我发展，是全部问题的关键，也是最重要、最困难的环节。在这个问题上，最有害的莫过于把传统文化置于现实之外的"过去"，把它仅仅当成是一个任我们反复观赏、把玩或组合的对象，而不是我们自身的素质、心理和行为的出发点。这将导致另一种无形的"玩物丧志"——沉迷于对传统的空泛感觉，只知一味地欣赏、把玩，或者挑剔、抱怨不休，却忘记了自己的真正权力和责任。如果事情果真如处理一个"烂苹果"那样简单的话，那么中国文化的现代化，中国社会从传统到现代之路，也将变得非常简单了。

总之，如何对传统文化"取其精华，去其糟粕"的问题，实质上不是一个如何对待外部现成对象的问题，而是我们民族自身如何对待自己的历史、现状和未来命运的问题。我们从历史走来，所以绝不可能脱离自己的传统；我们向未来走去，所以决不应该停留于过去的传统。以科学的方法去认识传统文化，我们一定要有自尊、自强的精神，也要有清醒、科学的态度。既要对自己的历史负责，有自爱自立的意识，敢于肯定和弘扬自己传统中一切优秀、美好的东西；又要对自己的未来负责，有自我批评和自我超越的精神，敢于否定和抛弃自己传统中一切落后、丑恶的东西。对过去是如此，对现在和将来也是如此。

3. 二元化：一个容易忽视的误区

在审视中国传统文化的经验与教训时，有一个常常被人们所忽视、然而在日常思考中却十分普遍的思想误区，就是物质文明与精神文明、经济与道德之间的"二元论"现象。它的典型表现，是一度存在的流行观念——"中国物质文明落后，精神文明领先"。

国内外崇拜中国传统文化的一些人认为：西方文明偏重于物质和肉体上的享受，以器物技艺见长，而忽略了心灵和精神上的追求；反过来，西方所忽略的一面，则正是中国文明之所偏重的一面。左宗棠说："中国之睿知运于虚，外国之聪明寄于实；中国以义理为本，艺事为末，外国以艺为贵，义理为轻。"（左宗棠：《拟造轮船折》）承认多元文化互有长短的观点，在当时已经算是"睁开眼睛看世界"的了不起的进步了。但是,因此断定西方文明只是一种"物质的文明",中国文明则是一种"精神的文明",认为两种文明可以各自分立、互不相干,就不能算是一个科学的结论了。可是,不仅如此,有人还进一步得出结论说:"西方人物质丰富,但心灵空虚;中国人虽然贫穷,但道德文章高尚,精神文明先进。"这种基于"物质精神二元论"的看法曾长期很有市场,为文化保守主义所欣赏,甚至滋生起某种类似"阿Q式精神胜利法"的情绪,使人们沾沾自喜于"精神上的优越"和"先前的荣耀",而不能看清我们文化的真实处境。

关于中国"物质文明落后,精神文明领先"的判断,正是流行于中国日见衰弱、备受列强欺侮的时刻,其谬误显而易见。诚然,中国的确有过世界上最繁荣先进的精神文明,但那正是与社会物质经济的发展相联系、中国在世界上相较而言国力强大的时代;而当人们感到自己在物质文明上已经落后,却试图从精神文明方面找回面子的时候,并没有注意到,这时我们在精神上也已经被人看做不文明的国度了。所谓"物质文明落后,精神文明领先",不过是一种忘记了时间地点、脱离了时代感的抽象印象和自我安慰而已,绝难称得上是一个实事求是的正确判断。

在封闭帝国走向开放的初期,看不清楚精神文明也开始落后这样一个深刻的事实,尚属情有可原。而习惯于在物质与精神之间、经济与道德之间进行"二元论"的抽象思维,却比它有更大、更普遍的危险性。因为,它可能导致人们在许多问题上犯同样的错误,而不能自觉。不幸的是,在以中国儒家学说为代表的传统文化中,这种思维方式恰恰有着深厚的土壤。因此,我们对于这种落后的、属于唯心史观的思维方式,不能不抱有更大的警惕。

众所周知,文化从来就是一个丰富的、有机的整体,社会的物质生产与精神生活、经济发展与道德进化之间,总体上是一元的,而不是二元或多元的。精神文明必须建立在一定的物质文明的基础之上。增强人类物质生产的能力,提高人们物质生活的水平,这都是人类自我解放、增强其能力、获得自由与全面发展的必然途径。"仓廪实而知礼仪,衣食足而知荣辱。"只有在一定的物质基础之上,只有人们不必将全部精力放在满足最基本的生存需要之时,才可能有时间和余力去发展和满足各种精神上的需求。

承认这样的基本事实,当然并不意味着:只要物质文明提高了,精神文明就会"自然提高";只要经济上去了,就可以完全不要道德上的建设,用经济的繁荣"代替"道德的进步。精神文明建设十分复杂,永远有精神文明需要做的工作,经济繁荣永远不能代替道德的进步,这是毫无疑问的。但是,承认两个文明之间的本质一致性和相互促进的原理,坚持物质与精神、经济与道德发展的一元论方向,相对于我们的传统观念而言,却还需要一定的勇气,需要解放思想的智慧。

之所以如此,是因为长期以来,上述二元论的思维方式确有很大的影响,以至于人们仍然只习惯于从二者分离、对立的角度,而不是从它们彼此结合、一体化的角度看问题。例如,在不少人那里,内心深处对发展经济总是怀有一定的恐惧和疑虑,认为让人们一心去为自己的物质福利而奋斗,这本身在道德上就必然是不利的。他们认定,发展经济本身,就天然地、注定不可避免地要造成道德的衰落;而道德的意义,就在于要压抑人们的这种欲望,降低经济的活力,以提高人们的境界。凡此种种,实际上正是二元化思维的表现。

还有,人们常常提到的"两张皮""一手硬,一手软"现象,就是总感到物质与精神之间、经济与道德之间,存在着相互分离、彼此格格不入的问题。究其原因,就是不能将精神文明与物质文明,理解贯彻为"灵与肉""魂与体"的关系,而是把它们都当做"皮"。在同一层次上相互独立的两个东西,于是,当然难以融为一体,只能相互否定、相互排斥。在物质、经济上要追求、要实现的东西,在精神、道德上却要被蔑视、排斥。也就是说,在"这一只手"要扶持的东西,在"另一只手"那里,却往往是要推倒的东西,于是就不可能同时做到"两手都硬",其结果,必然是"一手硬,一手软"。

多年来,受这种二元论思维的束缚和误导,我们吃过很多苦头。在物质极度贫乏的中国,为了坚定生活的信念,进行精神鼓动、寻求生活和心理上的平衡,这或许是必要的。也许它过去在一定时候确实还发挥了其独特的作用。但是,久而久之,"三人成虎",真以为物质贫乏者在精神上必高尚,物质上富裕者精神必贫乏、心灵必空虚、行为必腐败,则是毫无根据的。这是一种不健康的"仇富"心态、"安贫"心态。从个人与社会的发展来说,日后必然成为进步、文明的一种阻碍。

这种二元化的思维有着广泛的背景和意义。例如,它还经常表现为人们的理想与现实、思想与言行、对内与对外、律己与示人等多方面的分离与二重化,甚至"二重人格"现象也与之不无关系。而历史发展要求,必须将物质和精神、经济和道德有机地统一起来,让它们保持一致的方向、处于良性的互动状态,而不再分离和对立,才能使整个事业沿着健康的轨道更快地前进。

文 化 建 设 论

第九章

文化转型：挑战与出路

人类正在迈入一个全新的后工业化时代、信息化时代、全球化时代，中国正处在由高度集权的计划经济向社会主义市场经济转型的过程中，这一转型的广泛、深刻和复杂、艰巨的程度，都是世所罕见的。

一、中国现代化的思想历程

1840 年鸦片战争战败后，中国社会被迫进入了一个历史的转折点。延续几千年的传统文化，自给自足的生产方式，封闭保守的生活方式，以及传统文化价值观，都无可挽回地走向了衰落。失败的洋务运动和戊戌变法之后，1919 年的"五四运动"主动拉开了彻底清算旧文化、创建新文化的序幕，中国由此开始了社会现代化、同时也是文化现代化的伟大征程。

1. 先驱的梦想与历史的启示

自 1840 年鸦片战争以后，到新中国成立为止，中国先驱对现代化的探索和追求，"经历了一个始而言技、继而言政、进而言教的过程"①；或者"从总体上看，中国的现代化有三个层次，即器物技能层次的现代化，制度层次的现代化和思想行为层次的现代化。……这三个层次的现代化与中

① 张岱年、程宜山：《中国文化与文化论争》,328 页,北京,中国人民大学出版社,1990。

国革命胜利之前的现代化历史进程相一致。"①

与"言技"即器物技能层次的现代化相对应的是早期的洋务运动。这一以单纯学习掌握西方的"船坚炮利"为手段,企图通过办实业达到富国强兵目的的尝试,由于不能摆脱封建主义的桎梏而陷于困境,最终难以达到目的。1895年甲午中日战争的失败,同时也宣告了洋务运动的破产。事实证明,现代化绝不仅仅是物质技术层面的现代化,没有整个经济基础和政治制度的变革与发展,一切先进的文明成果都不可能成为中国的真正财富。

与"言政"即社会制度层次的现代化相对应的,先后有康有为、梁启超领导的戊戌变法和孙中山领导的辛亥革命。戊戌变法不从根本否定封建主义制度,而是依靠封建统治者进行体制方面的具体改良来实现现代化。这一改良方式虽然用心良苦,但由于它的必然前途仍在于要最终改变原有制度,即触动封建统治者的根本利益,这无疑是"与虎谋皮",必为统治者所不容,所以改良最后难逃失败。辛亥革命是一场伟大的革命,它终于结束了中国几千年的封建专制,这是亘古未有的伟大奇勋,但它虽然也提出了建立资产阶级民主共和国的理想目标,却终因不具备时代和国情条件,而革命的成果落入他人之手,国家和人民并未因此而走出黑暗的笼罩。

一次又一次的重大失利,一遍又一遍的血与火的教训,使国人逐渐看清了阻碍进步的反动力量,并不仅仅是少数反派人物,而是那套与封建主义政治制度密不可分的封建主义文化体系。于是,以1919年"五四运动"为开端,中国现代化的探索就与彻底清算旧文化、创建新文化的努力紧密结合在一起了。

五四以来的现代化运动,当然并不仅仅是"言教"和思想观念的变革,而是一场全新的社会革命运动。它最不同于以往的特点,是以坚决地

---

① 肖前,等:《关于中国社会主义现代化的哲学反思》,153页,北京,中国人民大学出版社,1990。

解放思想,逐渐发现和掌握新的思想理论——最终是马克思主义——为指导的一场彻底的社会革命。此后又经过了近30年的奋斗,中国人民终于推翻了压在自己头上的帝国主义、封建主义和官僚资本主义"三座大山",赢得了民族的独立和自主,建立了新型的人民共和国。

一般说来,没有国家民族的独立与和平,所谓现代化就无从谈起。所以从逻辑上说,新中国成立是中国实际走向现代化的真正开端。然而60年来,我国现代化目标的确立和实施,也曾经历过几次大起大落:

1954年,毛泽东在第一届全国人民代表大会上提出:要"将我们现在这样一个经济上文化上落后的国家,建设成为一个工业化的具有高度现代文明程度的伟大的国家"①。然而,当时对现代化的理解,总体上还是比较简单模糊的,多半停留于经济生产发展(其中特别是工业)和物质生活质量提高的层面。这种简单模糊的观念,势必经受不住国内外复杂形势的考验,在各种其他因素的冲击面前变得软弱无力。

接下来的事情发展,果然使这一观念和愿望开始不断受到严重的挫折:一方面,是日益强化起来的"以阶级斗争为纲"的政治冲击,使国家的注意力分散,人们报国的积极性遭受打击,以至于中国事实上难以充分地实施经济、科技发展战略;另一方面,是无视经济规律的主观化意志,增加了探索现代化途径的难度,如固守从苏联学来的计划经济模式,并力图通过人为的"大跃进"来缩短现代化的差距等,结果造成了经济秩序的僵化,导致我国现代化的进程由于偏离轨道而不得不一再放慢脚步。

当然,中国人决不会轻易放弃自己的目标。经历了20世纪50年代末到60年代初天灾人祸的洗礼之后,我国人民对现代化的理解比以前清晰明确了,意志也更坚定了。1964年,周恩来总理在政府工作报告中,第一次正式将现代化的目标具体化为:要在20世纪末实现我国工业、农业、国防和科学技术的"四个现代化"。从当时的发展势头看,实现这一目标的时机和条件都是存在的。但是话音未落,这一战略抉择很快便被置诸

---

① 《毛泽东著作选读》下册,715页,北京,人民出版社,1986。

脑后。代之而来的,是长达十年之久的社会大动乱。

"文化大革命"的目的,是要把以阶级斗争为内容的"革命进行到底",把"全面专政落实到每一个基层"。由于其中再一次显示了无视甚至蔑视经济社会发展规律的倾向,因此"文革"的整个方向和许多措施,如否定"生产力论"、轻视科学技术、停产闹革命、视按劳分配为"资产阶级法权"等,都完全与现代化的要求背道而驰。与现代化背道而驰,就是与国家、民族、人民的利益和愿望背道而驰,与世界文明发展的潮流背道而驰。这样的想法付诸行动后导致的后果是灾难性的。

1975 年,当沉疴在身的周恩来向四届人大一次会议再次重申"四个现代化"的目标时,在会场内外都激起了十分强烈的反响。这一反响确切无误地表明:实现祖国的现代化,是中国社会的大势所趋,人心所向!然而,真正地开始实践,还要等待政治上的条件和时机。直到 1976 年粉碎"四人帮"并事实上结束了"文革"之后,"实现四个现代化"才终于走出了一度尴尬的话语境地,成为全国上下公认的神圣原则和行动目标。

2. 现代化的文化意蕴

现代化是一个综合的概念,它是以高度社会化、工业化水平的生产力为根基的一个历史进步过程,其目的是综合国力的强盛和人民生活的普遍提高。"现代化"包含着与工业化大生产方式相配套的多方面的社会发展内容和指标,如经济、政治、文化、道德、科技、人的素质和日常生活等各个方面的具体指标和综合指标。其中经济现代化是基础,政治和文化的现代化要服务于经济现代化的发展,而这一切最终体现为社会生活和人自身的现代化。人自身、人的意识的现代化,包括生活方式、思维方式、价值观念、民族性格等的现代化,构成了民族文化现代化的核心和灵魂。

现代化的内容、指标和实现方式,并不是简单划一、固定不变的,而是具体多样、动态发展着的。一般而言,现代化是人类社会发展到现时代所具有的一定先进成果,是人类文明进步在近几百年里所上的一个新的台阶。作为人类社会发展到一定阶段的特征,现代化本身包含了普遍性和特殊性的统一:它既有新的人类文明的共同性质和趋向,又有各个不同国家和地区各自发展的个性化方式和途径,是一个在多元化、多样化条件下实现的人类繁荣发展局面。正因为如此,每一个国家和地区的现代化进程,都必须要从自己的基点出发,探索自己的模式,经过自己的努力而达到人类共同的高度,现代化不应该、也不可能是按照一个固定的模式生搬硬套地完成。否则,就不可能是"自我现代化",而是成为他人的某种模式的附属品。

明白了现代化中普遍性和特殊性相统一的道理,对于人们头脑中的现代化观念,就要注意区分,并且应防止两种有害的偏向:西方中心主义和民族保守主义。

总之,现代化要求一个社会要对自身及文化进行必要的改造和更新,以达到人类现代文明的先进水平。这意味着民族文化传统要面临巨大的冲击和考验。一种民族文化的生命力如何,要看它是否能够和如何帮助民族主体实现历史性的自我超越。

3. 现代化与中国特色

对于中国来说,"现代化"究竟是什么?它意味着什么?实际上包藏着两个很深刻、很尖锐、很迫切的问题:

一是作为一种由西方国家率先实现的社会发展模式,"现代化"是否与保持和发扬中华民族的民族性相一致?换言之,现代化会不会以一种简单划一的西方文明,剥夺了各民族多样化的发展权利,会不会导致"全盘西化"?这个问题往往通过现代化与民族传统、现代化的具体形式同人们传统心理习惯之间的冲突表现出来,如工业和法治社会的理性要求与重视家庭、亲情和人伦关系传统之间的冲突,现代大众娱乐形式对民族传统艺术审美形式的冲击,等等。

二是现代化作为一种在资本主义国家已经实现的社会模式,是否能够与实现中国的政治理想和原则——社会主义——相一致?换言之,现代化会不会导致"资本主义化"?这个问题实际上一直存在着。从我国多次发生的用"左"的政治冲击现代化建设的表现中,就不难找到它的影子。

这两个问题看上去似乎并不复杂,但它们在现实中的表现总是被复杂化,并且不时变得尖锐起来,触动着人们内心深处的意识和潜意识的神经,成为我们实行现代化操作中的政治敏感点。它们具有情感和理性的双重挑战性质。

从理论上看,解决这些问题的关键在于如何理解和把握"现代化"的实质。

首先,任何国家和民族实现真正的而不是虚幻的现代化,其过程都必然是这个国家民族发展的不可替代的"自我实现"和"自主生长"。国家民族主体的"自己",在文化上就是"传统"的显现。如果现代化失去了"为我"的主体性,那么它失去的将不仅仅是传统,而且是真正意义的"现代化"本身。因此,现代化并不必然意味着传统的中断。相反,如果只是固执于某种既有的传统现状,而否定了传统的历史发展,那么倒有可能导致现代化进程的中断。可见,关键在于"我们"(主体)如何掌握自己,实现自己:是要真实的全面的现代化,还是只要某种简单化的形式? 是为了自己、依靠自己实现现代化,还是单纯追随别人、模仿别人? 是要在现实的社会进步运动中坚持和发展自己的优良传统,还是使自己的传统僵化、凝固起来,使它与现代化相互对立? 离开了这种主体性的思考,或者否认了自己作为主体进行选择的权力和责任,就不可能正确地回答问题。

其次,关于现代化与社会主义的关系,道理同样如此。过去理解上的偏差,在于把"社会主义"看做外在于现实生产力和经济发展、并与之相互排斥的政治和意识形态。因此人们以为,那些在摸索中先期建立起来的社会主义模式,如苏联的模式、中国实行计划经济体制时期的模式等,就是社会主义唯一应有的标准式样,只有坚定地保持这种形式,才是"坚持社会主义"。对于这种僵化的态度,邓小平指出,问题在于"什么叫社会主义,什么叫马克思主义。我们过去对这个问题的认识不是完全清醒的"①;"最根本的一条经验教训,就是要弄清什么叫社会主义和共产主义,怎样搞社会主义"②。邓小平把"什么是"和"如何建"社会主义当做是一个、而不是两个问题提出来,强调"什么是社会主义"并不是一个可以离开"如何建设社会主义"而抽象地回答的问题,这一思想极其深刻。邓小平突出强调了实现社会主义是一个创造性的整体实践过程,认为"社会主义是一个很好的名词,但是如果搞不好,不能正确理解,不能采取正确的政策,那就体现不出社会主义的本质"③;"我们建设社会主义的方向是完全正确的,但什么叫社会主义,怎样建设社会主义,还在摸索之中"④。就是说,我们要搞的不是那种抽象的、空想的、狭隘和僵化的社会主义,而是现实的、有中国特色的社会主义。这就为社会主义与中华民族传统、社会主义与现代化目标之间的统一扫清了思想障碍。

邓小平关于社会主义本质的重新概括,奠定了走中国特色社会主义的现代化道路的思想基础:"社会主义的本质,是解放生产力,发展生产力,消灭剥削,消除两极分化,最终达到共同富裕。"⑤这一概括不仅从动态整体和实践的高度重新概括了社会主义的本义,同时也回答了"中国为什么要搞现代化,以及如何进行现代化建设"的问题。由此不难看出,实现现代化的目标,在本质上是与社会主义相一致而不是相排斥的,社会主义本身就应该把实现和不断推进现代化,当做自己现阶段的具体内容和目标。

"中国特色社会主义的现代化",表达了对于保持和发扬中华民族优秀传统文化(坚持"中国特色")、坚持我们的政治理想和目标(社会主义方向)与坚决实行现代化三者之间具有高度一致性的信念。

① 《邓小平文选》第 3 卷,63 页,北京,人民出版社,1993。
② 《邓小平文选》第 3 卷,223 页,北京,人民出版社,1993。
③ 《邓小平文选》第 2 卷,313 页,北京,人民出版社,1994。
④ 《邓小平文选》第 3 卷,227 页,北京,人民出版社,1993。
⑤ 《邓小平文选》第 3 卷,373 页,北京,人民出版社,1993。

二、市场化冲击下的困局

中国向社会主义市场经济转变,总体上为文化的发展和繁荣提供了前所未有的机遇。但市场并不会自动带来文化的提升。相反,市场经济的强大改造力量,也有可能将一切都吞没在急功近利的欲望之中。在深不可测的市场中,还隐藏着不少反文化的旋涡、潜流和暗礁。近年来有识之士不断发出防止"文化沙漠化"的呼吁和警告,就是一个值得注意的问题。

1. 消费型文化的畸形发育

"文化沙漠化"的特征和标志,归根结底在于文化创造力的衰竭和文化生产的低俗化。而可能造成这种后果、对文化生产和文化创造力造成实质性破坏的因素,往往是多种多样的,如直接摧残文化生产力的资源;文化生产机制的僵化;单纯追求文化消费,或狭隘、片面地理解文化消费,使其畸形发展;压抑甚至破坏了健康的文化消费需求,从而断绝了文化生产发展的动力源泉,等等。这些曾经在历史上出现的情况,在今天也并未完全消失,有些甚至还有卷土重来之势。

消费型文化与生产(创造)型文化相对应,是指满足人们一些现实的、感性的、直接的需要为主的即时性、实用性的文化现象,有时也被叫做"世俗文化"或"大众文化"。群众的休闲和娱乐活动,政党或政府的普及式宣传教育活动,都属于这种文化类型。消费文化是社会必要的基本文化领域,它的畸形发育是指由于其失控而出现的消极现象。以精神文化现象为例,当前我国的精神文化领域,正从过去完全由政府统一管理,作为一种政治意识形态和社会文化福利的领域,到走向市场,进行产业化的改革。应该说,这是符合社会发展潮流和文化发展规律的重大变革,是一种意义深远的历史性进步。市场的本性决定了,这一变化必然首先带来消费文化的繁荣和兴旺。但是,在健康的文化市场机制尚未完善,特别是先进文化的引导机制尚未充分形成并发挥主导作用的时候,消费文化便可能难以避免地畸形发育。所谓"畸形发育",一是指文化消费出现浅薄化、片面化、短期化趋势;二是指文化的消费与生产之间彼此脱节甚至背离。这种畸形发育主要表现为:

其一,文化市场的自发性和盲目性局部失控。市场,包括文化市场在内,是一个由生产者和消费者构成,双方各以自己为尺度"唱对手戏",并以金钱为媒介,按价值规律运行的领域。在市场上,消费者的需求和选择,生产者的目的和诱导,都要通过金钱的作用来实现。因此在市场上,金钱也能造成一种专制,而且它绝不比政治专制更仁慈、更温柔。这种专制可以通过消费的"时尚"轻而易举地左右舆论和习俗走向。问题是,文化的"消费时尚"往往带有极大的自发性和盲目性。在市民普遍文化素质尚且不高的情况下,"消费时尚"也必然品位不高。特别地,作为"消费",它就天然地倾向于眼前的、适合于现有口味的、不太需要费力就能得到和享用的"泡沫文化",自发地疏远甚至排斥高雅的文化产品。这些年的流行时尚的背后,实际是金钱的力量、而不是文化优越的魅力在起作用。然而,要使这种自发性和盲目性得到控制,让大多数人学会理性地判断和选择,让健康向上的文化不断成为时尚,却不是用"非市场化"的力量所能够实现的。在文化市场体制尚未健全、主旋律文化尚不足以引导市场的情况下,失控有时是难免的。

其二,某些大众文化形式和内容的低俗化。大众娱乐型的文化自有其存在的合理性。它们丰富了人们的日常文化生活,使人们获得一定的自由表达和娱乐的方式。但是在市场化的条件下,这类文化常常出于其商业动机,不惜曲意迎合某些低俗趣味,甚至个别的产品有意引导大众文化趣味走向片面的"反理性、反传统、反道德、反主流"倾向。一些毫无艺术可言,矫揉造作、无病呻吟、病态宣泄,以怪、奇、娇、俗、鄙为荣的东西纷纷上市。这类低品位的消费型文化在极力强化其娱乐功能的同时,也使大众的消费越来越失去了耐心和品味,同时使人的欲望不加遏制地膨胀和宣泄,进而引发了许多社会问题。与之相对照的是,一些严肃的、有着很高艺术水准的文艺作品,相较过去的思想禁锢时代,早已经能够自由地走向受众,可受众却已经对之失去了兴趣。在大众娱乐文化咄咄逼人的攻势面前,精英文化大多颓态尽显。

其三,"主旋律"文化遭遇市场挑战。代表社会先进文化和高雅、健康文化情趣的文化产品,通常叫做"主旋律作品"。由官方或专家精心组织创作的、严格贯彻了主导思想内容的"主旋律作品",按理说正应该是社会大众所亟须的。然而,它们有时却难以得到应有的社会反响。除极少数精品能够在大众中引起轰动并流传开来以外,多数反而不如品位差得多的流行文化产品那样得到群众自发的响应,在无行政力量支持的情况下,它们甚至吸引不到更多的观众和读者,显得缺少足够的竞争力。究其原因,除了受众本身文化需求的不足(这种不足也应该是主导文化考虑在内的)以外,还有"主旋律"文化,因为其多少受到了旧体制下文化发展模式的制约,思想、感情内容的封闭性和简单化是其常见的毛病,所以对市场经济的适应能力不足。一些人误将"主旋律"与单一化的政治口号、说教混为一谈,认为其目的仅仅为了完成某种既定的任务,或者灌输某种固定不变的陈旧理念,创作时采取的是"唯上唯书"、概念化、公式化、"对号入座"的态度和方式,不了解、不尊重、甚至不关心大众的精神需要和思想感情,作品不仅缺少来自生活深处的丰富深刻的真实性,而且也缺少以大众的立场来反思和评价的意识,这就难免脱离群众。要改变这种情况,需要首先从思想内容上改变单纯政治实用化的视角,代之以全方位的大众生活视角。只有将人民的意志与国家的经济政治导向融为一体,反映全体人民的共同事业和命运,体验全体人民共同的喜怒哀乐情感,才能从丰富多彩的大众生活中,产生出富有更大活力和竞争力的主旋律文化。

其四,文化生产的权益受到侵害。消费文化的畸形发展,不仅会形成大批垃圾文化,而且还表现为"只要文化生产的结果,不重文化生产的过程和投入",从而引发文化产品假冒伪劣的泛滥,直接破坏或损害精神领域里的诚实劳动者的权益。这里以"知识克隆"为例。所谓"知识克隆",即采用各种各样的信息技术,对知识、观点、思想等进行"克隆",说得更明白一些,就是"剽窃"或"抄袭"他人的知识、观点、思想等。由于它能够快捷地抢占市场,近些年来"信息克隆""知识克隆"呈愈演愈烈之势。例如软件盗版、图书盗版、影视(光盘)盗版等现象,十分严重。一些人发明的快速、廉价、"剪刀加糨糊"的"攒书"方式,更是一种独具特色的文化盗窃行为,真可谓"天下文章一大抄"了。在这类文化盗窃行为的冲击下,生产创造型的文化,如长期投入的基础科学研究,严肃、高品位的艺术创作等的生存则越来越困难。

2. 创新型文化机制的缺失

文化沙漠化的最根本特征,还不是低劣文化或消费文化的过度发展,而是文化生产活力的丧失、文化创新机制的衰竭。文化创新机制的衰竭像自然界的土壤沙化一样,具有根源性。这里所说的"文化生产",并不是指一切文化产品的制造活动,而是指原创型的精神劳动,它的根本特点正是文化品种、风格、境界、思想和观念层次上的创新。也就是说,文化生产的实质就是创新。而一般文化消费层次上的新产品再制造,仍属于消费型的文化范畴。

一种具有强大生命力的文化机制,是能够保证文化的生产与消费处于良性的互动,真正意义的雅文化引导着俗文化不断上升的机制。具体地说:一方面,要让大众文化消费的需要、特别是消费提升和发展的需要,不断地成为文化生产的动力,从而促进文化生产的发展更新;另一方面,要让文化创新生产的成果,尽可能地转化为大众文化消费的需要和动力,从而引导大众文化不断地上升到新的境界。按照这一理解,我们需要从文化的生产与消费之间的关系状况入手,着重对生产与创新机制的考察分析,看它是否能够保持其良好的状态,真正地承担起自己的责任,起到其应有的作用。

改革开放以来,我国文化创新和繁荣发展的环境与"左"的文化劫难时期相比,已经有了根本性的改善。但是从文化生产及其机制方面看来,此时的发展与时代的要求仍有很大差距。目前还存在一些值得注意的问题。例如,文化的生产与消费之间脱节,进而造成精神生产衰退的问题尚未完全解决。

在精神生活领域,群众的文化需要尚未成为理论研究和思想工作的主要对象和依据。也许,对于群众性文化消费中出现的问题,即使是明显不良的表现,单纯地加以议论和指责都是不明智的。真正的精神文化生产,恰恰应该是以提供健康的引导为己任。广大群众在事关人生和家庭、事业和道德等方面的体验和信念,出现了许多新的变化,产生了许多新的困惑,迫切需要社会的关注和理解。但是在主流的人文理论研究和宣传教育中,这些却得不到应有的尊重和理解,学者往往不能及时地发现,尤其是不善于正确地提出问题,从而对其提供及时有效的回答。相反,有时却表现出相当的麻木和轻视,或者用陈旧的观念和思维方式简单化地对待,甚至以一种挑剔和指责的态度去推托回避。在我们的精神文化体制中,似乎缺少这样的完整机构和环节:能够保证把群众分散的、未必清晰的意愿准确、全面、及时地集中到一定的工作环节和系统中("下情上达"),并通过高度负责、系统全面、保持一贯的程序,予以深入的研究处理,并使它们变成积极的富有建设性的结论和对策。目前有关的机构不是过于分散、"多元化运作"、功能单一,就是只知道传达贯彻、"眼睛向上"。由于缺少这样的机制,或这样的机制虽有但不能充分发挥作用,以至于大量如失落、焦虑、烦躁、逆反,等等的社会心理问题积压起来,它们得不到正常的渠道释放,就必然寻求别的方式表现出来,不仅成为精神生活中的非理性化因素,甚至随时可能引发社会问题。

造成上述情况的一个思想原因,是精神生产某些方面的思想封闭和观念僵化。主要表现在,还不善于积极地处理思想文化内容的理想性与现实性、先进性与广泛性、提高与普及、教育与服务的关系,在目标定位和思想方法上发生了脱节。从理论上说,思想文化的先进性与广泛的、现实的群众性之间,本来不是相互外在、各自孤立、彼此无关的。真正的"先进性"正是产生于、存在于、表现于现实广泛性的前沿,而不是也不可能是产生和存在于完全脱离大众现实的抽象理想或理念之中。如果忘记了这一点,只看到理想对现实、先进性对群众广泛性具有否定和超越的一面,却看不到它们之间相互生成中的一致性、动态转化性的一面,那么在思想上,就无法从现实中找到先进性的广泛基础,无法从现实中找到通向理想的有效途径,就必然会使精神生产、思想教育的目标定位于脱离现实、脱离群众的基点上。表现在行动上,则会把"提高"变成不切实际的苛求责备,或一厢情愿的包办代替,最终都会流于徒劳无益的形式主义;就会把教育与服务对立起来,想的永远只是如何管教群众、做群众的先生,却不懂得如何要向群众学习、做群众的学生,从而颠倒了自己与人民群众的关系。这是一个思想深处的误区。在很大程度上,它意味着对整个文化事业认识的迷失,即失去了主体的正确定位,造成一种主体性的迷失。严肃地说,如果任其发展下去,就有可能使在精神生产层面上"为人民服务的文化",无意中变成了"主体自我分离的文化",甚至变成了视大众为异己的"精神贵族文化""精神统治文化"。

以科学理论研究和文学艺术创作为主体的精神生产领域,在发展机制上面临着"渠道不畅"和"资源枯竭"的困境。从根本上说,这种情况产生于"理论脱离实际"。"理论脱离实际"的问题虽然说了多年,但在两个问题上一直未能得到真正的解决:一个是如何让实际更充分、更有效地进入理论研究之中;另一个是如何让优秀的理论成果更快、更有效地变成生活实践的智慧和财富。从大量现实表现看来,真正的思想障碍恐怕还是"看不到、抓不住"理论与实际之间真正的相互需要。对于"理论",有人认为它实际上只是学者们自己的兴趣和意念,有人认为只是指来自权威领导人物的思想和意图,即便学者的理论研究,也只能是重复和解释它们而已;对于"实际",人们也有不同理解,甚至把获得实惠、迁就现状、甚至符合谁的主观意愿(因为管用)等都包括在内。因此,"理论脱离实际"的问题,并不仅仅是理论工作者或实际工作者个人的问题,也同时是精神文化体制、机制的问题。正是在这里,我们又可以看到精神生产领域里存在着体制上的漏洞:缺少一种严格的机制,能够切实地执行、监督、检验和评价我们基本精神生产的规则。一旦任人们自发地、实用化地随意执行这些规则,结果只能是使理论创新系统的信息"入口"和"出口"同时堵塞,这就必然造成资源枯竭,进而造成理论创新价值的枯竭。

由于上述种种体制的和其他因素的综合影响,使社会的精神生产面临着走向衰竭的可能。当精神生产活动不能够从生活实践中不断汲取丰富的营养时,它就不能适应社会发展的需要。这种情况反过来则会造成文化生产的动力、评价、传播和转化等机制,不同程度地处于某种停滞状态。这种情况又很容易导致行政权力的过度介入。为了保证现实的需要,以行政手段干预或代替精神生产自身特有的规律,从而进一步强化文化消费导向,使文化自我创新的能力更加弱化,反映到文化生产者身上,则是心态普遍失衡,急功近利的浮躁风气盛行。科研和教学机构不把精力用于主业,而是草率应付,主要心思用于市场或官场,校长、院长迫于压力而急于"创收",教授、研究员直接或变相经商,学生却乐于以"攒书"等为业;文人纷纷"下海",学者竞相转向,仅仅知识分子队伍人数上的减少,也许并不能说明什么,但其在精神上的萎缩的最终结果,将是文化创新动力的衰减、能力的丧失。这一威胁迫在眉睫,人们甚感忧虑。

从以上关于精神文化的消费、生产及二者之间的中枢形态方面的分析,我们感到迫切需要建立一套适合新时代、富有强大生命力的文化创新机制。文化的生产与消费脱节,文化生产创新机制过于脆弱并走向萎缩,是目前导致文化沙漠化的主要原因。

三、文化发展的三种导向

20 世纪 80 年代以来,我国学术界关于文化发展战略的讨论,大体可以归纳为三种导向性的意见:"西化论""传统论"和"创建论"。这三种导向或隐或显地存在于人们的心中,像指路牌一样竖立在前进的路口,成为不同选择的起点。

1."向外看"的"西化论"

作为文化建设的导向之一的"西化论",不包括以政治颠覆为目的的蛊惑性论调,而是一种理性的文化思考,即主张按照西方现代化的模式来推进中国文化现代化。这种观点认为：西方现代文明及其价值体系主要是发达的市场经济和工业文明的产物，它包含着我们走向现代化和工业文明最需要的东西。因此我们的文化和文明的进步，目前主要应该是多借鉴和吸收西方的思想观念，以"西化"为目标来设计和建设我们的新型价值体系。这种观点中最有影响的是李泽厚的"西体中用"说，它的通俗形式是笼统的"与国际惯例接轨"提法。这种思考方式的特点是重在"向外看"，即强调我们向现代化较早的西方国家看，主要看人家"有什么"，特别是有什么"好"的东西；我们"缺什么"，特别是缺什么"新"的东西，然后取人之所"有"，以补己所"无"。他们甚至相信，这样做的结果，也许恰恰可以产生出"中西合璧"的未来文明。

已有不少学者从多方面批评过"西化论"的错误：把现代化等同于西化，把文化发展的历史尺度和民族差异混为一谈；建立在文化和历史发展的单线论基础上的模式是不合理的；忽视了国情和历史的不同，不懂得每个国家、民族都有自己的文化前提，因而忽视每个国家、民族的现代化起点的不同；忘了中国的现代化是在与西方完全不同的背景和条件下进行的，中国文化建设不可能走这条途径。我们认为，除了以上的问题以外，"西化论"的误区主要在于文化对象的错位，文化主体意识的迷失和文化自信心的衰落。具体言之有以下几点。

首先，"西化论"试图以"他者"文化来取代"自我"文化，存在着文化对象的严重错位。从这个前提出发是不可能建设现代中国文化的。因为我们要发展的、要将其推进到现代化的文化，乃是我们身处其中的、中华民族历史地创造和承继下来的那个文化。因此，中国文化的现代化只能是这个特定文化自身的辩证否定，它不可能转换成一种异族文化来实现现代化。因为：

第一，每一民族、地域特有的文化，都有其生长的土壤、环境和前提条件。这些条件和环境必然会造成自己独有的发展起点，起点不同，发展的形式和道路也必然有所不同。从一定意义上说，中国文化是适应这些环境和条件的产物，其他文化（即使更"发达"）是不能取代的。"橘生淮南则为橘;生于淮北则为枳。叶徒相似,其实味不同。所以然者何? 水土异也。"果树可以引进,但水土却不能靠引进。中国文化与西方文化模式、环境和个性完全不同。这一点恰恰是"西化论"所难以面对,因而不得不常常回避的。因为从历史的逻辑和现实的经验上看,任何社会的成功发展和现代化,其首要的、根本的原因,都一定在于找到适合于自己国情条件和文化传统的发展道路。

第二,每一文化和传统都是与这个民族以及该民族的人本身直接同一的,因而文化和传统是不可能被摆脱的,越是大的、传统深厚的文化越是如此。"西化论"对民族文化传统在社会发展、特别是在现代化进程中的作用也认识不清,以为它可以随意搁置、不必予以考虑。它不懂得,传统是民族的"根",是"活"在人们现实中、头脑中的东西,是深入一个民族灵魂深处的东西。只要民族还存在,文化和传统也就存在。差别只在于是发挥人的能动性,使传统成为新文化的根基,还是因盲动与无所作为,成了纠缠人们思想的梦魇。所以中国文化现代化只能以自身为主,在消化吸收外来文化的基础上创新。人的生长需要食物,但人不会因此"食物化";中国文化的发展需要吸收西方文化,但不可能因此"西化"。

其次,"西化论"有意无意地夸大西方文化所长,看不到中国传统文化对现代化的意义,忽视中华民族在文化创造中的能动性和自主性,这是文化主体意识衰落的表现。正如许多后殖民主义批评家所说的,以西方为现代化的楷模甚至是唯一的范本,是一种文化殖民主义和文化帝国主义的遗留症,是一种"西方话语的他者化"。第三世界国家在政治上虽获得了独立,但文化上并没有获得独立。在建设本民族的文化和现代化时,它们常常按前宗主国的"迷思塑像"来建构自己的形象。"西化论"树立的正是这种"迷思塑像"。当然,西方文化确有它的长处,有中国文化所缺少的许多"好"东西。对外开放,学习西方是没有问题的。但我们也应清醒地认识到,西方文化并不是理想的现代文化。我们且不说它在很大程度上是靠罪恶("圈地运动"、对殖民地海盗式掠夺、贩卖"黑奴"等)起家的,只要说它对资源的毁灭性开发、对环境的破坏、极端的国家利己主义和以霸权为后盾的"综合国力竞争"、工具理性主义,等等,就足以说明西方文化不能成为其他文化的楷模。

"西化论"对中国传统文化的认识也是不深刻、不完整、不全面的。它把中国传统文化中那些陈旧的、落后的、已成糟粕的东西当成了中国文化的全部,因此认为它对于现代化毫无用处,一切有用的东西都需要靠"进口"来解决。这种极端化的观念,不仅表现出对于五千年中华文化的博大精深缺少了解,也对中国文化在一百年来的改革复兴估计不足,对当前正在进行的现代化建设的意义认识不足,从而对自己民族的文化缺少主体的自信和自觉。实际上,越来越多的人意识到中国文化的价值。不仅中国学者指出这点,不少西方学者也发现西方文化的局限和中国文化对未来的价值。例如,英国著名历史学家汤因比在《谁将继承西方在世界的主导地位》一文中不无夸张地说,如果中国(传统)文化不能取代西方成为世界的主导,那么人类的前途将是可悲的。诺贝尔化学奖获得者伊·普里高津及其合作者伊·斯唐热则认为,"中国的思想对于那些想扩大西方科学的范围和意义的哲学和科学家来说,始终是个启迪的源泉"①。这些固然不足以成为定论,但值得我们深思。

最后,"西化论"忘记了中国人民才是中国文化现代化真正的主体,中国文化根本上说要在我国人民的实践中发展。按照"西化论"推论,中国文化只需按照西方模式对自身加以改造就行了,仿佛中国文化的主体不是我们自己,而是西方人,于是,我们就省去了探索、创新的责任,当然也就放弃了独立发展的权力。这是主体意识严重的错位,也是对本民族文化不负责任的表现。事实上,每一民族文化发展的模式,发展的方向和道路,只能由自己去探索,在这方面别人是代替不了的。作为中国文化的主体,每个中国人有责任、也有权利发挥自己的能动性和创造力,在实践中把中国文化推向新的高度。如果不是这样,中国现代化只需要模仿西

---

① 伊·普里高津、伊·斯唐热著,曾庆宏、沈小峰译:《从混沌到有序》,1 页,上海,上海译文出版社,1987。

方就行,那作为文化主体,我们的使命是什么?

总之,"西化论"的错误主要来自它单纯"向外看"的价值思考定位。在这种思考方式下,国家民族主体的"自我"被淡化、弱化,甚至放弃了。看到人家"有什么",就认为我们也一定要有,没有就是缺点;在人家那里是"好"的东西,对我们也一定无条件地"好",因此该要;人家是怎样做的,我们也一定要怎样做,否则便得不到同样的效果,等等。这一切,总体上也属于一种机械思维导致的"主体自我迷失"。

2."向后看"的"传统论"

所谓"传统论",就是以中华民族传统文化,特别是优良传统美德为根基来光复中国文化的观点。在这种观点看来,中国古代文化是世界上最优越的文化,它包含了解决现代问题的智慧和出路,因此将引导人类走向未来。还认为我们民族的传统文化更是我国实现现代化的唯一根基,只有牢牢地立足于这个根基,弘扬其基本精神,才能为中华民族的重新振兴提供正确的文化导向,并保持我们民族精神的永久活力。学术界"儒家复兴"说、"道家复兴"说,以及波及广泛的各种"传统文化热""国学热""传统美德热",反映了这种导向和意图。

"传统论"的思考方式重在"向后看":强调要向我们的历史看,主要看古代的文化传统中"有些什么",特别是有什么"好"东西,挖掘出来,发扬光大,扬长避短、重建辉煌。"传统论"所体现的强烈的民族主体意识、自尊感和自信心,无疑是非常必要和宝贵的,这是它优于"西化论"之处。但是,其中包含了相当明显的民族主义和文化保守主义成分,这是落后的、不科学的,甚至有害的。

"传统论"的错误,并不在于它十分重视本民族的优良文化传统,而在于它对文化和传统的理解与发挥,往往是主观片面、狭隘封闭的。这主要表现在:

其一,"传统论"对中国文化"文本"的解读,依据的不是现实的文化主体和现实的生活实践,而是典籍文章,这是对文化"文本"的严重误读。

文化是指人的生存、生活方式及其所追求的价值本身,因此现实的生活才是文化真正的"文本"。文化首先和根本上表现于人们实际"所思、所言、所为"的整体之中,而不仅仅是指人们口头所言、笔下所写的东西。当人们所说的与所做的不一致时,只有他们的"所作所为"而不是"所想所说"才真正代表他们的文化。就是说,文化并不等于文章、文献、典籍。不懂得这一点就不能够发现和理解真实的文化。"传统论"的一个错误恰恰在这里。当它热衷于把所谓"天人合一""仁爱信义""中庸""己所不欲勿施于人"等说成是中华文化的代表时,似乎并不是从中国历史和现实的实践中发现和证明的,而是完全凭据某些书本。这样解读中国文化,就会只看到"涂脂粉的脸",而看不到中华民族的"脊梁"。并且,这种解读方式多半是凭借儒家经典,从而把中国文化理解为一种"道德文章"式的、抽象的文化体系。似乎在中华五千年历史上只有道德化的文章和文章化的道德,却缺少经济、科技、生产和大众生活等重大现实生活的文化脉络。沿着这样的逻辑所描述出来的东西,究竟在多大程度上反映中华文化的真实面貌? 对于确切地说明中国的历史和命运,指导今天和未来的建设,它究竟有多大效力? 这确实令人怀疑。

其二,"传统论"把中国文化的现代化简单地理解为传统文化的复兴,加上人们对传统的误读后,这一观点就带有一种向后看的复古主义的保守取向。"传统"是指在历史上形成并得以延续,在当下仍然"活着"的东西,并不是指过去发生过、曾有过的一切,更不包括已经死亡、消失了的"过去"。因此当我们今天来认识自己的传统时,就要重在认识、反思、发现和批判自己的现实。不懂得这一点就不能够发现和理解真实的传统。"传统论"的错误恰恰就在这里。当它热衷于从中国古代的文章典籍中寻找中华文化的"优良传统"时,就不加思考地把"传统"等同于"过去"甚至"古代"了,似乎"传统"的意义和标志,只在于"古""老""旧",越"古"、越"老"、越"旧"就越有资格代表传统。于是,当我们今天来认识自己的传统时,就只能回到尽可能早先的过去,而不应该着眼于自身现实。按照这种复古主义的思路,"传统论"告诉我们的,并不是现实中丰富多彩、日新月异地发展着的多样化传统,而是一种简单、平面、单一和僵化的"传统"模式。这样,"传统论"带给我们的,实际是一种将一切判断和选择的权利与标准都赋予古人,因此也将一切选择后果和责任都推给前人的思路,这其实是一种无视当代中国人的现实权力和责任的态度。

其三,传统论同样存在严重的文化主体错位的错误。如果说"西化论"事实上是把西方人当成了中国文化现代化的主体,那"传统论"则是把古人当成了中国文化现代化的主体。当人们把中国文化简单地理解为传统文化(主要是儒家文化)的复兴时,他们事实上是让古人来承担今天文化建设和发展的任务。仿佛古代圣贤创造了中国文化的"道统",后人只需将其继承下去,就无所作为了。我们自身即使不是置身事外,至少不负主要责任。可是,我们面对的是工业文明乃至后工业文明,我们的现代化建设是我们前人所不可能设想的事业,这一现代化的使命,谁也没法代替我们完成。

总之,"传统论"的文化取向在理论和实践上都是站不住脚的。归根结底,"传统论"的错误在于它"向后看"的思维方式。一味地"向后看",看见的只能是古人和古文。作为导向,它把主体的权力和责任都赋予前人和古人,把价值选择的方向和标准定位于过去,却忘记或者否定了当代中国人的权力和责任。这同样也属于一种机械思维导致的"主体自我迷失"。表面看起来,"传统论"与"西化论"的错误似乎相反,但它们却有"两极相通"的效果:都看不起,或者说不信任、不打算依靠今天的中国人。

3."向前看"的"创建论"

"创建论"主张以"我"为主,立足于现实,以实践为原动力,以"向前看"为取向,建设现代中国文化。这也是我们的文化主张。

"创建论"主张以马克思主义,特别是中国特色社会主义理论为指导,在我国人民改革开放的具体实践中创造和建设现代新文化。确切地说,就是立足于实践,从实际出发,解放思想,充分发挥我们的(个体的和民族的)主体性,把马克思主义所代表的西方先进文明与本国实际(包括优良传统文化)相结合,把中国传统文化和现代文化相结合,"古为今用,洋为中用",在借鉴人类一切优秀文化成果的基础上,创建中国特色社会主义的现代文化。"创建论"的核心是"我",是我们当下的实践。无论是分析批判西方现代文化,还是总结鉴别中国传统文化,都需要立足于我们自己的实际、以科学的理论和方法为武器;无论向外看还是向后看,最终必须向前看才能发展;无论是我们的传统文化已有的东西,还是我们缺少而国外拥有的东西,我们都不能盲目取用,而必须以我们"究竟要什么"来取舍。因此,中国文化的落脚点是高扬我们自身的主体性,发挥我们自身的自觉性和能动性,在实践中创造出无愧于现代化的中国文化。

具体说,文化"创建论"包含如下的思想内容:

第一,确立"我"在文化建设中的主体地位,高扬我们的主体意识。建设现代中国文化是我们——当代中国公民义不容辞的责任,也是我们的权力。我们既不能傍依古人,也不能傍依外国人,而只能以"我"为主,以独立的自省精神和创造精神推进中国文化的现代化。我们当然要继承先人的文化遗产,也学习外国文化,但无论是继承还是学习都有一个以"我"为主的问题,都有一个选择、消化、改造和创新的问题。以"我"为主既是一种强烈的文化使命感,也是一种社会历史抱负。"创建论"要求我们有复兴传统特别是推进传统的主人翁责任感。张横渠言:"为天地立心,为生民立命,为往圣继绝学,为万事开太平。"(张载:《西铭》)这种建设和振兴文化的主体意识和强烈的使命感,是我们所仰慕和追求的。

第二,立足于实践,创造现代中国文化。实践是文化真正的"源",是文化生生不息的生命之所在。文化仅仅停留在书本上,停留在学者的话语中,是没有生命力的。只有立足于实践,把握和总结实践中的新成果,中国文化才有真正的创新。在实践中创造,传统文化才是现代文化健康生长的"根",离开了实践创造,传统文化就成为"历史包袱";在实践中创造,外国文化是我们的给养,离开了实践创造,外国文化就会成为消解民族精神的"殖民文化"。中国当前正在进行的以现代化为目标的经济建设、民主法制建设和思想文化建设,将是中国文化迈向世界主流文化、迈向现代化的伟大实践运动。我们只有深入这一实践、依靠这一实践,才能创造中国现代文化。

第三,破除迷信、解放思想、实事求是、立足实践,当然要把各种流行的、习以为常的价值观念和文化教条拿到实践面前检验,必然要用实践来否定各种教条。古往今来,装进中国人头脑的各种土教条、洋教条不计其数。它们的共同点,就是制造迷信,而不受实践的检验,不对中国人民的苦难负责。特别是近几十年来,思想的僵化和"左"的教条更是给中国的振兴设置了重重障碍。要发展现代文化,必须以实事求是的态度打破一切思想枷锁,探索未来和前途。

第四,以"立"为本,"重在建设"。五四运动以来,中国现代文化建设之所以艰难,原因之一是我们过多强调批判和否定,少有正面的建设。事实证明,"以破代立""有破无立"是十分危险的。中国文化现代化应以"立"为本,重在建设。本着对民族和人民的未来负责的态度进行创造性劳动和实践。"以立为本"就是从现实出发,但不满足现状,而是以我们究竟"要什么、追求什么、最终造成和得到什么"为根据,以"有利于"为标准,积极、主动地面对现在的一切;"重在建设"意味着自觉地实现自我发展,重在踏踏实实、坚持不懈、艰苦卓绝的劳动和创造,重在肯定、建立、产生、形成和创新。

第五,以"向前看"为取向。中国文化建设的价值目标,是以自己的现在为基点,而不是"向外看",以别人的情况为基点;是关注、着眼于未来的发展,而不是"向现在看",把一切已有的东西都当成是固定不变的;"向前看"更要以前进的心态去行动,而不是"向后看",把我们所要达到的目标仅仅定位于向前看齐、恢复和达到先前某个时候的境界;"向前看"强调文化发展的历史尺度,把握文化前进的方向,把握什么样的价值是行将衰落的,什么样的价值是方兴未艾的。"向前看"的思路主张,对中国现代化中出现的问题,要以向前走,即发展和完善新事物的方式解决,而不是以倒退的方式解决。比方说,转型时期经济领域中出现的问题,要以完善市场机制和法制解决,而不是用强化行政控制的办法解决。道德和社会风气的问题,用建设与市场机制和工业文明相适应的法制、道德与文化去解决,而不是发思古之幽情,感叹"世风日下,人心不古"。"向前看"是学会以自己面对现实和未来进行创造性的思考,把现在和过去已经达到的成果作为进一步发展的台基。

总之,"创建论"以"向前看"和"重在建设"为价值取向,充分体现了高度自觉的中华民族主体意识和实践探索精神。它把"我"和我们当今的实践作为文化建设中心,作为向外看和向后看的归宿,从而对文化建设的主体和时空有了正确的定位。只有坚定地实行"向前看"的"创建论"导向,才能够学会吸收和借鉴古今人类文明的一切优秀成果,才能够坚持从现实和实际出发,作出正确有效的选择,而不至于在错综复杂的现象和干扰面前迷失方向。

第十章

"富强":物质文化现代化

物质文化是整个社会文化的基础部分,它的发展也是其他文化发展繁荣的必要条件。但物质文明的发展,不能简单等同于物质产品的丰富、GDP 的增长。当前我国物质文明的建设特别需要一种文化的审视:发展作为一种文明,它的前提、使命和发展目标究竟是什么? 如何确认发展所追求的人文价值? 我国市场经济体制背后的理念、价值观和游戏规则存在哪些问题? 应该如何改进? 经济与科学、知识和文化在当代的互渗是什么样的情形? 我们如何检讨当代人的环境生存方式,并建设一种生态文明?

一、中国化的市场经济模式

市场经济是发展现代化和工业文明的基本手段。市场机制主要就是按商品价值规律运行,并通过市场供求关系进行调节的经济方式。这种方式的核心,是充分尊重并积极利用商品经济的客观规律这只"看不见的手",使每个经济主体(企业或个人)在市场实践中最大限度地发挥自己的主动性,从而推动整个经济的活跃和发展。中国特色社会主义市场经济既有市场经济手段的普遍性,又针对中国历史传统和社会现状,是正在探索中的市场经济发展模式。总的说,社会主义市场经济将超越以等级制度和裙带关系为基础的宗法社会关系,过渡到以公共交往为基础的现代法治社会,从多方面挑战传统的文化和价值,带来社会文化的重大转变。由于市场经济的社会是公共交往型的现代社会,是民主社会、法治社会。我国社会主义市场经济发展,遇到的挑战首先是宗法传统所代表的习惯势力和游戏规则。

1. 经济转型与文化改造

中国传统社会是宗法社会,公共交往不发达,往往把公共交往关系转化为私人关系、亲缘家族关系。这种社会关系和行为习惯在如下几个方面与市场经济和法制社会不相容,从而影响了市场经济的完善和发展。

身份等级观念。习惯于根据地区、单位、职务、个人等区分不同的身份。人由于身份不一样,实际获得的机会也是不均等的。因为有这些文化因素和习惯势力的存在,所以,与市场机制相适应的自由、平等、公开、公平等价值观,很难在中国社会真正扎根。

亲疏差序格局。由于宗法文化传统根深蒂固,中国人长期习惯"内外有别",生疏各异:对家人、朋友、熟人,一般是讲亲情、交情、讲特权;对外人、陌生人,就完全是另一套。在社会交往中,人们要想顺利地办事,就必须花极大的精力和代价,把"生人"转化为"熟人"。这个特点与市场经济的许多基本规则相矛盾——如超越个人情感和主观性之上的普遍理性、普适性的游戏规则、面向公众、面向全社会开放的机遇和信息,等等。

公私混淆,公权私化的传统。受宗法封建势力的影响,不少人还习惯把行使公共权力、支配公共资源与个人行为不加区分,习惯把公共权力和资源看做是个人的;加上政治体制和法制的不健全,公私混淆,公权私用的现象十分普遍。有的公共权力部门也常常"角色错位",忘了自己是公共管理机构、服务机构,而以利益竞争者的身份出现在市场上。如果社会处于这样的无序状态,正常的法制和市场机制就无从谈起。

注重"成事"而不讲规则的习惯。统一的、公开的、具有普适性的游戏规则是市场经济正常运作的基础和前提,但是若在身份、资质有别,内外有别,公权私用的条件下,通过把公共交往转化为私人行为可以获得更大利益,这当然就会刺激人们以私人关系,以身份、地位和资质的途径"寻租"。一旦这样的游戏规则扩散开来,社会就会变得无法收拾。不讲规则的社会现象会产生"马太效应",即它产生的无序效应会呈指数增长。目前社会上存在的市场运作中弄虚作假、不讲诚信、通过私人关系寻租等现象愈演愈烈,就能证明这点。

社会主义市场经济是建立在普遍理性基础上的,它要求价值观、文化理念、游戏规则等,是理性的、普适性的、秩序化的,因而是遵循逻辑的;社会主义市场经济是高度法制化的经济,它本质上要求完全公开、公平、公正,在对所有人机会均等、游戏规则相同的前提下,通过市场竞争,实现优胜劣汰。因此,在向社会主义市场经济转变的过程中,人们的经济生活方式、社会交往方式、价值观念和思维习惯都在发生极大的变化。

人际关系和社会交往方面。传统社会(包括计划经济体制时期)人身依附关系经由改革开放,受到实质性的冲击。位置和身份制、把人束缚在土地上的情形,逐渐解体。20世纪80年代,当中国最大的群体——农民,到城市、到东南沿海打工的时候,许多人惊呼"盲流",试图强行禁止他们进城。湖北一位技术人员未经单位领导批准擅自到浙江一家民营企业应聘,引发全国性大讨论。而现在几乎没有人认为这种"目无组织纪律"的行为是个问题。过去只有一定级别的干部才可坐的飞机、进的宾馆,现在都成为大众生活的一部分。

政治和法律生活方面。人们对法律和权力的理解发生了极大变化,权力是全体公民的,政府部门及其官员也必须依法行使权力,这样的观念已深入人心。"民不与官斗"这条古训也被突破,"民告官"已不再是奇迹。有的人还要求政府部门公布行政开支的资料,公开个人资产。甚至有的不良法规,也在公民强烈呼吁下得以废止。与此同时,越来越多的人懂得通过法律来维护自己的基本权利,其中包括生命、尊严、名誉、隐私等方面的权利。

价值观念和文化理念方面。随着经济改革的深入,人们的价值观,包括善恶观、美丑观、荣辱观、人生观、幸福观、爱情观等,也发生深刻变化。过去以为恶的,如自由、民主、人权等,现在越来越多的人意识到这恰恰是我们需要的;有的过去没有的,如公民意识、主体意识、权利义务平等的观念、尊重个人价值和合法权益的观念，得到越来越多人的认可；以往视为美德的观念，如节俭、服从、本分、安贫乐道，不再受到推崇。总的说，经济生活的多元化导致人们价值观念的多元化。

思想学术方面。改革开放也激活了中华民族的思想，自由的物质文化土壤萌生相对自由的学术与文化，中国科学界、学术界、思想界出现了20世纪50年代以来少有的活跃局面：引进和借鉴国外的学术思想，反思中国思想文化的心路历程，提出自己的学术观点，蔚然成风。这是一个民族文化生命力的最好表现。

2. 探索中国自己的发展模式

现代化发轫于西方，因此长期以来，人们往往把现代化等同于西化，以为现代化的发展只有西方一种模式，东方国家的今天是西方社会的昨天和前天。针对这种偏见，学界在关于当代中国经济社会发展模式和道路的思考中，主要提出了两大理论主张：一是"儒家资本主义"和"亚洲价值"体系，二是中国特色社会主义模式。

"儒家资本主义"和"亚洲价值"体系的主张，与20世纪50年代日本的兴起、70年代亚洲"四小龙"的经济腾飞有关。人们从中似乎发现了新的现代化发展模式，于是"日本奇迹""亚洲价值""儒家资本主义"等说法盛行起来。一般认为，儒家资本主义或亚洲价值的优势是注重亲情，注重整体利益，个人服从大局，等等。但是，这种观点受到不少人的质疑，尤其是1998年亚洲金融危机，暴露出"儒家资本主义"存在的种种弊端，如家族本位、任人唯亲、裙带关系、贪污腐败、不讲原则和规则，等等。这些虽然不是亚洲文化所特有，但至少在亚洲文化中最典型、最流行。它至少说明，东方（儒家）传统文化能否作为现代化的资源，中国现代化发展模式究竟如何，显然还需要进一步的探讨。

中国特色社会主义的模式和道路，显然是绕不开的选择。社会主义最初起源于西欧，是一种批判资本主义经济制度、寻求合理先进的新制度的社会思潮和社会运动。马克思主义创始人对社会主义作了重新探索和解释,他们理解的社会主义是容纳了资本主义的文明成果的合乎规律的运动及其结果。长期以来,社会主义被解释成一种固定的和普适性的模式,只是到改革开放时期,我们才认真思考社会主义模式的多样性问题,思考诸如中国这样的典型东方国家社会主义的发展道路问题。这种理论反思和实践创造的结果,就是中国特色社会主义理论的形成。在这一理论指导下,经过改革开放以来 30 年的发展建设,目前中国经济在世界上有了举足轻重的地位,中国正在作为一个世界大国而兴起。因此,关于中国特色社会主义理论和发展道路的研究,正在成为一个具有世界意义的命题,引起人们的普遍思考。

3. "以人为本"的发展理念

中国特色社会主义理论和发展道路,简称"中国道路",其最核心的理念是"以人为本"。这一理念表明,我国未来的经济社会发展,需要吸纳传统文化资源,弘扬民族文化特色,同时也要把握、遵循,并逐渐引领世界文明发展的一般趋势。总的来说,它将日益凸显三大价值:

越来越注重人道价值。传统的唯指标的增长模式开始受到怀疑,经济的发展越来越把人摆在核心,把人当做其目的。1991 年《世界发展报告》指出:"发展的挑战……就是改善生活质量。特别是在世界贫穷的国家中,更好的生活质量要求有更高的收入,但是,它包含更多的内容。它把更好的教育、更高的卫生和营养水平、更少的贫困、更清洁的环境、更多的机会均等、更大的个人自由和更丰富的文化生活等都包含在目的之中。"前联合国教科文组织专家弗朗索瓦·佩鲁特也指出:未来的发展是整体的、内生的和综合性的。整体的发展计划理论上包括健康、卫生、教育这些因素;内生的发展计划是建立在对人力资源鉴别的基础上;综合性的发展计划是把对外贸易和内部生产体制、贸易体制和分配体制有机协调起来。我国党和政府提出"以人为本"的发展观,与中国大趋势也是一致的。

越来越注重生态价值。随着近代以来的环境生存方式和价值观带来的后果越来越严重,人们也有了越来越清醒的认识:纯粹用功利眼光、从商业视角看待环境价值,是片面的、不完善的,也是有害的。应认识到我们对自然环境的需要是多方面的。自然环境除了有功利价值外,还有宗教的、道德的、审美的等价值。虽然生态平衡和环境保护的局势仍不容乐观,但人们普遍开始意识到这个问题的严重性。保护生物资源、保护环境、减少污染,已成为流行的观念。未来社会,传统的那种粗放式发展,那种高能耗、高污染的发展,将越来越让人难以接受;单纯追求 GDP 的增长模式和发展观念,将显得陈腐落后而被人们改变,代之以可持续性发展的观念。循环经济、"绿色"工业、可再生性能源开发等,已经显示了产业发展的新方向。生活方式和消费领域,人们会更加崇尚返璞归真、回归自然的生活方式;"绿色"食品受到越来越多的人的青睐。

越来越注重和谐价值。和谐是中国文化独特的价值之一,它所包含的协调、有序、自洽、多样性统一、有机整体性等内涵,是中国文化对世界的贡献。鉴于西方文化过于紧张的张力给人与人、人与自然,以及人的心灵世界带来的冲突、矛盾和危机,越来越多的人关注东方尤其是中国古老的和谐、宁静的文化价值。中国人民也在一边实践这种文化,一边向世界介绍这种文化。事实上,在经济发展的同时,人们越来越注意人与环境的协调、人与人之间的协调以及人们心境的协调;我们在发展科学技术的同时,也越来越关注科学技术引起的人文价值问题,强调科学技术的发展与人和社会的发展相协调;经济的发展也注重地区、阶层、产业结构等方面的和谐,等等。这些都显示了器物文明越来越趋于和谐。

当然,以市场经济为主的社会发展,在实践中还存在许多严重的问题。其中一个最重要、最关键的问题仍然是:社会发展的目的和价值追求究竟应该是什么?经济、社会发展与价值间的关系如何摆?是否真的"以人为本""以人为目的"?事实表明,缺少相应的民主和法治建设,是使实践偏离目标的根本原因。

许多地方,许多人在致力于发展的时候,恰恰忘了这个关键问题,偏离了"人"这个目标,而是以好大喜功的政绩、"面子"为发展的目的。许多地方争相建豪华的楼房、机场、广场、文化城、巨型雕塑……排场奢华，却无实际价值；有的地方以牺牲巨大利益为代价"招商引资"、廉价"处理"厂矿和土地。正常情况下谁也不会干这种"赔本赚吆喝"的傻事，但这在我们的社会里却很流行。为什么？赔的是人民的利益，赚的是自己的政绩。从原则上讲，以人为本，就是人的价值高于物的价值，发展首先是为了人，以人为目的，为了人的需要、利益、幸福、尊严、自由等，而不是为了别的，可现实生活中很多"发展"都背离了这一原则。可见，"以人为本"还只是个抽象的原则，社会发展真正做到"以人为本"，还需要深入到具体社会关系和问题情境中，研究如何以人为本的问题——以谁的什么需要为本，这个"本"何以实现？这是很现实的问题。这些年，各地楼盘如雨后春笋拔地而起，但价格高得离谱。这种情况从开发商、"倒房团"的角度看也可以说是"以人为本"，但它却让大多数普通民众买不起房。稀有的国土资源成为某些人赚钱的工具，少数人暴富起来，另外的人却付出了惨重的代价。不少"农民工"的健康、自由、尊严、劳动报酬，甚至生命安全等权益都得不到保障。这种"以人为本"行吗？不难理解，"以人为本""以人为目的"的具体化实现，还需要在经济、政治、法律各相应的社会领域建立制度化的保障，以体现民主法治的基本原则。

二、高科技时代的文明

20 世纪后半叶起，人类进入了高科技时代。新兴的科学技术以惊人的速度被投入使用，带来了生产和生活方式的巨大变化，催生着新的经济和文明。

1. 知识经济的到来

所谓高科技，是指技术含量及其对经济、社会的影响远远超过以往任何时代的最新科学和技术，目前主要包括生物科学与技术（以遗传工程为代表）、信息科学与技术、人工智能、航天技术和海洋技术、新材料和新能源，等等。高科技引起的都是重大的革命性变革，它对经济生活和社会生活的影响、改变是以往科学技术所无法比拟的。以信息科学与技术为例，它不是个别技术部门的革新，而是人类文明的重大变革，它带来了一个崭新的时代——信息社会，它使得人们的社会交往和联系、生产和生活方式、产业结构等，彻底发生变革。由于信息技术，特别是因特网的普及，地球上的空间极大地"缩小"，速度极大地提高，人们的交往联系空前紧密。不仅"天涯咫尺"成为平常之事，更重要的是：各种各样的信息资源几乎取之不尽用之不竭。在传统社会里，人们生产和生活最重要的资源是物质资料，如土地、粮食、矿物质等；资本主义兴起后，资本（金钱）一度成为最重要的资源，有了钱就可以买到一切。信息科技的兴起以及"信息社会"的形成，使得信息又超过前两者成为最重要的资源。

生物工程的社会影响也是革命性的。生物工程使得人们可以用科学和技术的手段复制 DNA 甚至重组 DNA（即根据人的意志对双螺旋结构的信息进行重新排列），这意味着人类可以批量"复制"生命体甚至"制造"新的生命体，由此造成的文化冲击是难以形容的。

航天技术将动力能源、制导、航天器、遥测遥控、空间通信、太空环境、生命保障等技术结合起来开发太空资源，形成"地球—天空—外太空"一体的立体网络。随着这项技术的进一步发展，人类将开启太空生活的时代。

由于科学技术发展以及它在生产中的应用，社会的经济生活发生了巨大的变化，出现了新的经济形式——"知识经济"。所谓知识经济，按照联合国经济合作开发组织的定义，是"直接建立在知识和信息的生产、分配和使用上的经济"，也就是以科学技术为内涵，以创新为导向的经济生产模式。20 世纪后期开始，发达国家的经济发展，越来越多地运用甚至依赖高科技，推动了从观念到制度，从市场到管理等的全面创新。知识经济的主要特征包括以下几点：

其一，经济的发展越来越依靠科学创新、技术创新和知识创新。知识创新所带来的效益远远高于传统产业的效益，影响一个国家的 GDP、GNP增长的因素中，绝大部分是科学技术因素。知识的价值成为经济领域的核心价值。

其二,高科技的成果向生产领域转移,刺激产业结构的调整。许多旧的产业因技术含量低而沦为"夕阳工业";而在高科技成果基础上,往往会开发出全新的产品,并形成全新的产业、行业,直到最后,促成整个社会生活方式的重大变革。例如信息科学和技术就开发出无数的实用性成果——各种各样的硬件、软件、数据库、网络模型等,形成信息产业、IT行业,以至于我们开始进入"数字化生存"的时代。

其三,主要的经济资本不再是厂房、设备、原材料等"硬资源",而是智力、资讯、管理等"软资源"。品牌、软件、图像、标识、信息等成为无形的资产;企业通过激发雇员参与知识共享的积极性,运用集体智慧,培养企业的集体创新能力;企业情报(通过存取、报告、分析和预测数据信息,提高企业的决策能力)起着越来越大的作用。

其四,信息产业迅速发展,成为支柱产业。信息产业发展的标志,一是电子商务的兴起,二是"信息高速公路"的建设。所谓信息高速公路,就是把电脑、网络的通讯结合起来,形成全社会的广泛、快捷和高智能的信息服务体系。信息产业已成为美国最大的产业,它为美国经济带来勃勃生机。随着电脑、网络、电子商务和信息高速公路的发展,世界的经济格局将会发生重大变化。

其五,基础性、前沿性科学越来越主导经济发展的方向,投资的重心转向教育和科学技术研究领域。

知识经济的形成预示着人类的经济生产和生活将呈现高度智能化的状态。一方面,科学、技术、知识成为经济发展的主要动力,成为经济增长的主要因素,人类的经济生活从"粗笨"走向"精微",从"物质""体能"主导走向"精神""智能"主导;另一方面,科学、技术、知识、教育等逐渐发展为产业,文化产业将是未来经济发展的重要方向。经济生活、物质文明的"文化化",以及文化、教育等的"经济化",这些不仅导致经济革命,使得人类的经济生活在科技化、智能化方面发生质的飞跃,还会导致一场教育革命和智能革命,极大提高人类经济生活的智能化水平。

当然,知识经济的出现也为各国的经济、科技、文化竞争提出了新的挑战。也就是说,旧的经济、科技发展模式已经不适应知识经济时代的竞争,在国际经济大循环中,各国需要更新经济增长模式,重在提升经济因素的科技、知识和文化含量,提高科技、文化、教育等知识性产业在国民经济中的比例。如果不在这方面下工夫,我们就可能沦为"国际打工仔",在竞争中处于十分不利的地位。在这个问题上,我国的经济发展是有教训的。但是,跟经济实力相比,科学、知识、文化实力的提升,是一个更为艰难和漫长的积累过程,需要国家有长远的眼光和长期的战略发展规划,需要长期在科学、文化、教育等领域投入、扶植,不能急功近利。

2. 走向人与自然和谐的生态文明

在经济社会大发展的同时,我们付出了巨大的环境代价:城市、楼群、马路、休闲娱乐场所等,在以惊人的速度吞噬我国紧缺稀有的土地资源;为了拉动 GDP 增长,大量污染严重的企业、矿山,如"雨后春笋"般涌现;水、矿藏、森林等资源都遭到令人痛心的破坏;有的地方甚至进口"洋垃圾",等等这些现象令人深深担忧。

从经济和社会的角度说,这种非理性的模式不可能保障"可持续发展";从文化的角度说,我们需要认真反省我们的环境理念、环境价值观、环境生存方式。鉴于生态环境问题的严重性,许多学者批评这是"人类中心主义"价值观所致。为了克服人类中心主义带来的危害,许多学者针锋相对地提出了各种形式的非人类中心主义,或者鼓吹生态中心主义。这种主张,客观上也许有利于提醒人们保护环境,但是在理论上却是不可能成立的。当今全世界范围内出现的严重的环境问题,不能归结为两个"主义"之争,而是要检讨传统的环境价值观和自然生存方式,树立新的环境价值观和新的自然生存智慧。

自然环境对人类生存发展的价值,本来是多种多样的;人类的环境生存方式和生存智慧,从来是多方面的目的与手段、功能与意义相互调适的结果。人从周围的自然界得到的不只是功利价值,还包括审美价值、道德价值、宗教价值、文化价值等。可是,在市场经济与现代工业文明时代,环境仅仅剩下功利价值,其他价值几乎都从人们眼前消失了。对任何自然物,人们仅仅考虑:这东西值多少钱? 有什么用? 大自然在人们面前,只是资源、能源——只是可以开采的矿山、油田,只是可以用来盖楼房、建商场的地皮,只是可以用来开发和利用的森林资源、动植物资源等。这种文化理念和价值观借助科学技术手段和市场经济杠杆,成为人类"征服自然、改造自然、利用自然"的强大动力。地球上的资源是有限的,生态系统的平衡和稳定也是有条件的,如果不顾它们的限度,如此开发和利用自然,人类当然不可能持续地发展下去。

鉴于近代工业文明对环境造成的影响,人们普遍形成了保护环境、维护生态平衡、走可持续发展道路的意识。人们的生态环境意识大大增强,人们用以改善生态环境、实现人道价值与环境价值相统一的手段日益丰富。未来经济和生产将越来越重视人道价值、生态价值,并通过新型的器物文化来体现。

普遍地确立环境意识,使全民都有明确的观念:生态系统的平衡和稳定是有条件的,地球上的能源和资源是有限的,只有合理开发利用,把我们消耗的资源和能源限定在大自然容许的范围内,把我们制造出来的"熵"——各种污染和破坏——限定在大自然可修复调节的限度内,我们才可能持续地发展,我们的文明才可能延续下去。

为了能够做到这点,人类需要检讨自己的自然生存方式,需要确立全面的环境价值观,全面地看待环境的价值,全面地享有环境价值。环境除了对我们有经济价值、功利价值外,还有文化价值、审美价值、道德价值、宗教价值,等等。也就是说,我们需要把大自然当做审美对象欣赏,我们需要在大自然那里寄托某种善的、崇高的,甚至神圣的境界,需要通过不同的环境来陶冶我们的情操,提升我们的精神境界。环境如果仅仅对人显示某种片面的价值,例如功利价值、经济价值,这种价值再大,也反映出人的发展是片面的,人的人格和生存方式是不完善的。只有当环境向人展示全面的、无比丰富的价值内涵时,人才全面地拥有自己、实现自己。

在我们看来,迄今为止很多关于环境和生态问题的讨论,还没有触及更重要的环节,那就是:实现新的发展模式的现实性在哪里? 如何才能现实地改变人的环境生存方式和生存智慧? 如何才能让人们全面地恢复环境价值? 这些也就是生态文明的现实性和可行性问题。它的存在是我们不赞成简单地用"人类中心主义"和"非人类中心主义"两分法分析环境问题的原因。

在这里重温一下马克思的思想方法是有教益的。马克思认为,在人与物的关系的背后,实际上是人与人的关系。例如商品生产和交换,背后是人们之间的雇佣和被雇佣关系。人与自然的关系也是这样,它不是作为整体的人与作为整体的自然对立,而是通过人与人的关系体现出来的,离开了人们之间的社会结合方式,说人与自然的关系,是抽象的,没有现实性的。

当今人类面临的生态环境问题,与现代化本身有关,因为如果没有工业生产方式,人类就不可能有那么大的力量破坏自然环境;如果没有科学技术,人类也没有那么多开发利用自然资源的知识和方法;如果没有市场机制,人类把资源转化为利益的内驱力也没那么强大。所以生态危机与现代化(至少是迄今为止的现代化模式)有着本质的内在联系。但是,以上这些因素,都是通过人与人的关系实现的,只有在人和人的结合、交往、联系中,现代化的上述影响才是现实的。因此,对"人类中心主义"的反思,应该转化为对人与人关系的反思,对人们的社会结合、交往和联系方式的反思。例如如何实现社会的普遍公平,特别是限制少数人过度的奢华,保障穷人有起码的社会条件;如何使得自然资源成为全民的公共资源,而不是少数人赚钱的工具、"资本"等。只有把人与人的关系和人与自然的关系作为统一的整体看待,在相互联系和关系中解决具体问题,才能真正实现人与自然的和谐。

对于生态文明,我们需要从"文明"这个大的历史尺度加以辨析,并关注它对于不同国度、不同文化环境的意义。"生态文明"的概念是西方学者首先提出的,是针对单纯追求物质财富增长和物质享受的"现代性"

现象提出的一种"后现代"理想。西方社会的环境和生态问题,是过度商业化的产物,是消费主义、享乐主义流行的结果。中国社会的背景与西方有相似之处,也有不同之处,这是要特别注意的。中国环境问题之根源,有纯粹的市场因素、消费因素,还有公共权力的非理性使用的问题。即使是商业和市场经济中的问题,如工业排污、小煤窑泛滥、滥占耕地等,其深层根源仍与滥用公共权力有关,与权力本位的机制和体制相关。因此,中国的生态文明建设,既要考虑现代化、市场机制带来的一般性问题,更要研究我们面对的具体问题,有针对性地解决社会问题,即人和人之间的关系问题,而不是笼统地讲那些看似漂亮,实际上大而无当的空话、套话。

三、文化产业的兴起及其意义

1. 文化产业与国家软实力

当代中国经济的发展面临的一个重大转型是经济与知识的渗透,文化与产业的交融。可以说是经济(产业)的文化(知识)化和文化(知识)的经济(产业)化。与高科技和知识经济相伴随的是文化产业的兴起。

在最抽象的意义上,文化产业可以定义为:创造文化形式和内容的产业。这一定义源于人类学家,又被社会学和经济学家所改造和使用。在人类学家看来,人类的一切精神和物质的活动都具有传达社会意义的"符号"作用,而现代的社会学家和经济学家看到,现代社会的经济活动越来越趋向于"人文化",成为一种文化符号的生产和交换。基于上述认识,可以将文化产业界定为以下三个层次:

最狭义的概念指"文化创作业"。这个层次的"文化产业"包括文学艺术创作、音乐创作、摄影、舞蹈、工业设计与建筑设计,以及其他各种创造性的艺术活动领域。还包括文化艺术的生产和销售系统,如艺术场馆、博物馆、展览馆,艺术拍卖,以及各种形式的文化娱乐、演出、教育活动。在这个最狭义的规定上,文化产业是"离线"性质的。

扩展性的概念指"文化制作与传播业"。随着现代"记录"与"复制"

技术的进步，文化产品的"可重复生产性"和"可复制性"极大地发展起来，并发展为"文化工业"生产。文化产品是经过了四种媒体的发展，才逐步地实现其"文化产业"的性质。纸介质、磁介质、电子介质、光介质，这四种媒介将文化产品的生产、交换和消费的过程，用记录和传播的技术扩大开来，转化为工业过程，变为工业化生产活动。在这个概念下，文化产业可包括新闻出版业、广播业、影视业、音像业、网络业，等等。在"文化制作与传播业"出现以后，文化产业的手段与内容的区分显现出来。前述最狭义的文化产业，与"文化传播手段"相区别，成为生产"文化内容"的行业。大规模的制作与传播手段带动了大规模的文化消费活动，支持了大规模的文化创作，精神文化活动在人类历史上第一次具有了完整的经济活动形态。

最广义的概念的"文化产业"是指以文化意义为基础的产业。所有具有文化标记的产品，无论是传统的还是现代的，从服装到具有现代商标的一切产品的产业都包含在内。现代经济是"人文化"的经济，从产品设计到生产流程设计，从企业的战略管理到品牌形象管理，从对客户需求的全面的人文化服务到对企业团队精神的全面文化建设，无不充满了现代人文精神。传统的"人文科学"已经通过"人文设计"渗透了经济生活的各个角落，我们甚至已经找不到没有文化标记的产品，不借助文化影响的销售，不体验文化意义的消费。在这个意义上说，现代经济已经开始在总体上以"文化意义"为基础了，现代经济活动、社会活动与文化活动的界限已经不那么清楚了。采用这个定义的意义在于指出一个重大的发展趋势——知识经济所推动的全球化发展，已经进入"后工业时代"，非物质性的、符号的交换与消费，已经成为超越民族国家的典型的增长领域，文化竞争成为综合国力竞争的主要领域。

文化产业的概念实质上服务于国家"产业政策"的实施。提出"文化产业"概念，实质上意味着需要借助于国家政策的力量，支持一国的文化事业以超常方式发展与转型。

发达国家的经验表明，大众消费文化的兴起和流行是经济、社会发展的一个趋势,是一种"后现代"现象。与大众消费文化相适应的,是文化产业的兴盛,主要是音像、图书、影视、高档娱乐、工艺美术等行业作为产业兴盛起来。当今世界,文化产业逐渐成为许多国家重要的经济支柱。这里首先是美国。美国虽然历史短暂,文化资源并不丰富,但它的社会机制、经济活力,以及国民的文化创造力,使得美国文化产业在全球独领风骚。好莱坞大片、FOX 的电视新闻、MTV 频道的流行音乐、《时代》杂志封面、ESPN 的体育直播、广告形象和包装形式等,不仅给美国带来惊人的财富,而且把美国的文化理念和价值观推向全世界,以至于人们一谈到全球文化就想到美国文化,"文化帝国主义"主要指美国的文化霸权。另外,像韩国、印度这样的发展中国家,文化产业也很发达。我国文化产业产值最近几年虽然有了较大的提高,但总体上还处于较低的水平。据统计,2008 年文化产业增加值 7 600 亿元,较上年增长 18.5%,占国家 GDP 总数的 2.53%。但是,这对我们这样文化资源丰厚的大国来说,还远远不能令人满意。

2. 文化产品的价值实现

在过去的计划经济体制下,人们理所当然地相信,精神文化的事业,就是要靠政府拨款来维持,"赔钱"是正常的。随着商品经济大潮的到来,"文化走向市场"的呼声日益高涨,而且逐渐成为事实。但是关于精神文化及其产品是否应该,以及是否能够成为商品进入市场的问题,却存在着认识上的分歧。

围绕"文化与市场"的争论十分激烈,涉及了经济学与哲学两个"价值"范畴的关系。

一种观点认为:文化生产活动也是劳动,其产品是劳动产品,在商品经济条件下具有交换价值。因此文化和文化产品应该、而且能够大部分或全部进入市场,按照市场经济的规律来实现其价值;文化生产部门也必须走产业化的路子,才能在市场经济的条件下生存和发展。这种观点实际上把文化、文化产品和商品等同起来,只看到文化的经济价值。

另一种观点则认为：文化及其产品的价值不等于它的经济价值，或者说主要并不在于它的经济价值，而在于它的文化价值。所谓文化价值，归根到底就是对于人的全面发展所具有的意义，它不可能在商品流通领域之中，而只可能在商品流通领域之外实现。因此文化价值的实现决不能靠市场来解决，文化不应该、也不可能进入市场。

　　要正确看待这两种观点，实际上有两个理论问题需要弄清。一个是"文化价值"与"文化产品的价值"是两个不同的概念，不应混为一谈；另一个是实现文化价值的目的性，与实现目的的条件、过程之间，不应该分离和对立起来。弄清这两个问题，是深入理解和把握"文化市场化"的理论基础。

　　首先，如何理解"文化价值"与"文化产品的价值"两个概念，是一个关键。"文化价值"与"文化产品的价值"不是同一个层次的范畴，二者之间有所区别。"文化价值"即"在文化上的意义"，是指任何事物对于人和社会的文化生存与发展的意义，归根到底是对于人的全面发展所具有的意义。这里需要强调"任何事物"几个字的含义，就是说，不论什么东西，它对人和社会的文化生存与发展有什么意义，它就有什么样的文化价值。运用这一概念我们会看到，在现实生活中，创造文化上的价值固然是文化生产活动目的所在，但却不能反过来说只有专门的文化产品才能提供文化价值，因为其他社会产品、甚至自然现象也能提供一定的文化价值。譬如衣食住行中的每样物品中都可以体现一定的文化意蕴，大自然也可以成为审美文化的对象，等等。相反，"文化产品的价值"，则是指"文化产品"对于人和社会发展可能具有的意义，其意义可能在于在任何一个方面，并不仅仅指文化上的。譬如一本关于人生观的教科书，它的根本价值固然在于给人以人生的启迪，但编写和出版这本书的实际意义，并不限于它的人生思想和道德价值，同时还不可避免地包括它对于作者、出版和发行经营者、读者等的其他意义，也包括经济意义等在内。

　　可见，讨论文化及其产品的价值问题，不能割裂上述两种的价值关系。只强调单纯的文化价值或单纯的经济价值，都是片面的。计划经济时期的毛病,就在于只看到了文化产品的文化价值、社会价值,甚至只是意识形态价值,而忽视或者否认了它的劳动产品价值。

其次,要明确实现文化价值的目的性与实现的条件和过程之间的关系。区分"文化价值"与"文化产品的价值",并不意味着二者是截然对立、互相排斥的,而是为了找到使它们合理地统一和结合的方式。从理论上说,使二者结合、统一的最根本有效的方式,就是要正确地把握文化价值的目的性与实现它的条件、手段的关系——实现文化新产品的文化价值是目的,而通过进入市场实现其经济价值则是必要的手段和过程。文化事业所追求的目的,在于人和社会的文化、特别是精神文化的健康发展,文化价值是社会主义文化活动及其新产品的目的性价值;而文化产品的经济价值,则是在现阶段不能不借以实现目的的途径和手段之一。

一方面,我们不能只看到文化产品的经济价值或商品价值,却忽视了文化更深层、本质的方面,即文化本身非经济性的人文性质和人文精神。如果仅仅在单纯经济的意义上去强调文化生产的产业化和文化部门的企业化,就难以防止文化事业走上狭隘功利主义和"钱本位"的歧途。这将给我们带来"文化沙漠化"的后果。

但另一方面,如果因反对一种片面而走向另一种片面,认定文化价值与经济价值、文化的逻辑与市场的逻辑是彼此根本不相容的,文化发展可以而且应该脱离经济市场化的进程,完全由国家财政支持,同样也是不妥的,它有可能犯同样的错误,使文化事业走进死胡同。文化产品的商品化与文化价值的商品化不是一回事。文化价值是不能成为商品的,但文化产品却完全可以,而且需要成为商品。正如道德情操和艺术修养不能买卖,但道德研究著作和艺术作品却可以上市一样。既然在现阶段还不能完全取消文化产品的商品属性,那么实现它们的商品价值,也会成为实现其文化价值的必要手段和途径之一。所以我们原则上并不需要,也不应该拒绝和否定文化产品,特别是那些大众消费型的文化产品进入市场。相反,倒应该有目的地、主动地开辟和扩大健康的、丰富多彩的文化产品市场。

由是观之,问题的关键和实质,并不在于文化活动和文化产品是否应该和能够进入市场,而在于为了什么和怎样进入市场? 是以市场为手段,让它为实现文化价值的目的服务,还是把手段变成了目的,用文化产品的商品价值取代它的文化价值,让文化生产部门主要为了自己的生存而去追求利润? 这是在文化事业发展上进行价值选择的分水岭。如果确实是保持文化价值的目的性,即着眼于人和社会的全面健康发展、人的文化素质的不断提高,那么文化活动及其产品进入市场的方式和途径必然与其他商品不同。

文化产品可以或者说应该"市场化"到什么程度,其是非得失的标准和界限,应该掌握在"是否有利于保持文化价值的目的性地位"这一点上。其具体标准也应是:是否有利于保持和促进社会精神生产的能力不断增强、潜力充分发挥;是否有利于保证和促进文化产品的质量和结构不断优化;是否有利于优质文化产品的社会影响作用成为主导。如果能够充分把握住这样的"三个有利于"标准,我们就有保证在与市场经济相联系而不是分离的情况下,取得文化事业本身的繁荣发展,使全民族的文化素质不断提高。

文化产业发展,客观上要求文化体制改革,以便把文化创造的活力激发出来。目前我国文化体制首要的问题,是"双轨制"的困境:文化部门究竟是企业单位还是事业单位? 是从事意识形态宣传的国家机构还是以文化产业为内容的经营实体? 在这个问题没有理顺时,常常会遇到各种不合理的现象。

大量商业性的文化活动,如文艺演出,修建艺术宫、文化城,本应由经营者自主经营、自负盈亏,但不少地方政府却为了排场、虚荣,用纳税人的钱"埋单"。结果,某些人捞了一大把,老百姓却无端地掏腰包。这不但破坏了市场机制,还催生无数低劣的"文化产品"。

许多文化部门尤其是行政级别高、垄断性强的文化部门,既享受事业单位的优越条件,包括行政拨款、"铁饭碗",以及地位的特殊性带来的各种"无形资产",又能垄断经营,在市场竞争中处于明显优势。市场中潜藏着强大的保护落后、抵制公平竞争规则。

可见要适应文化进入市场的新情况,并保持文化的积极导向,就要特别注意两个方面的问题:

一是贯彻"百花齐放、百家争鸣"的根本方针,保护和改善文化生态条件。精神文化领域里,事实上也存在着一个隐形的、类似于经济市场的"市场"——各种产品(思想、观念等)也要在竞争中接受人民大众的选择,才能实现自己的价值。因此保持一个由群众和实践对文化检验取舍的健康环境,是保持文化繁荣发展的必要条件。任何简单、封闭的文化环境,如历史上的种种文化专制主义,无论是政治专制主义,还是金钱专制主义,都必然造成文化沙漠化。

二是处理好文化的消费和生产的关系。"生产决定消费","消费也决定生产",文化的生产和消费不可分割地联系着。如果分割对立,为了一个牺牲另一个,会造成文化的枯竭。在"左"的时期,仅仅搞"政治灌输",而不反思所灌输内容,人民的日常精神需要受到压抑,专业的文化研究和创作更是备受摧残,无论生产型文化还是消费型文化都不被尊重,导致了"文化沙漠化"景象。改革开放以来出现了一种"消费引导型"的文化发展形势,而生产型文化却由于准备不足未能适应这种形势。目前的主要问题,不是大众文化"雅"得不够,而是精英文化"雅"得不够:既缺乏深刻性和创造性,又缺乏普遍性和感召力。从防止文化沙漠化着眼,必须切实形成有利于基础性建设和精品生产的社会条件,并克服浮躁和急功近利倾向。

第十一章

"民主":制度文化现代化

一切制度都是一定范围内人们的权力结构和规则体系。与国家的社会性质相联系,我国制度文化的现代化必然有一个总体的目标和方向,建设全体公民有效和有序地实现自己权力和责任的结构与规则系统。这意味着,充分实现社会主义的新型民主,将成为我国未来制度文化的总体面貌和核心标志。

中国有几千年的官僚政治。从历史之悠久、体系之完备、影响之深远等角度说,这种制度的发达程度在世界上是不多见的。这是我们当前制度文化建设的背景条件;而近代西方资本主义入侵以后,我国又开始学习西方,试图引进先进的政治和法律制度;经过探索和斗争,我们还一度选择了苏联模式,建立了通常称为"计划体制"的制度文化。这是我们当前制度化建设的基础条件。我国当前制度文化的建设,是在上述背景和基础下的一种超越。

一、人权:以人为本的核心

建设现代制度文明,一个重要的思想前提是吸收、改造和普及人权观念。

"人权"观念起源于西方,是针对基督教教会和封建王权的专制主义提出的,在五四时期被介绍到中国。当时新文化运动的主要人物陈独秀等人,呼吁"科学与人权并重",力主用西方的科学与人权观念改造中国文化,创建新文化。但是,由于中国社会动荡、历史包袱沉重等原因,新文化运动的这些观念并没有对社会产生实际的影响。相反在过去一个时期,我国许多人往往把人权观念斥之为资产阶级的,而资产阶级的也就是抽象的和虚伪的,甚至是反动的。直到最近些年,由于民主和法制建设的需要,人们才重提这个话题。

人权观念的基本内涵可以归结为两点:尊重人的价值、尊严和基本权利;公共权力属于每个公民,人人平等。西方启蒙思想家一般都把人权与契约理论联系起来,认为权力本来是每个人自己的,但在公共生活领域,不可能每个人各自行使自己的权力,这样人们就把自身的这部分权力让渡出来,委托一个公共机构来行使。由于有这样的理论背景,西方谈人权时往往注重这些"被让渡"的权力的维护和监督。我国对人权理解的经历,则凸显出一种从抽象上升到具体的过程。

人们曾一度把人权观念与西方资本主义意识形态混同起来,认为它是一个空洞、抽象、虚伪的概念,不符合社会主义原则。但我国实践中表现出来的沉重宗法封建主义的陈腐势力,使人们理解了人权观念的合理性和先进性。不仅认识到人权观念在历史上针对教会和王权专制主义所具有的革命意义,而且也产生了以维护人权为核心,构建比较完备的社会主义政治文明和法律体系的迫切需要。

事实上,人类文明中的一切价值理想,都从来没有完全地被实现过。但它们是一层境界,以这层境界为目标,我们方能抵抗堕落,提升生活的层次与品位;它们代表了文明进步的方向,只有沿这个方向人类才能日益远离野蛮,走向更加文明;它们是一颗颗种子,会发芽、长大,会使现实中的野蛮成分更少,文明成分更多。如果因为西方很多时候没有保障所有人的人权,所以就认为这种人权观念是骗人的,进而就要拒斥人权观念,那么按照这套逻辑,我们将走向拒绝人类一切进步的文明成果的境地。正是由于认识到了这一点,当前中国的制度建设,不是拒斥人权观念,而是吸收人权观。当然,引进吸收人权观念,也要与中国国情结合,加以吸收改造。例如提出"以人为本",就是要以公平正义为原则,建立肯定人的权利的价值体系。

二、民主：制度文明的实质

人权理念的制度化体现，首先是民主。民主是关于公共权力发生的原理，即"主权在民"。就我国社会主义政治制度的宗旨来说，公共权力的来源和根据在于全体公民、全国人民。国家机关及其公职人员只有确实代表全体公民的利益和愿望，只有确实地"为人民服务"，做社会的"公仆"，其权力才具有合法性。

在世界上，"民主"的涵义大体有两层：一是在国家政治的意义上，民主就是"人民当家做主"的政治原则和制度特征；二是在其他不同的场合，民主则是"多数人决定"的过程和程序。综合起来看，民主是在社会共同体或群体内部，人们之间平等结合，享有共同的权利和义务，并就公共性的价值选择作出决策和评议的社会生活方式。一般说来，民主是在社会共同体或群体内部人们之间，平等地进行共同性价值的选择、决策和评议的方式，是与专制相区别的一种方式。这意味着，民主是有前提的，它的适用范围总是有所限定的。"民主"并不神秘，因此也不需要迷信。

具体地说，民主的适用范围，有两个主要的界限：

一是民主的主体性界定：谁有权或者有必要参与民主？因为民主是在一定人群的内部，在决定大家共同的事情（而不是每个人的私事）时表现出来的，所以它是这个群体中每一个人的权力和责任。不在这个群体之中的人，则不是这一民主的主体。比如全体中国人是中国民主的主体，而美国人则不是；企业的全体职工是企业经济民主的主体，而企业外的人则不是。这一特点，就是"民主的主体性"。民主的主体性亦即"它是谁的民主"。是谁的民主，必然就反映谁的历史地位、生活方式和社会利益，体现谁的意志和要求，具有谁的特征。我们以往强调的民主的历史性、时代性、阶级性等，实质就是这种主体性。当然，这里说的"谁"，不是指少数个人，少数个人专权的统治是民主的对立面——专制。

二是民主的对象性界定：民主能够用来做什么、决定什么，不能用来做什么、决定什么？对这一点人们往往不够注意，因此也发生许多不应有的误解。事实上,民主只是在事关价值(判断和选择)的问题上,才是适用的。比如选举、评议人和事、通过立法、审议计划方案等,都是具体的价值判断和选择。在这里实行民主,可以保证作出多数当事人认可(即使不是最好、至少也不是最糟)的决定,得到大家的支持,事情就能办起来。而对于非关价值的问题,如在科学知识、事实真假等问题上,就无所谓多数少数、民主不民主,只有事实和真理说了算。所以,"多数人决定"从来不能改变客观事实,也不能决定科学真理,因为它们与民主的对象是两回事。

上述两点是相互联系的,它们具体地表现在民主的三项基本原则上。这著名的"民主三原则"主要内容是:

(1)多数人决定——这是民主的主要表现,没有这一条就不成其为民主;

(2)保护少数——因为少数人也有权力,而且多数人不一定永远正确;

(3)程序化原则——人人遵守共同制定的规则、程序,这是使民主从形式上走向科学化、法制化的表现。

这三项原则动态地结合在一起才能实现民主。它们对于各种层次的民主来说,具有普遍性。这三项原则表明,人类文化和文明的发展,为民主的发展积累了丰富的思想资源,也积累了无数正反两方面的经验。

民主的思想基础之一,是关于人民平等的基本权力的观念。文明的发展,使得人类的主体意识普遍觉醒,人民用自己的力量来支配自己的命运,用自己的理性支配自己的权力,于是,他们不需要庇护,而是独立地和自由地运用自己的理性能力、拥有自己的主体人格、行使自己的基本权力,这样就产生了民主。民主说明一个社会从主人与奴隶、救世者与被救者等二分法的愚昧状态中解放出来,从一部分人把另一部分人当做奴役对象的这样一种野蛮的状态下解放出来,人们获得了平等的权力。因为民主其实基于这样一个很简单的道理:个人的事个人做主,大家的事大家做主。

马克思主义对自由、平等、民主和人权有着更深刻的理解。因为马克思主义把人的本质看做是社会关系的总和,认为人与人的相互关系,是随着人类生产力的发展而发展的,人类的历史是一个不断地从必然王国向自由王国发展的历史。按照马克思的分析,早期的人类由于生产力的发展程度低下,曾处于对自然物的直接依附状态,人的独立和平等处于原始的低级水平上;实现工业化革命以来,转变为以物的依附性为基础的人的独立状态,人与人开始走向相对独立和彼此平等,但仍然摆脱不了对物(商品经济和物质关系)的依附,并且受到它的限制;只有将来发展到自由个性阶段,未来的社会"以每个人的自由而全面的发展为其原则",即成为"自由人的联合体"时,人类才得到彻底的解放和真正的自由。因此马克思主义把实现共产主义与实现人类的解放、自由、平等和公正统一起来,确立为自己的理想和事业,并把实现无产阶级和劳动人民的翻身解放,建立起社会主义人民民主专政的制度,看做是走向这一光明前途的真正开端。马克思主义的理论是我们理解和实践民主的科学思想基础。

归根到底,民主是具体的、历史的,不是抽象的。民主的主要特征是"民众主权"和"大多数人统治"。但所谓"民众"和"大多数人"也是具体的"谁"和"谁们"。就是说,在不同的时代和不同的社会里,"大多数"也往往只是一部分执有主权的人们之中的大多数,而不是社会全体人口的大多数。迄今为止的社会民主和政治民主,都还没有超出阶级的民主、集体内部的民主、种族的民主(在种族隔离和种族歧视的情况下)等特定范围的民主模式。资本主义社会仍然是"以物的依赖性为基础的人的独立性社会",由于人们在资本主义经济关系中的地位不一样,他们实际享有的民主权力并不一样。

社会主义是由阶级社会向无阶级社会的过渡,是由"以物的依赖性为基础的人的独立性阶段"向"自由全面发展"阶段的过渡,因此,相对于以往的民主,社会主义民主的主体范围应该更广,公民行使权力的方式应更加直接,我们的民主应有最广泛的人民性。在没有了阶级的未来社会,无论作为政治形式的民主是否还存在,民主化的组织方式和民主化的决策程序应该仍然存在,并且那样的民主才可能更普遍、更广泛。

实现社会主义民主的主体充分"到位"或"就位",概括起来,主要标志不外三个方面:一是人民群众充分享有民主的权力;二是人民群众真正承担起民主主体的责任;三是作为前两者的基础,人民群众不断提高自己相应的主体素质和能力。在已经建立起来的基础上,关键就在于:如何通过各种各样的具体形式,使上述三点在各个领域、各个环节上进一步充分体现出来,并得以健全和巩固。在这方面,我们过去有不少经验需要总结,也有一些失误和教训需要反思。

例如在观念上,究竟如何理解民主与人民群众的关系? 人民是主体还是对象? 过去一再争论的"民主是目的还是手段"问题的实质,则在于究竟谁是民主的主体。如果对于民主是"谁的目的""谁的手段"这一点自觉而明确,那么上述问题的答案其实不难得到:在任何制度下,政治民主都具有一定的手段性,这是不成问题的,问题往往在于它是谁的手段,是少数人的,还是大家共同的? 社会主义民主不同于以往的任何民主之处,恰恰在于它的主体是人民群众,无论作为目的还是手段,民主都是由人民掌握、为了人民自己的。所以对于人民的国家来说,民主既是目的——是国家政权建设的目的,又是手段——是人民自己管理自己的手段。这里的关键是,不能仅仅把人民群众看做是民主的对象,不应该是什么人"对人民实施民主"或"给人民多少民主",而应该是由人民自己来组织和实施,才能体现人民自己"当家做主"。承认和体现人民群众的这种主体身份,才是社会主义民主的本质。

又如民主制度的层次问题。在我国党和政府的组织原则中,规定了"民主集中制"是一项重要的原则。必须明确的是,实行"民主基础上的集中,集中指导下的民主"这一民主集中制的原则,是党和国家行政系统的组织原则、工作的规则与程序。在本质上,它是实现民主的必要形式和手段,也就是说,这个意义上的"民主"和"集中",都是民主的形式和环节。民主集中制是通过这两种形式、两个环节的辩证统一来有效、有序地保障民主的顺利实现,而不是包括了社会主义民主全部内容和精神的唯一体现,更不是宪法所规定的社会主义民主原则本身。社会主义民主的全部内容和精神实质,是通过整个社会主义的制度、原则,特别是以宪法为首的全套法律体系体现的。有些文章把民主集中制当做国家的根本原则和组织方式,这是极大的误解。如果不加以澄清,就可能偏离方向,造成极大的思想混乱。

再如主体权力和责任的统一问题。权力和责任不能分离,否则就不会有健康的民主意识,也不可能建立和完善真正的民主。所以,实现主体权力和责任的统一,是健全民主意识和民主体制的题中应有之义。"文革"时期那种"大民主",形式上似乎要把权力最大限度地交给人民群众,其实却是让某些权力可以不受约束地滥用。从人民民主这个角度讲,防止群众权力的滥用与失去合理性,要依靠道德和法制,即用社会规范来自我约束,同时也不能忽视主体的民主责任问题。一般说来,对于"权力"的最有效的制约,应该来自"责任"。特别是对于最高(包括人民群众的)权力来说,没有别的比它更大的社会权力能够检验和制约它,那么,归根到底就只有客观实际,即实践的效果才能检验和制约之。主体的责任意识,也就是要对自己行使权力的后果充分负责,尽可能预见并防止不良后果的意识。没有这种意识而侈谈"发扬民主",结果往往给不负责任的任意越轨行为提供了机会。

人民的主体权力与责任之间发生分离,是影响社会主义民主"主体到位",进而阻碍社会主义民主充分形成和发展的一个重要原因。公共管理现代化的根本条件,是公民有充分的参与管理的机会,能对公共事务产生切实的影响和作用。公民有切实的参政议政的权利,有切实的对本单位、本社区、本行业等的管理权、批评权、罢免权,有切实的选举权与被选举权,有知晓国内外事件真相的权利,等等。一句话,有当家做主的权利。这种权力不是空头支票,而是实在的东西。在长期计划体制下,由于权力的过度集中,决策和执行过程不公开,大多数人民群众的知情权得不到保证,因此难以行使必要的参与权和决定权,更无法实行监督权,不能对错误的政策和决策提出否定意见。相反,对于当时决策的每一个重大错误,人民群众都承担了其责任,饱尝了苦果。这种权力与责任分离的另一方面后果,则是为官僚主义和领导干部腐败的滋生提供了土壤。直到今天,它仍是一个十分严重的问题,已成为现代化事业的极大危害。可见,在民主建设问题上,实现各层次主体权力与责任之间的高度"统一""到位",是一个实质性的环节。

影响社会主义民主"主体到位"的另一个重要原因,则是群众作为主体的素质问题。有人认为,我国社会民众的民主素质差、参与民主的能力和习惯有差距、民主管理的经验不足。他们因此认为中国尚不适宜搞民主,这是个似是而非的观点。第一,我国公民素质真的差吗? 有谁认真做过调查研究和国际比较研究? 这样的判断往往是想当然,没有事实根据。第二,中国人的确不习惯守规矩,这无疑对民主建设不利。"一抓就死,一放就乱",这种思维和行为习惯,毋宁说是缺乏民主的结果,而不是缓行民主的原因。在现实社会中,正常秩序没保障,公平规则被破坏,在这样的条件下,人们难免会去寻求非正常的途径。第三,公民的民主素质是在实施民主的过程中养成的。正因为社会主义民主是一种新型的民主,才会有"缺少经验、准备不足"的问题;正因为社会主义民主是必须且只能由最广大的人民群众来实现的,所以才对群众的民主素质、主体能力和水平的提高,有着直接的依赖和迫切要求。否则社会主义民主建设岂不是可以坐享其成? 可见,即便"素质低、能力差、传统弱"是事实,那么这也不是"社会主义民主可以缓行"的理由,而恰恰是要加强民主锻炼、提高民主能力、培养社会主义新型民主传统的理由——"在游泳中才能学会游泳"。

前面说过,民主实际上就是"自己的事自己做主,大家的事大家做主"。这也是公共生活和公共事务管理的前提。参与公共管理是每个人不可剥夺的权力。我国的公共管理体系现代化,一个基本的前提就是广开门路,创造更多的机会和可能使广大民众参与公共事务管理。公民参与社会公益活动和公共管理的能力、积极维护国家利益和国家安全的习惯,是在长期的实践中养成的,是在长期的实践中提高、改善的。一旦人们的积极性和主动性真正得到发挥,人们的建设性意见在社会中能产生现实的效果,人民就会以极大的热情参与公共管理、公益事业,就会在公共交往中以主人翁的姿态出现,就会为社会的建设作出更大的贡献。

三、法治:人民民主的必需

在中国社会制度向现代文明发展的过程中,民主和法治不可分割,"民主政治"与"法治国家"是统一的目标。概言之,法治是民主的规范化、制度化形态。

"法治"的本意是"法的统治"(rule of law),而不是"使用法律手段进行统治"(rule by law)。就是说,"法治"意味着唯有法才享有最高的政治权力和权威,任何个人和团体都不得超越其上,特别是执政者、治理者的管理行为,必须处处以法律为根据,才能够合法而有效。简言之,法是"依"法治国的"根据",而非"以"法治国的"工具"。

"法制"则不同。法制是指在任何社会都可以建立的制度化法律法规体系。法制可以在人治体系下建立,属于人治的体系,也可以在法治体系中建立,属于法治的内容。作为"法治"体系内的组成部分时,"法制"是法治所要实现的一套制度体系,"法治"则是它的全面建设、实施和兑现。这是一种理想的状况。历史的事实往往是,法制并不意味着法实际上具有至高无上的权威,更不意味着法与民主有不可分割的必然联系;相反,它有时却意味着法仅仅是当政者手里的一个治理工具而已。在我国历史上,一度出现过的"法家政治",它有"法制"而不是"法治";现实生活中,也出现过某些人打着"法"的旗号"制"老百姓的现象。这表明,仅仅讲"法制",有可能使"法律制度"成为当权者限制无权者的工具,这样的"法制"实际上是"人治",与法治精神背道而驰。

中国需要"法治"而不仅仅是"法制",实质是说,法制建设应该在"法治"精神支配下进行,"法制"要作为法治精神、法治文化的制度化体现,而不仅仅是为统治者所掌握的工具。也就是说,这里要着重强调的是"法治"与"人治"的根本区别。

— 213 —

改革开放以来,我国的法治建设取得了很大成绩。例如,法律制度更加完备,法律法规相继出台,全民普法教育深入开展,越来越多的人懂得用法律武器维护自身权益,中共十八也提出党和国家管理人员要学会运用法治思维和法治方法,等等。但是,从文化心理和社会传统看,我国在历史上是一个缺少民主和法制传统的社会。人们的思想观念、心理习惯、行为方式当中,至今还有许多旧的传统烙印,妨碍着法治建设的深入。例如,由于受"重礼轻法"封建文化的影响,人们还多少有一点根深蒂固的观念,认为法和法制的职能只是惩治坏人,多半与自己的正常生活无关,因此不懂得用法来保障自己的正当权益。许多老百姓一提到法,往往想到的就是犯法、拘押、审讯、坐牢、"被警察管教",等等,产生某种恐惧。与这一点相联系的,则是许多司法部门的工作人员多有"衙门"作风,缺少"服务"意识,对执法对象态度简单生硬,甚至严刑逼供,对法律本身也不尊重,将其视为己物,执法犯法。这两种情况相互叠加,就严重地歪曲了我国法制的性质,损害了法律的形象。由于受传统"人治主义"和"人情主义"的影响,"权大于法""人情高于国法"的意识还有相当的市场。在执法过程中"认人不认理,服权不服法"的现象严重。这种条件,使得行政权力(长官)、经济利益(金钱)、私人关系(人情)等纷纷介入司法程序,导致"有法不依,执法不严"的现象大量出现,难以杜绝。这是对法治建设的极大挑战和威胁。这表明,在很长时期里,充分解决"法律面前人人平等"、执法公正的问题,以进一步确立并强化法律的独立性和尊严,将是我国法治建设的一个关键。

总之从目前情况看来,"将法治人治化"是我国走向法治进程中随时都会面临的危险。"法治人治化"的具体表现,主要有将法治形式化、手段化、部门化三种危险。

单纯的"形式化",就是将法当做一个孤立的对象,只看见法律的形式,看不见法律的实质,只从形式上看法律体系的特殊性,不从内容上看法治精神的普遍性。以为法治就是法律条文、司法机构、司法程序和执法手段的自我完备,就法论法,不能将其与人和社会的全面生活相联系,结果势必将法治建设当成一件纯粹形式化、事务化、技术化的过程。例如：把实施法治与以人为本对立起来，其实是没有理解法治正是充分保障人民群众正当权益的根本条件；把实现依法治国与坚持人民当家做主对立起来，其实是没有把实行法治看做是我国实现人民民主的根本方式；把依法治国与党的领导对立起来，其实是没有理解执政党坚持依法执政，正是她的先进性和合法性的基础所在，等等。

在各种将法治单纯形式化的观念中，后果最严重的莫过于将法律与道德相割裂、相对立的思路了。其实，法律与道德都属于社会的价值规范体系，它们都起源于人的生存发展所依赖、所需要的社会关系、社会秩序。对于同一社会主体，相应的法律和道德之间虽然表现出层次性、功能性等形式上的差别，本质上却总是相通和一致的。正因为如此，本文前面说，我们的"法治文化"应该而且必须包括道德，这是一种法律与道德良性互动、融为一体的现代文化。当人们仅仅看到法律与道德之间某种形式上的差别，或者脱离了现实而将某种抽象的道德当做唯一道德模式的时候，就会忽视法律与道德之间的内在关联，将它们的关系看做是外部对立的。当有人以为法治无关道德，或以为法治化就是普遍诉讼化、天天打官司，因而表示忧虑，并提出要以"德治"补充法治的时候，他们不知道，这实际是在误解的前提下否定了法治，并退回到人治上去了。因为道德与德治是两回事，"德治"从来都只是人治的口号。在法治下重视道德建设，并不等于实行德治。在我国传统文化的背景下，一再出现对"法治"与"德治"理解的这类混乱和纠缠，总有抹不去的道德主义情结，恰恰表明如何处理法与道德、法治与德治的关系，已经成为法治建设的一个重大难题，值得深入研究。

单纯的"手段化"，就是将法律只当做是治理的工具或手段，将法治仅仅理解为治国者运用这些手段的一种方法或策略，却忽视了法的主体性、公共性和权威性的前提和基础。法律当然具有社会治理工具或手段的功能，这是不争的事实。但它究竟是谁的工具和手段，是少数管理者的还是全体人民的？这一点正是人治与法治的分界点所在。

下篇 文化建设论

将法治单纯手段化的实质，是脱离了人民群众的主体地位，将法治当做了管理者的特权，而将广大人民群众仅仅当做了治理对象。这就势必将法治的功能片面化、单向化，只强调其"治国""治民"的一面，而忽视其"治政""治官"的更重要的一面。在这种意识下，至今仍有不少人分不清"依法治国"和"以法治国"的区别，虽然有时说的是"依法"，但是实际要的还是仅仅以法律为手段去管别人。有的地方干部甚至认为"实行法治，就是要依法治刁民"。这显然是对法治的无知。而在"依法治国与以德治国相结合"中，若不是将其中"依法"降低到"以法"的层次来理解，这个提法就会成为一个逻辑上不对应、难以成立的命题。因为只有在人治的条件下，"法治"（实即古代的刑治）与"德治"才能同时作为"帝王之具"，即统治者的左右两手，达成自然而合理的"结合"，否则这种结合就无从谈起。然而许多人觉得这个提法合情合理，就是因为还没有看到，"依法"与"以法"之间的一字之差，意味着法究竟是治国的"根据"还是"工具"，亦即贯彻法治还是人治的本质差别。只有当人们把"法"和"德"都当做是工具时，二者的这种"结合"才是自然而然、顺理成章的，然而这恰恰是人治的习惯性思路。

单纯的"部门化"，就是将实现法治仅仅看做是司法部门或司法系统的职责，将法治理念仅仅当做是司法系统应有的理念，有意无意将立法、执法、知法、守法的各个环节机械分开，使法治无法作为一个完整的精神实质和文化体系得到确立。

诚然，实行法治意味着对司法工作队伍提出了更高的要求。从事这一特殊领域的事业，需要立法和执法人员有高度的文明素养、庄严的使命感、自觉的敬业和献身精神，才能忠诚地代表法律和人民的利益，唯一地为着人类的真理和正义行使手中的权力，称职地承担起自己的责任。但这并不是法治文化的全部。在现实中，法治不等于"法院政治"或"法官统治"，"法治文化"当然也不能归结为"治安文化""诉讼文化""刑罚文化"。

单纯将法治部门化的实质，仍然与前两条有关，其实是将法治单纯形式化和手段化,忽视了法治精神的必然结果。法治精神是一种无私无畏、实事求是、科学严谨的精神。没有普遍的法治精神贯彻于社会生活的各个领域和各个层面,那么就至多只可能产生一些部门性的、低级层次的文化现象,而且难以避免司法系统的人治化和司法腐败现象的发生。这样不仅不利于形成全社会和谐统一的法治文化,而且更不利于和谐社会的构建。

鉴于上述危险的存在,中国的政治文明建设必须完成从"以法治国"向"依法治国"的转变,建设现代意义上的法治文化。

第十二章

"文明":精神文化现代化

文化、文明并不仅仅在于精神。但是,精神文明却是一切文化文明最美丽、最绚烂的花朵,是文化、文明的灵魂所在。我国精神文化的现代化,必须融汇人类现代文明的优秀成果,又以具有中华民族创新精神的思想体系作为支柱,建设中华民族共有的精神家园。

一、价值观念的变革与重建

由"知、情、意"所构成的精神文化领域,具有无限多样化的形式,其内容则可以大体概括为"知识技能系统"和"价值观念系统"两大方面。我国精神文化的现代化,不仅表现为中华民族科学文化知识水平的普遍提高,还在于一套新的中国特色社会主义价值观念体系的形成和发展。

1. 变革中的价值观念

所谓价值观念,就是人们基于生存发展的需要,在生活实践中形成的关于基本价值的信念、信仰、理想的综合体系。价值观念一旦形成,就渗入到人们的一切价值活动之中,是人们进行价值评价、选择、创造的导向和依据,是决策的思想动机和出发点之所在。

任何时代的价值观念,作为社会意识系统的有机组成部分,总是建构在一定的社会经济基础之上的;而作为文化系统的深层结构,又有着一定的文化延续性。因此,考察社会价值观念的变革,既要从现实的角度探究社会结构特别是经济结构对它的制约与影响,又要从文化传统的延续中,把握其历史演变的特点和趋势。

从计划经济向市场经济转变是一场深刻的革命。这一经济基础领域的自我转变，是在社会主义根本价值观念指导下的选择，会促进我们的价值观念从传统走向现代化。因此，在与经济转型相联系的文化转型过程中，价值观念的冲突与变革必然成为焦点。我们看到，30年来中国社会价值观念的变化，主要呈现以下几点深层特征：

（1）人们的价值主体意识普遍觉醒，社会呈现从单一主体向多元主体转变的趋势。

不同的社会、群体和个人都有自己的一定价值观念。其中主体意识或主体观念是价值观念的核心。社会主义的主体观念，是社会主义价值观念体系的中心。因为从根本上说，社会主义是以广大劳动人民为主体的社会制度，人民群众的"主人翁"意识和国家各级公务人员的"公仆"意识，应是构成正确的社会主义主体观念的两个主要方面。

但是这种主体观念在现实中落实和体现得并不理想。在计划经济体制下，国家这个整体的、最高的主体，同时也几乎是唯一的主体，主要通过自上而下的单向行政控制来强化自己的作用，而基层集体主体和群众个人主体的权力与责任在一些方面并不到位，事实上存在着整体与局部、领导与群众、上级与下级之间责、权、利结构不合理、不健全的情况。这种情况反映到人们的思想上，则表现为主体意识的不健全。一方面，"公仆"总觉得自己代表人民，是"为民做主"者，只要对上级负责，就是对人民负责了，因此"公仆"二字往往更多地联系着特殊的权力和待遇等，而相应的服务意识、接受监督意识和权力约束感则不够强烈，在这种情况下，"公仆"二字往往具有了相反的意味；另一方面，"主人"对自己的全部权力和责任缺少完整具体的实际体会，反而形成了某种依赖性强的脆弱心理，要么实际上不觉得自己是主人，要么以为"主人"二字仅仅意味着有权享受保障，而无须承担风险，人们把这种情况形象地叫做"主人空"。

市场经济是一种多元主体经济，它以经济活动的主体、价值主体的多层次、多样化、多元化为前提。只有作为生产和经营者的个人、企业法人成为自己活动的真正主体的时候,才能充分调动其生产经营的积极性,才会有竞争、才会有效率、才会有市场资源的合理配置,从而才会有市场经济本身。改革开放后,多种所有制形式的并存,实际上确认了不同所有制主体,包括国家所有制主体、集体所有制主体和个体所有制主体等多元化的主体存在,强化了其主体地位与主体意识。随着改革的进一步深入,全民所有制单位所有权和经营权的分离,特别是承包制、股份制等的实施,也不同程度地强化了人们的主体地位与主体意识。在市场中,国家仍是最高形态的主体,但它不再是唯一的主体,不再通过下达指令性计划来严格控制一切企业,而主要通过宏观调控积极地保护、干预和引导市场;企业不能再吃国家的大锅饭,工人也要扔掉铁饭碗,而去独立自主地负责生产与经营,追求最高经济效益。价值主体的责任和权力不断明晰且规范化,人们自己向自己负责的意识不断增强。在市场中,人人都必须"用自己的眼睛"寻求生存与发展,满足其需要,实现其价值。同时,"左倾"思想的清除与解放思想的号召和措施,以及创造性的改革实践,又使人们不断冲破观念上、思想上的束缚,使主体性得以高扬。因此,改革开放、从计划经济走向市场经济,必然不断唤醒、强化不同价值主体的意识,使社会整体呈现主体多元化的格局。

国家、每个集体和独立经营的个人都成为一定责任、权力、利益的主体,彼此之间将不再是单一的自上而下的控制关系,而是双向或多向的相互关系。与之相联系,必然产生关于"公仆"和"主人"的新观念。集体和群众的个体主体意识大大增强,同时也就使他们对国家公仆的监督和选择观念得到强化,从而更切实地感受自己的主人地位,这是观念变化的主流。同时,多元化也必然带来新的问题。过去那种不健全的、脆弱的主体意识由于经受不起冲击,则可能演化成各种失落和失控状态,造成思想混乱和风气败坏,严重削弱甚至瓦解社会的凝聚力。例如,由于破除"三铁"(铁饭碗、铁工资、铁交椅)而产生强烈的失落感,"化公为私"现象泛滥,"公仆"在金钱和享乐的引诱下走向腐败,等等。

多元化意味着差异和冲突。因此,如何处理好多元化与统一性的关系,在多元化的现实基础上形成新的整体性,显然是经济转型过程中提出的、具有很大冲击力的文化建设课题。我国既不能简单地回到过去,重新拾起计划体制下那种单一式的统一,也不能放任多元化造成无政府状态来瓦解社会。那么新的观念只能是:在承认和引导多元主体充分发展的基础上,通过加强经济上的客观联系,通过社会主义民主和法制的健全化,通过弘扬爱国主义和民族精神,造就一种赋有新的时代特征的全民族主体意识,这在未来价值观念的建设中具有决定意义。

（2）人们的价值取向从单一化走向多样化,从虚幻走向务实。

"主体多元化"只能是从社会整体的角度看到的情况,不是也不可能是每个主体自身的情况。就每个主体自身而言,其变化的趋势则是价值取向的多维化、多向化、立体化。

与计划经济体制下高度集中的管理与行政导向相一致,过去的社会价值取向呈现单一的高度政治化特征。一次又一次的政治运动,一场又一场把每个人都卷入其中的"灵魂深处的革命",让人们对"政治"产生了虚幻的神秘感,以为它是生活中左右一切命运的唯一力量,从而对政治抱有不切实际的迷信或恐惧。久而久之,整个社会的价值取向便愈来愈整齐划一、愈来愈单调、愈来愈违背人们自己的本性,从而也成为社会不稳定的一个根源。

改革开放以来,随着主体意识的觉醒和价值重心的转移,各层次主体的利益与需要普遍而多层次地凸显出来,使人们的价值取向日益多样化,生活显现出它丰富多彩的本性。人们不再以政治为唯一的目标,而是将政治与经济、文化乃至个人的日常生活等彼此参照起来,看做是一个相互区别又相互联系的多维整体。而人们自己,则完全可以从不同的角度去观察和对待自己的生活,不必人人都非得"修齐治平"不可;不同的角色可以有不同的理解和选择,从政言政、在商言商,球迷也可以通过对体育事业的关注追求强国之梦;即使是同一个人,也可以,而且日益需要出入于各种不同的社会角色之间,进行多方面的考量,在朝言政、在家言情,在朋友之间饱览人生百态、纵论天下是非曲直……人们的价值取向随自己的条件、信念与选择日益呈现出多向化、多维化、多层次、立体化的面貌。

在主体多元化的前提下,每一个作为主体的个人或群体,其价值取向也进一步走向多维化、多向化、立体化,这不仅是历史的必然趋势,而且是十分有益的社会进步。它使人们回到自身的社会存在,重新发现自己的社会角色、权利和义务,重新发现生活的丰富性和复杂性,使人们的生活变得更加真实,更加合理和充实。随着社会主义市场经济的建设,自立自强意识、社会公正意识、效率观念、竞争观念等,不断为人们所认同与推崇。而过去推崇的平均主义观念、轻商耻利观念、"穷光荣"观念等,则不断受到强烈冲击,逐渐为人们抛弃。相较过去那种单一政治化的紧张状态,这显然更有利于社会的和谐稳定和繁荣发展。

社会价值取向的多元化、多维化所带来的新问题、新挑战,是如何处理好多种价值取向之间的取舍、平衡和协调。不同主体之间、新旧传统之间的价值观念冲突不可避免,因而迷惘与困惑、怀疑与失落、混乱与冲突在现阶段也不可避免。对于国家、社会和健全的个人来说,选择的导向问题至关重要。必须以国家和社会的可持续的全面发展,以"每个人的自由全面发展"为原则导向,在实践中探索其中的规律和具体经验,以创造出建设中国特色社会主义的一整套文化体系,来实现这一巨大的历史转变。

(3)社会理想系统的自我审视和重新确立。

人们的社会理想,是人们对一定社会关系、社会结构、社会运行方式、生活方式的向往和追求。那么,社会主义究竟意味着一种什么样的社会结构和秩序、什么样的人际关系及生活方式?过去在这一点上确实存在着不少含混观念。例如,有人认为没有新型的公平就没有真正的社会主义。但以往对社会主义公平的理解和贯彻中,不少人习惯的是"截长续短,劫富济贫"的方式,而不大习惯"公平竞争,各得其所"的方式。有人甚至正式把这一方式加以理论化,说"资本主义的原则是'损不足以补有余',社会主义的原则是'损有余以补不足'"。然而实际上,所谓通过"损有余补不足"来实现公平的观念最初来自古代社会小农的平均主义幻想,它从来不是马克思主义的主张。无产阶级革命是"剥夺剥夺者",并不是什么"损有余补不足"。再将这一"损补"（即剥夺）方式用于理解社会主义公平的途径，则无异于把人民内部以劳动为基础的先富与后富、较富与较贫的差别，与旧社会中的剥削占有关系混为一谈。这种仍未摆脱"以阶级斗争为纲"的思想方式，与过去曾有过的"一平二调""刮共产风"的思想方法如出一辙。按照这种思想方法来追求平等，必然导致片面依靠行政权力来推行平均主义，排斥竞争，不重效率；诱导人们在行动上保守封闭，在待遇上攀比成风。只求"共同"不求"富裕"的结果，只能是抑制了先进，保护了落后。这种思想方式同社会主义市场经济必然格格不入。

实行社会主义市场经济要求确立新的公平观念。这种观念以达到全体人民共同富裕为目标，但决不留恋贫穷，不排斥效率，而是以提高效率为基础来实现富裕；不排斥竞争，不保护落后，而是鼓励公平竞争，通过"让短的赶上长的"来达到共同富裕。与公平问题相联系，必须建立社会主义市场经济秩序。那么，什么是理想的社会主义市场经济秩序？通过实现市场经济，我们要达到什么样的经济、政治和文化发展目标？什么样的人与人之间关系？什么样的平等与公正？等等这些问题的回答，都需要有科学、健康、文明的观念注入其中。这些恰恰是最现实的社会理想问题。这一理想建设与共产主义远大理想不是对立的，而是通往未来理想的阶梯。离开了现实空谈大目标，或用庸俗、片面的观念代替崇高目标，都是要不得的。

（4）社会本位价值的冲突明朗化。

一种有生命力和感召力的价值观念体系，必须有自己合理而又切实有力的核心价值（即所谓"本位价值"）作为标准和导向。在以"家族本位"和"家长主义"为灵魂的封建主义时代，宗法等级权力是核心，"权本位"和拜权主义是其价值观念的导向；在以"个人本位"和个人主义为灵魂的资本主义社会里，商品交换关系中的私有权是核心，"钱本位"和拜金主义是其价值观念的导向。权和钱都是对人的利益和需要的某一方面的放大，作为本位价值，"权本位"和"钱本位"实质上也都是"人本位"——它们分别是以某些人、某一方面的需要和能力为本位，但事实上却是一种历史性的扭曲,是对人的社会本性和现实需要的异化。

无论是封建主义的权本位与拜权主义价值观,还是资本主义的钱本位与拜金主义价值观,都是建立在阶级分化与对抗、少数人统治大多数人的基础上的,是以牺牲和扭曲大多数人的利益为代价的剥削阶级价值观。我们是在一个有长期封建主义历史的国度开始建设社会主义,目前又在进行市场经济建设,因此面临着防止和清除旧社会影响的双重任务:既要反封建主义、家长主义、拜权主义,又要防止资本主义、个人主义和拜金主义泛滥。这一任务十分复杂而艰巨。

在理论上,社会主义作为对封建主义、资本主义的否定,是以广大人民的全面利益为出发点的。尽管权本位、拜权主义与钱本位、拜金主义在相当长时期内仍难免有较大影响,为不少人所认同,但社会主义必须坚决摒弃这些不合理的价值观,而代之以新型的,即以人类的彻底解放,实现人的自由和全面发展为本位的价值观念。

从价值主体方面看,社会主义本质上依托于一种集体主义。这种集体主义既与个人主义相对立,也不同于封建的家族主义和它的各种形式的放大,如小团体主义、宗派主义、地方主义、帮会主义,等等。社会主义的集体主义只能以人民为本位,以人民的利益为核心,以人民大众创造历史和自我解放的实践为标准来衡量一切价值。

从价值取向方面看,目前区别于"权本位"和"钱本位"的价值观念,理应是一种"劳动本位"的原则:"各尽所能,按劳分配","劳动光荣,诚实的劳动和创造是致富和文明的根据,是人的价值的标准。"这是当前体现社会主义本质所需要的、最重要的价值导向。但在社会主义初级阶段,这种本位价值还未形成自己特有的、能够取代权或钱的社会标志物,还不得不以一定的"权"或"钱"作为过渡的兑现形式。例如对劳动好、贡献大的人,给予提升职务(权)或物质奖励(钱)的回应。这说明,要充分实现社会主义的本位价值,让"劳动本位"不仅在理论上,而且在实践中都得到贯彻体现,无疑是一桩富有挑战性和创造性的历史任务。实现这一任务,将需要一个长期的社会进步过程。

2. 面向多元化，坚持主体性

我们正处在价值观念深刻变革的时代。虽然社会上的价值观念从来不是单一的，它们总是随着主体的情况而呈现有层次、多样化、多元化的面貌，但建设有中国特色的社会主义这一前所未有的事业，必然要求建设一套与之相应的思想文化和主导价值观，以凝聚人民的意志，为事业的成功提供有力的精神保证。

（1）健全的主体意识是我国社会主义价值观的基础。

建设有中国特色的社会主义就是要为人民谋利益并且依靠人民，表明了社会主义事业与人民主体地位的统一；社会主义的爱国主义是建立在祖国的命运、人民的荣辱与社会主义前途的现实联系基础之上的，人民是社会主义制度的主人，是实现爱祖国与爱社会主义相统一的保证。社会主义的根本原则，不是以某个特殊群体的利益为本位，而是以人民大众的共同利益为本位的。人民群众在自己的集团中，首先是主人，而不是附属品，正因为如此，个人的发展与集体的发展才是根本上统一的而不是对立的。因此，在为人民服务的价值观中首先确立起健全的人民主体意识，是一项带有基础性、普遍性的思想建设内容。

（2）实现中华民族的伟大复兴，使祖国走向富强、民主、文明、和谐作为全体人民的共同理想和目标，是中国特色社会主义价值观建设的现实内容。这一切都要在全体人民中形成积极明确的共识，才能变成改变事实的巨大力量。现实是通往未来理想的阶梯。离开现实空谈大目标，或用庸俗、片面的观念代替崇高目标，都是要不得的。

（3）在全社会造就求真务实、开拓进取的风气，使一切行动有利于振兴祖国的伟大事业，是价值观建设所需要的社会心理状态。

成就伟大的事业必须有积极向上、坚忍不拔的健康心态。这种心态的实质，就是要把解放思想、实事求是的思想路线变为大家共同的思想方法；要让"三个有利于"、为人民服务的价值观和评价标准切实贯彻到各项事业中去；要做到重在建设、以立为本、勇于探索、勇于实践，创造出适合现代中国的秩序、规则和成果;要注重实效、尊重科学、尊重实践、尊重群众,让符合人民利益的东西成为主导。总之,就是要让中华民族"自强不息"的传统美德与马克思主义的精神实质,在新的历史条件下更充分地结合和体现出来,成为中华民族现时代的精神风貌。

(4)当代中国特色社会主义价值观建设的焦点,是执政党要落实为人民服务的宗旨。

令人遗憾的是,不少人至今还不善于,或者说不懂得从整体的高度深刻把握为人民服务与社会主义根本原则之间的内在联系,从而产生了种种表面化、简单化甚至庸俗化的误解。例如:以为它是可以不区分对象、不界定范围地向一切人发出的一般性号召;或者完全从个人行为表现和道德化评价的角度去理解"为人民服务",视之为个人纯粹的高尚道德行为,似乎是出于"仁爱之心"的某种施舍或牺牲;或者以为,"为人民服务"意味着要求人们多做一些额外的"好事",甚至就是要人们付出无偿的劳动,等等。有鉴于此,就必须进一步从观念上明确"为人民服务"的性质:

首先,"为人民服务",对于人民来说本质上是一种自我服务。社会主义的标志是人民成为国家的主人,这意味着国家社会的事业是人民自己的事业。人民群众的个人利益、一部分群众的集体利益与全体人民的共同利益之间,是根本一致、相互依存和相互联系着的,不再具有分裂甚至对立的性质。人民的事业依靠人民自己来实现,社会分工也不应再有高低贵贱的差别。全体人民既是自食其力的劳动者、服务者,又是一切社会服务的对象即享有者,于是,"为人民服务"从根本上具有了人民群众"自我服务"的性质,即全体人民通过分工和相互服务而实现自己共同的福利。人民在总体上占有和享用社会劳动的成果,与人民通过自己的劳动服务来提供这些成果,两者之间是互为前提、相互统一的。广大群众充分认识到自己的根本利益,就一定会对"为人民服务"产生强烈的要求、自觉的愿望,这是"当家做主人"的应有的意识。

其次,"为人民服务"主要是对政府和政策的要求。对于一切职业岗位和岗位上的服务人员,特别是公职部门和公职人员(即"公仆"们),为人民服务是其职业和特殊职责的要求：他们手中掌握着属于人民的资源和权力，并享受人民给予的相应待遇，他们的职责就是"全心全意为人民服务"。当然，这种服务也仍然属于人民自我服务的范畴，并不是纯粹为"他人"付出无偿劳动，因此也无权要求特殊的回报；并且无权以"我也是人民一员"为由，把手中的公共资源据为私有，否则就是权力寻租、甚至犯罪。

再次，"为人民服务"必须落实为人民民主的国体和法治化的政体。在现实中，全体人民的"主人意识"与"服务意识"的切实统一，并不仅仅是一种精神觉悟和道德要求，而是需要落实为体现社会主义责、权、利一致原则的管理体制和规范，要求有充分的法制、政策和措施作为基础保证。邓小平曾明确指出："领导就是服务。"然而现状并未普遍体现这种实质，少数人甚至只把自己当做是所掌管的那一部分权力的特殊"主人"，而忘记了"服务"的职责，或把个人和小团体的利益摆在人民群众的利益之上，只用权力为自己或自己的小圈子服务。这种在"公仆"与主人关系上的割裂和颠倒，正是导致特权、腐败滋生的重要原因。

二、科教兴国与人的价值

科学和教育是人类文化的普遍形式，更是精神文明的基础领域。从古到今，社会的发展进步、国家民族的繁荣强盛，从主要寻求和依靠物质的力量——军事和经济，逐渐走向了寻求和依靠知识与精神的力量——科学和教育。但是，科教事业本身并不是抽象的绝对形式，不是无论怎样只要"一抓就灵"的纯粹工具，以什么样的思想内容为其精神实质进行建设，是我国科教事业的现代化必须认真考虑的。

1. 科教兴国之大道

在饱受屈辱和苦难的中国近现代史上，曾有不少志士仁人提出过"科学救国""教育救国""科教强国"之类的口号，并且不顾一切艰难困苦，身体力行，梦想着让它成为现实。然而，先辈的努力总是被社会的动荡和变故所干扰、冲淡或打断,并未达到预想的目的。对待这些历史性的教训和疑惑,我们不能不有所反思,从不同的角度出发力求得到一个完整清晰的概念和一些新的带根本性的认识。

(1)从"三大生产"的角度理解科学和教育在人类社会的根本地位。

马克思和恩格斯把人类物质生活资料的生产、个人生命的生产和再生产、人们意识(思想、理论、观念等)的生产等三个方面,看做是一个不可分割的整体,"从历史的最初时期起,从第一批人出现时,这三个方面就同时存在着,而且现在也还在历史上起着作用"①,它们是"一切人类生存的第一个前提,也就是一切历史的第一个前提"②,因此成为人类生存和发展的基本形式、普遍形式。只要人类存在,就意味着物质生产、人的生产和精神生产这"三大生产"每天都在进行,不能停止,而它们在运动中不断地采取新的形式,就造成并表现为"历史"。应该说,对"三大生产"的完整理解,就是对社会历史的完整理解。

从三大生产的角度来看科学和教育,能够更深切地理解它们根本性质和历史地位:

科学,包括自然科学和人文社会科学在内的全部科学,承担着人类"精神生产"的特殊任务。人类的精神生产,既包括关于自然和社会一切知识、理论等思想形式的生产,也包括"表现在某一民族的政治、法律、道德、宗教、形而上学等的语言中的精神生产"③。"人们是自己的观念、思想等等的生产者"④,但最初的精神生产还不具有独立的形式,而是与人们的物质活动直接交织在一起的,较少显示出它的独立特点和规律。随着人类社会文明的形成和发展,精神生产的形式和内容变得越来越丰富多样,其功能也越来越强大,这意味着人自身的精神发育、特别是理性能力和精神生活的发育发展越来越充分,它在人类生存发展中的作用越来

---

① 《马克思恩格斯选集》第 1 卷,80 页,北京,人民出版社,1995。
② 《马克思恩格斯选集》第 1 卷,78 页,北京,人民出版社,1995。
③ 《马克思恩格斯选集》第 1 卷,72 页,北京,人民出版社,1995。
④ 《马克思恩格斯选集》第 1 卷,72 页,北京,人民出版社,1995。

越充分。到今天，人类的全部物质生产和生活的领域，都已经渗透着精神生产的成果，科学作为精神生产的事业，其地位将随着人类社会的发展不断上升，越来越无可代替。

教育，包括学校教育和社会教育在内的全部教育，总体上承担着现实的、社会的"人"的生产（造就）和再生产（培育）功能。现实的、社会的人，除了自然地继承、延续人的种类生命和具体的社会关系之外，还必须继承人类的文化和文明成果，具备人类社会生活的文化素质和能力。一个人仅仅出生和活下来，还不是一个完整意义上的"人"。要把人造就成为完整的现实的人，除了社会生活本身以外，主要依赖各种各样、持续不断的教育。而教育所体现出的，也是浓缩了的人生和历史。显然，"人"的生产和再生产，既是最基本的、也是最高意义上的社会"生产"，是其他一切生产（物质生产、精神生产等）的综合体现和最高成果，它具有某种"终极目的"的意义。"人"是社会的主体，既是一切物质和精神财富的生产者，也是一切物质精神财富的享有者和支配者。以此观之，教育的地位必将随着"人"的地位及其理解的提高而不断提高。

总之，科学和教育位于社会生活的根本领域、根本内容和根本标志之中，并不是某种孤立的、外在的或附加的、暂时性的条件和行为。科学和教育的发展，本身就是社会发展和人的发展的本质之义。

（2）从解放和发展生产力的角度理解科学和教育的根本作用。

马克思曾指出，在一般意义上，最强大的一种生产力无疑是人本身，尤其是革命的阶级本身；同时，他也充分看到了科学技术的内在作用，不仅指出科学也是生产力，而且"把科学首先看成是历史的有力的杠杆，看成是最高意义上的革命力量"。这是针对历史发展所作出的科学判断和预测。考察生产力发展史可以看到，构成生产力的各方面要素，曾在不同时期先后扮演了不同的角色，这些要素轮流成为"第一生产力"：人类最初的生产力水平，是以劳动者的体力和直接经验为"第一要素"的；后来，则走向了以直接的自然力（畜力、风力、水力、火力等）为主；再后来，则是以工具、机器和能源的发展为带头的"第一要素"，以工业化和自动化为最;如今则走向更加深入全面地依靠和调动知识、科学乃至整个社会文化的因素,以"知识经济"的萌生为标志。在这一进程中表现出来的明显趋势是:"第一生产力"的地位,逐渐从"硬件"向"软件"转移,即向人自身的精神和理性因素转移。邓小平关于"科学技术是第一生产力"的精辟论断,抓住了现时代生产力发展的最大特征,指出了科学和教育发展对于解放和发展生产力所具有的前所未有的重大意义。

人类物质生产力的发展并未到此为止,它是没有止境的,同时,科学技术作为"第一生产力"的作用,目前也尚未完全发挥出来,还有很大的潜力。而生产力的进一步发展,则必然要求科学技术的进一步发展,而且,"第一生产力"的地位也不可能仅仅停留于科学技术本身,它必然还要进一步向发挥人本身的全面潜力方向前进。对于解放和发展生产力来说,发展科学和教育的意义将不会因为得到一定程度的实现而完结。许多迹象表明,目前新的一轮变革正在开始,其中管理和劳动方式、劳动者的全面素质等社会文化的因素将日益突出,今后生产力的发展终将走向以全面发展的人为"第一生产力"的时代。

从解放和发展生产力的角度理解科学和教育的作用,就应该看到:科学和教育的发展,就是生产力的基础和潜力的发展,是生产力的超前发展、根本发展,它也将由此推动整个社会的高速发展。

(3)从社会全面、可持续发展的角度理解发展科学和教育的根本方式。

生产力的发展是社会发展的根基,但不是社会发展的全部。生产力本身具有一定的工具性质,因此从解放和发展生产力的角度理解科学和教育发展的根本作用,还只是就其工具性的意义而言。而从社会全面、可持续发展的角度来理解,则应该进一步看到科学和教育的发展本身还具有目的性意义,这就是:人自身的发展、社会的发展,要以科学和教育的水平为其重要的人文指标或标志。社会的全面发展,归根到底要体现在人的全面发展,体现在社会各个领域的综合协调发展和可持续发展。这是人类社会目前已经认识到的理想发展方式。要实现这种理想的发展方式,就更应该重视科学的发展,因为它是保证社会全面和可持续发展的最重要的思想条件和精神武器。要解决社会综合协调发展和可持续发展的各种问题,绝对离不开科学,包括自然科学和人文社会科学的帮助。同样,要实现这种理想的发展方式,就更应该重视教育的发展,因为对人的培养,正是实现社会全面和可持续发展最重要的主体条件,同时也是全部发展的综合标志。从这个高度反观科学和教育的发展,就必须将其纳入到社会的整体发展之中,而不是把它们单独置于一个孤立的地位上,仅仅当做工具和手段,而是要把它们当做整体的、目的性的指标。科学和社会发展的一切优秀成果,最终都要用于满足人的需要,培养人、造就人、提高人的素质和生活质量。这样,它们就必然落实到教育的发展和完善上。当然,这种教育也不应该再是原来的模式和水平,而应该适应社会发展的新的形势和要求。

2. 从工具化到人本化

关于科学和教育的价值观念,是人类现代价值观念体系中一个十分重要的部分。科学和教育对于人类的一般价值,不仅仅是手段,也是目的。

虽然马克思"把科学首先看成是历史的有力的杠杆,看成是最高意义上的革命力量",邓小平也曾指出"科学技术是第一生产力",但在如何全面地理解科学和教育的价值问题上,历来存在不少困惑。其突出的表现是,对科学和教育事业,尤其是那些似乎不能直接见效的基础科学和教育事业,有所谓"说起来极重要,做起来却不要",或弄不清该"如何要"的情况。导致这种困境的主要原因,在于人们主观观念上的一种偏差,即人们在强调科学、知识、教育等的重要性时,往往只是指它们作为条件、工具、手段的价值,而对于它们的目的价值,则注意得不够,理解得不深入。

怎样看待科学和教育的价值,体现的是如何看待人本身的地位和状况。如果有人问,为什么需要科学和教育?通常的回答是"因为它有用",如通过科学及其转化的形式,人类可以得到它在经济、政治、军事、文化等各方面的效益，为这些方面的目的服务。可以说，科学、教育正表现出前所未有的、比其他一切更普遍、更深刻的"有用"。这些"有用"可以一言以蔽之曰"手段价值"或"工具价值"。但是，科学、教育更实质性的社会价值在于它是人类本身的一种已经发展起来的、特有的生存方式。理解这一点，需要我们重新审视"人"。人是一种有精神存在和精神生活的生命。人的社会精神生活也要不断地丰富、更新、发展。文明人类不同于原始蒙昧人类的一大特征，就在于科学和教育。例如，原始人虽有工具、经验，但没有科学、教育，虽有精神需要，但并不靠真知来满足，而对仅有的经验和信仰，原始人也不能像文明人一样进行社会文化传承。人类发展到今天，无论在哪方面都已经离不开科学、教育，追求真知已成为人类的一大事业。今天的人类之为文明人类，其精神生活的本性和方式之一，就是有一种求真求知的需要和能力。求真求知，这本身就是人的一种基本需要、一种值得自豪的能力。按照这种需要、这种能力，人类求知和求真已经不再完全是一种手段性的行为。人并非只是为了"能用它们去做什么"才去求知和求真的，真知本身同时也就是人要做到的事。"求知求真"这种需要和能力的实现，意味着人在精神上的生存和发展，精神上的自我实现和自我改造，人通过了解世界而在精神上成为一个现实的、完整的人。因此，对于人类来说，科学、教育的价值已不仅在于它们对实现别的价值有用，而且在于它们本身就是人类生存发展的一个标志，它们的发展本身就是一种价值——目的价值。

科学的目的价值，是指科学的发展本身具有人和社会发展目标和尺度的意义，成为人类社会发展的一种内在追求。它在现实中的表现是：人类必须尊重科学；必须培养实事求是的科学精神；不论是否有利，首先必须以科学的理性、科学的方法、科学的逻辑为标准，去评价思想理论的真假是非，把真理放在第一位；人不能只要科学为自己服务，社会也要为科学服务，把科学的不断发展和完善当做人和社会自我实现的一个标志。总之，必须在一定范围、一定程度上把科学本身当做目的、当做标准，否则便没有人和社会的健全发展。承认科学的目的价值，其前提是承认人类现实的本性及其完整性,承认人类精神生活丰富发展的需要和能力。而把科学单纯地当做实用的手段,如把"科学"完全归结为"技术",使它们完全等同起来,则是一种完全工具化的理解和态度。它不仅不利于科学的发展,在更深层的意识上,意味着对人自身理解的片面化、简单化。因为它等于把人的理性存在和精神生活也完全当做了一种工具和手段。

"纯粹为科学而科学"在总体上当然是不可能的、荒谬的。因为科学并不是脱离人的其他需要和实践而存在的。但是,如果在对人的需要的理解中忘记了人对科学的需要,在对实践的理解中忘记了科学本身也是一项基本实践,那么同样也是片面的。人是为了实现人的科学需要和科学能力而去发展科学,为了追求真理而去发展科学,这句话在今天已经是一个无可否认事实。在一定范围内不为其他,而是"为科学而献身",无疑是人类的一项崇高的事业。因此,尽管过去的人不曾以科学的发展本身为目的,而现代人却必须把科学的发展当做社会发展的一大指标、文明程度的一个标尺。

教育的目的价值同样如此,更容易理解。因为教育的本质是社会的、现实和未来的人的生产与再生产。人是主体,本身就不仅仅是手段,而且更是目的。教育的直接成果就是未来的主体人本身,教育的发展和健全意味着人的培养塑造方式的发展和健全。因此,把教育的合理化发展当做全社会的目标和追求,是同对人自身发展的目标追求相联系的,它应该具有目的性的、最高的价值地位。但是,由于社会发展进程的条件所限,迄今为止人类的教育方式尚未真正达到这样的境界,在很大程度上,仍然停留于把教育仅仅当做手段的水平。我国的教育方针历来都强调"教育要为××(经济、政治等)服务",强调教育的目的在于要为社会现实的(经济、政治等)需要培养合适的"人才"——劳动者,而不是培养更加完整意义上的人、社会主体,就反映了这种情况。从根本上说,现实的经济、政治等发展目标本身已经是人和社会发展的必要手段和形式,而让教育完全服从并"服务"于这样的手段,则意味着把它当成了"手段的手段"。既然如此,社会对教育的期待和要求,就限于它能够输送合乎需要的各行各业"人手",教育因此也就成为以"应试"(实质上仅仅是为了创造条件以利就业)为目标的操练过程和形式,一切都得听从社会劳动就业需要和选拔"人才"标准这一指挥棒的指挥。

"应试教育"是传统教育方式的代表。其特征是以满足升学、就业的需要为目的,以考试竞争为手段的一整套教育引导和激励机制,其实质和核心则在于培养目标——人——的工具化。放眼未来,作为社会主体的人应该是手段与目的统一,即社会财富的创造者、提供者与占有者、支配者的统一,劳动者与享用者的统一。以往这两种身份处于一种不得已的分离之中。传统教育中只注重教人怎样"做事、干活",仅仅从培养人会干活、能干活的角度设计整个教育,而不注重教人如何"生活、为人",即如何做一个全面的、完整的人,如何占有和享用人类文明成果,等等。人自身的手段化、工具化,是人类社会在发展到一定阶段时必然经历的过程,当历史还不具备超出这一阶段的条件时,出现这种情况是必要的、不可避免的,没有必要对其过多地责备。但从更高的层次和发展趋势上看,它确实有其片面性,必须加以超越。因此,必须完整理解和把握作为社会主体的"人",确立"以人为本,以人为目的"的教育方式:教育的宗旨不再仅仅是培养作为工具、客体的单面人——劳动者,而要着眼于造就现实的、完整的、能够全面地面对和承担未来社会生活的主体,即作为手段与目的统一、社会财富创造者与支配者统一、劳动者与享用者统一的"人"。

人类对于科学和教育的价值的认识经历了一个过程。严格地说,只有在人类社会发展到一定成熟程度的时候,人们才会真正认识科学和教育的目的价值,社会才能自觉地把科学和教育的繁荣发展同人的全面发展联系在一起,并纳入自己的目标体系。在这以前,人类曾有过不知科学为何物的阶段;后来人类创造了科学和教育,也一度只是看到了它的工具价值,并把这种工具的作用发挥到极端,甚至走向反面;当马克思以科学这个工具揭开了人类历史的秘密,认清了人类发展的前途,确立了"以每个人的自由而全面的发展为原则"的最高理想目标之后,科学和教育的全面价值问题终于被正式提上历史的日程。

马克思比任何人都更充分、更彻底地肯定了科学作为历史进步杠杆和动力的作用,高度颂扬了科学技术无与伦比的工具价值,但并不局限于此。马克思说:"只有资本主义生产才第一次把物质生产过程变成科学在生产中的应用——变成运用于实践的科学。"可以说,是资本主义首先充分地利用、并实现了科学的工具价值。但是,这只意味着科学成为资本家的"致富手段",因为资本家的直接目的是"(商品)价值",在资本主义社会里,科学和技术的进步只意味着榨取工人血汗的效率的进步。于是,马克思进一步批判了资本主义对科学利用的历史局限,指出"只有工人阶级能够……把科学从阶级统治的工具变为人民的力量,……只有在劳动共和国里面,科学才能起它真正的作用"①。在马克思的学说中,科学和教育的价值形态所发生的符合共产主义理想的历史性变化,包含以下两个基本方面:一是价值主体的转移,即科学和教育从剥削者那里转到人民手中,作为工具,科学和教育所服务的价值主体不同了;二是科学和教育的全面价值的发生,即要"起它的真正的作用"。所谓"真正的作用"是指:科学和教育不再仅仅是工具,如同人本身不再只是工具一样,而是手段和目的的统一。这一点是同马克思主义对人、对社会历史运动趋势的理解相联系的。

社会主义阶段作为马克思所说的"劳动共和国"时期,特别担负着实现上述历史转变的任务。也就是说,科学和教育对于社会主义来说,不仅仍然具有工具价值(并且比以往任何时候都更大),而且具有以往不曾被认识、也不可能被认同的价值——目的性价值。后者是"社会主义"所首先提出的、带有根本性的内容。社会主义不能只把科学和教育当工具,否则它便不能坚持贯彻自己的社会性质和历史方向——走向人的彻底解放和全面发展。当然,在社会主义初级阶段,我们暂时还不能超越主要看重科学技术工具价值的阶段,但可以而且应该预见到这种发展趋势,并朝着它的必然方向加以调整。

① 《马克思恩格斯全集》第19卷,372页,北京,人民出版社,1965。

全面地看待科学和教育的社会价值,就要坚持它的工具价值与目的价值统一的观点。这样的科学价值观、教育价值观,不仅是防止和纠正对待科学和教育问题上各种狭隘功利主义、短期化行为的一剂良药,而且也有助于探索和开创科学和教育事业的新思路、新局面。

三、道德思维:从情感到理性

在素以讲道德著称的中华文化传统中,每当论及精神文明,人们首先想到的往往便是道德。如何进行现代化的道德建设,不仅成为精神文明的前沿,也是新旧文化冲突的一个焦点。

1."滑坡"与"爬坡":触发新的思考点

自改革开放转向以经济建设为中心,特别是向市场经济转变以来,我国社会道德状况发生了巨大变化。许多传统的道德观念受到了极大的冲击,道德意识处在极度混乱迷惘的状态,道德行为表现出空前错综复杂的局面。究竟如何看待和对待这种情况,不能不触动人们最深层的情感和意识,引发关于道德变革的深刻反思。20 世纪 90 年代曾发生一场有关当时道德状况的"滑坡论"与"爬坡论"之争。当时不少人根据社会上人际关系淡漠、社会风气堕落、贪污腐败盛行、黑暗势力上升、犯罪现象增多等情况,感到了转型期道德上的失落,惊呼"道德滑坡",甚至认为正在走向"道德崩溃"。"滑坡论"的观点受到了另一些人的批评。他们认为,当前的道德失控是社会转型期一种暂时的表面现象,与这些表面的"滑坡"相伴随的,还有深层的道德进步,如人们的道德心理和行为中出现的由"假"向"真"、由"虚"向"实"、由"懒"向"勤"、由"依赖顺从型"向"独立进取型"、由封闭向开放、由单一化向多元化回归等变化。从长远看,这是新的、现代道德文明振兴的开始。因此,道德从本质和趋势上看,需要"爬坡",也正在"爬坡"。

两种看法的争论本不是坏事,遗憾的是,由于大量非理性因素的参与,这场争论被十分肤浅地理解,甚至被严重地误解了。人们往往以为,它们仅仅是对道德形势"说坏"与"说好"的判断之争,是片面的悲观情绪与同样片面的盲目乐观情绪之争,甚至有人认为是有忧患意识和道德责任感的态度与不负责任的"粉饰太平"之争,等等,因此对争论采取了十分草率的简单化态度。然而人们没有看到,这场争论实质上是新旧两种道德观的对话,其背后隐藏着道德观念和道德思维的一系列重大根本问题。这些重大问题可以通过几个思考点的追问引申出来,触及普遍的道德理论和思想方法。

命题的确定。某一时期的社会道德状况是"好"是"坏",与它是在"进步"还是"退步"是完全相同的一个问题吗?在理论上,"好坏"判断可以有一个确定的标准,而"进步退步"则是相对性的历史过程。混淆了这两个问题,把"进步还是退步"的比较判断,当成了孤立静止的"好坏"判断,并且以为"进步"就等于"已经很好";若是"还不够好",就等于"退步"。"好就是绝对的好,坏就是绝对的坏"——这种在"左"的年代盛行的思维习惯,至今仍然纠缠着人们的头脑,致使道德思维中完全没有历史的动态观念,把一个有意义的问题变得毫无意义了。

判据的确定。道德永远是指人的表现。一般说来,社会上任何时候的道德表现都是多样化的,其中必有"优、中、差"之分,而且按人数来说,也总是"两头小,中间大"。那么判断某一时期的社会道德状况,要以什么人为对象和根据?能够作为整体或"主流"代表的,是哪些情况?是以少数特殊人物(无论先进英模还是犯罪分子)的特殊表现,还是以绝大多数人的日常表现为判据?有人汇集少数不良分子的种种表现和影响,论证"一切很糟";有人则汇集少数先进英模人物的事例,证明"一切很好",二者同样以偏概全,都无视平凡沉默的绝大多数。这反映传统道德观念在确认道德主体的方面存在着巨大的盲区。

参照系的确定。"滑坡"与"爬坡"的本义都是指一个动态的过程和趋势,因此必须历史地考察和比较。改革开放以来,社会道德是在进步还是退步,进行判断的合理的参照物,显然只能是此前的"文革"时期:比起"文革"中来,现在人们普遍的道德水平是上升了还是下降了?至少这是不能回避的问题。而"滑坡论"要么忽视或掩盖了这一点,要么以肯定那种"文革"式的道德为前提。如果是后者,则涉及如何评价"文革"时期人们的普遍道德状况问题,由此进一步涉及更深刻、更普遍的问题:究竟什么是判断道德"好坏"的标准?谈论社会的道德状况,可以离开现实的社会背景、条件和过程吗?

标准的确定。用什么作为标准来判断某一时期的社会道德状况,是一个根本的问题。"滑坡论"与"爬坡论"之争表现得比较充分。有的"滑坡论"者认为:即使是在"文革"中,人们能够"不计个人得失,不顾私人情面,不为升官发财,一心投入反帝反修斗争",那样的表现在道德上是"高尚的";现在人们为了自己,为了挣钱而变得政治冷淡、人情淡漠、不择手段,相比之下是道德上的"滑坡"。类似看法多有所见,部分地反映了传统道德思维方式的精神实质,所以其结论乃是其逻辑的必然。"爬坡论"则根本反对这种道德评价标准,认为它的潜台词多半是以轻视或否定群众个人的现实权利为前提,以要求人们无条件地多做自我牺牲为原则,而这种前提的不合理性,正在于它脱离群众、脱离实际,是旧的传统道德理想主义的缺点和错误之所在。

导向的抉择。判断现实的道德状况,既是为了准确地把握现实,也负有导向的意义。在这一点上"滑坡论"与"爬坡论"可以说定位分明。虽然二者在认定现实的道德水平"不高"这一点上基本一致,都认为现在是在"坡下",但涉及以后的导向时,则表现出原则的分歧:一个是通过判定"滑坡",定位于要回到或者恢复过去的所谓"坡上"水平;另一个则通过指明"爬坡",强调要前进到一个新的水平,"爬"上新的台阶。一个主张"向后看",一个主张"向前看"。二者在道德建设目标和导向上的分歧,实际上也是关于道德本质的看法上的分歧。

总之,上述每一个思考点都隐含着深刻而复杂的问题,反映出对传统和现代道德的不同理解,涉及了更广泛更深刻的理论和现实,足以引发关于道德理论和实践的全面讨论。可惜这一讨论当时并未引起足够的重视,因此讨论得极不充分。但是,这些从现实中产生的问题,对于未来的道德建设却是十分重要、不可回避的。

2. 错位与归位:道德观念的基础

在今天看来,传统道德观念和道德思维至少需要在以下三个方面加以反思。

其一,摆脱道德与经济的二元思维,确立社会实践的一体化观念。

在传统道德观念中,"道德与经济二元论"的影响很深。自古以来,我国传统中就有崇尚道德而贬抑经济、"重义轻利"的影响。在"以阶级斗争为纲"的情况下,也曾使道德过分政治化,政治过于道德化,结果是"道德至上"与"政治挂帅"交织一体,居于至尊地位。道德建设脱离经济建设、甚至与经济建设相互对立的情况,被不恰当地强化,成了"两股道上跑的车"。这种片面理解道德的倾向,成为不少人自觉不自觉的思维习惯:认为搞经济就是言利,而"利"和"义"必然是对立的;从道德上看经济,它总是消极、低级、庸俗的,所以越是要发展经济,就越是要用道德加以牵制、约束,才不会走上邪路。由此也造成另一种相反的心理,认为要发展经济,就必须以牺牲道德为代价。前者是片面的道德主义,后者是极端的经济主义,二者虽然对立,却"两极相通":都把"义"与"利"、道德与经济割裂开来,当做是互不相干的东西,结论总是"此消彼长,非此即彼,不能两全"。这是道德与经济和社会之间的关系错位。

这种观念及其思想方法的毛病,是不懂得把社会生活的方方面面看做是一个有机整体,不注意经济、政治、道德、文化之间相互依存、相互转化的有机联系。例如,我国古人就有"义者,利也","义者,国家人民之大利也"的见解,多少看到了它们之间的统一。其实道德也是人与人之间的社会关系,包括人们的利益关系。经济上讲的利,必然包括"利己"或"利人"的意义在内,难道说这本身不是道德问题?"为人民谋利益","为国家社会发展经济"不正是我们应该提倡的高尚道德吗? 市场经济中讲利益导向、公平竞争、优胜劣汰、等价交换、互惠互利等本身,不也是一种具体的道德吗? 在现实中,只有通过具体的分析,才能说明人们每一个求利行为是否合乎道德,不能简单地一概而论。特别是,决不可把人们注重经济利益本身就看做不道德。"滑坡"论者之所以对整个社会道德风气持否定的态度,也往往是由于他们把大多数人致力于经济利益的活动,视为对道德的根本性、必然性背离。

一般说来,"经济发展与道德必然互相冲突","道德与经济不能两全,义利不能并举"是不能成立的。按照唯物史观,对于社会的生存发展来说,生产方式是根本,经济是基础,道德和政治归根到底是反映它们、为它们服务并要接受它们检验的。因此不应该总是在道德与经济、社会现实相分离的基础上考虑问题,而应该从它们的整体联系中寻找问题和答案。我们越是重视道德,就越是要自觉地推动它同整个社会协调地发展。当然,这并不是说二者之间是完全自发地统一的,不会发生冲突。但必须明确,当道德与经济发生冲突的时候,真正的问题往往在于:人们自己所要的道德究竟是什么样(与什么样的经济基础相联系)的道德,经济是什么样的(要求什么样的道德与之相适应)经济。不能把它们分离开来孤立地看。道德与经济、精神文明与物质文明,本来是同一列火车的"轨道",是"单轨"的两股,而不是"双轨"。如果硬要一列火车同时走"双轨",那么非"脱轨"不可。

我国的改革包括了从经济基础到上层建筑的各个方面,是一个社会运行方式的转轨过程,也是一次革命性的社会进步。与之相应,必然发生道德模式和道德观念的转轨和进步。从"以阶级斗争为纲""道德至上"到"以经济建设为中心",从传统道德到与市场经济相联系的现代道德,是一个十分重大的发展变化。转型,在客观上是由社会发展的规律所决定和制约的。我们如果在主观上不能正确认识和适应这种客观必然性,做好积极的转化工作,要么可能贻误时机,延滞经济改革和发展,要么可能使道德建设迷失方向。在传统的"道德与经济二元论"影响下,这种可能是存在的。

(2)克服片面的道德理想主义,确立从实际出发的科学道德标准。

形成"道德与经济二元论"的思想基础,与一种把道德抽象化和凝固化的思维方式有关。传统道德观的一大缺陷,在于否认道德的具体历史性,它把一些道德观念加以理想化和抽象化,从而使它们绝对化了。仿佛道德只能讲原则、讲理想,不能讲现实;而道德的原则和理想又都是天然合理、永恒适用的,生活实际中的变化都只能是离开它或回到它的问题,不存在道德要随着生活实践而发展的问题。用这种方式思考和观察生活,就必然走向道德理想与现实的对立,用在过去条件下形成的观念和自己的愿望要求现实,而不注意道德观念本身的更新和发展,甚至怀疑和否定现实的历史进程。

其实,道德从来都是具体的历史的。任何道德都是一定经济基础和生活方式的反映,并且为巩固和发展现有的社会秩序服务;每个时代的人们都对具体的道德有自己的理解和实施方式。任何社会都有自己的道德体系,道德也要随着整个社会的发展,特别是其生产方式的发展而发展,没有永恒不变的形态。原始社会人们曾把战俘杀死吃掉,那时人们对"吃人"并无不道德感。后来人类普遍否定了这种行为,则是人类文明和道德发展的表现。有些道德口号虽然看起来似乎各个时代都相同,但真正的内容并不相同。历史上不同时代不同社会的主导观念,都提倡、颂扬"大公无私""先公后私""急公好义",表面上似乎并无不同,但由于所谓"公"和"私"的性质、范围都在变化着,所以它们的实际意义并不相同。即使在同一时代,不同地位的人对它们的理解也不尽相同。旧社会的统治者决不会承认革命志士献身于民族解放的行为是"大公无私"和"舍己为公",反而会指责他们"大逆不道""犯上作乱";而广大人民则会把这些革命志士奉为正义的化身、人生的楷模。

道德标准的多元化是道德本质社会历史性的表现。科学的先进的道德观念和道德思维方式,立足于现实和社会发展的过程,以具体的历史的观点看待道德。而传统理想主义道德观的另一大缺陷,则恰恰是缺少这种意识,不承认每一道德原则的时代性和条件性,而以抽象、静止和绝对的观念代替活生生的社会现实,用不切实际、一成不变的抽象标准去评价、责求历史。

判断社会道德发展状况、衡量社会道德进退得失的标准,实际上存在两个层次:一个是道德标准,另一个是社会历史标准。道德标准是以一定道德体系为坐标,用它的观念和指标,如一定的道德理想、规范、信念等为标准,来衡量人们的现实行为和社会风气:凡是符合这些标准的人和事,就给以肯定,认为它是好的,反之则加以否定,认为它是不好的;凡是趋向于道德理想的变化,才是道德上的"进步",反之则是"退步",等等。社会历史标准是以对社会全面发展的意义和作用来衡量一切,包括要对道德的理想和观念加以检验。在历史上和每个时代中,都存在着各种各样的道德及其理想、标准,因此还必须有指导、评价和选择它们的更高标准。就是说,道德只是一个衡量社会发展状况的具体标准,并不是一个可以无条件地评价社会历史的最高标准。在人类社会的历史发展中,道德标准本身的合理性和先进性,也是需要检验和发展的。这个更高的标准就是:有利于人类社会的进一步解放和发展的道德,才是进步的、合理的,反之则是落后的、不合理的。片面的道德理想主义往往只承认道德标准,不了解或不承认社会历史标准,甚至他们的道德理解本身也是脱离现实、脱离人民的。

上述两个层次标准的适用范围不同:具体的道德标准主要适用于一个既定道德体系的建设,社会历史标准则适用于整个历史和社会的全面过程。特别是在社会变革和转型时期,每一具体的道德标准都要经受历史的检验和弃取,道德标准的变更和重新确立,也要以历史标准为根据。两个标准之间如果发生冲突,历史的结论往往是:道德标准最终要服从历史标准。这是一场深刻的、不无痛苦的思想革命。"滑坡论"与"爬坡论"之争,实际反映出的正是这两个不同层次标准之间的差别:用既有的一成不变的道德标准来衡量现实,往往会比较多地看到"失落"的方面;而用社会历史的标准来看待现实,则往往更注重道德与社会进步之间的一致性,看到道德革新的要求和趋势。

总之,用不同的观念、方法和思维方式,来看待道德,必然会产生不同的结果。我国当前面临的道德冲突,其深刻的背景和焦点就在这里。

（3）纠正道德主体的错位，确立人民大众的道德主体地位。

严重地缺少自我反思意识，是传统理想主义道德观的另一大特点或缺陷：它常常忘记道德本身的历史性和现实性，把自己的理想化模式当成了唯一的、永恒不变的真理和标准，只知道用它去品评社会生活，却不知道用社会实践来检验和校正自己。这种思维方式的一个重要后果，是造成社会道德主体的实际分离和错位。

道德是人与人社会关系的结构和秩序的反映，是人们处理自己与他人相互关系的行为准则和规范系统。因此道德总是有主体性的。道德的主体性，是指道德以人为主体，具体的道德总是一定的人的道德。是什么人的道德，就以什么人的社会地位和生活方式为基础，反映他们的社会关系、地位、利益，显示其社会关系所特有的结构秩序和面貌。掩盖或否认自身主体性的道德，必定是虚幻的或虚伪的道德。

由于道德是人与人之间的具体规范，而人与人的关系一向具有双向的对象化性质，所以在现实生活中，道德的主体性也表现出双向对象化的形式，具有两种不同的基本主体形态。一种是道德规范的主体。一种道德体系反映哪个时代、何种人群的生活方式和结构秩序，它就"是什么人的道德"；是谁的道德，谁就是这一道德体系的主体。道德主体地位的体现，就是享有制定和修改其道德理想、目标、规范等的权力，因此也负有奉行和维护它的义务。另一种是道德行为的主体。原则上，任何人都是自己行为的主体，其行为具有道德的意义，他也就是一定的道德行为主体，负有个人行为的一切道德权力和责任。但这种主体不同于道德主体，它是相对的、自我认定的主体。个人可以因其出身、地位和传统而选择加入某一道德主体的行列，却不能单独地成为道德主体。相反，在一切道德规范面前，个人及其行为都是受一定道德约束和评判的对象，所以从严格的意义上说，道德行为的主体恰恰是道德规范的客体。两种不同的主体之间，存在着相互一致或分离的两种关系。如一个人作为 A 俱乐部的成员，他既有权力参与制定和修改该俱乐部的游戏规则，又有义务遵守和维护这些规则，他的行为要受到全部游戏规则的约束和检验。这是两个主体统一之下的状况。相反,如果此人并未加入 A 俱乐部,或者他干脆就是与之对立的 B 俱乐部的成员,那么他就对 A 俱乐部的全部规则都不享有权利,也不承担义务。这是两个主体之间相互分离之下的状况。在现实生活中,这两种情况都是必然的、普遍的,每一个人都注定了既"有所属",又"有所不属"。而"道德主体"这一概念的根本含义和主要意义,则是表明人们负有一定道德权利与义务的统一,非如此则不成为相应道德的主体。

传统的理想主义道德观往往在这一点上失去了应有的自觉意识,它在"谁是社会道德主体"问题上,所持的观念常常是虚幻和错乱的,因此造成了现实主体的分离和错位。首先,它缺少对道德主体性的明确意识。如前所说,传统的道德理想主义固然对崇高的理想怀有信念,但却从不反思这一理想的内容是从哪里来的,以何为据;或者总是离开了现实的历史和人去寻找道德原则和理想的根据,如用所谓的不变"天理"、永恒"人性"、先验"良知"等抽象理念,乃至神圣启示说明之。它在将道德理念神秘化、绝对化的同时,也就使之与现实的主体分离开来,意味着它事实上并不知道、也不想知道真正的道德主体是谁。其次,它实际上把现实的群众主体仅仅当成了客体。道德理想主义往往把自己的观念和理想当成是普遍的道德,按理说这就等于它默认了人类的绝大多数是道德主体。因为事实上普遍的道德只能是大多数人共同的道德,这样的道德只能产生于人们的共同生活,来自于发展着的社会实践。然而这种片面的理想主义却总是自我否定:它从来不依据绝大多数人的意愿来校正自己,也不注意倾听来自生活实践的声音,却只知道把群众当做教育的对象,用其观念去评判大众。再次,它把自己当成唯一的主体。当一些道德理想主义者对某些道德观念加以理想化的解释,并把自己的理解和愿望当成永恒良知的代表,当做唯一的真理和标准去加以推行,进而对自己的这种权力深信不疑时,他们就已经把自己(和与自己一样的人)当成了唯一的或最高的主体。这样做的后果是,难免在社会上造就一批地位和自我感觉都很特殊的"道德特权者""精神贵族"。以上这类道德主体的分离和错位,集中表现在缺少对广大人民群众道德主体地位的理解和尊重。

社会主义道德是以人民群众,而不是以少数人为主体的道德。社会主义道德规范体系本身的发展和完善,要以反映人民的地位和利益,适合群众生活实践的发展为根据,处处从人民大众的切实需要和能力出发;并且,新的道德精神和社会面貌,也只能在人民群众的实践中创造出来并得到实现。因此,在实践中充分体现人民民主社会的特征,确立人民群众的道德权力和责任统一观,充分发挥广大群众作为社会道德主体和道德行为主体相统一的积极作用,让道德建设与人民的自我发展和自我完善达到高度统一和谐的状态,才是社会主义道德建设的根本之点。

3. 理想与现实:道德建设的层次

目前我国的道德文化和经济、政治一样,正处在转型期,目前还未走出社会转型期特有的"道德规范不定型"状况。由于客观上社会的变化正在进行之中,主观上人们的文化素质又有一定差距,所以目前呈现出价值取向重新定位的动荡和多重化选择之间的混乱,比较普遍地存在着价值的"失范"和道德上的危机感、紧迫感。

对待当前存在着的道德危机和道德混乱,需要加以具体的历史的深入分析:

"旧病复发"现象。类似腐败等丑恶现象并非今天才有。解放初期中央曾处理过刘青山、张子善等腐败分子,但那种处理方式并未真正解决问题。正如人们所说,"枪毙一百个刘张,不如建立一套体制"。虽然当年的"严打"起到了一定震慑作用,但一遇到新的气候、新的土壤,类似的腐败现象就成倍地出现了。这说明,如果把腐败仅仅当做个别人的思想品质和作风问题,而不从体制建设着手,问题是难以从根本上得到解决的。封建迷信现象的沉渣泛起也是如此。新中国成立后,我国曾对封建迷信严厉说"不","左"的时期更是大破"四旧",高压之下,封建迷信人人喊打,几近绝迹。然而,改革开放以来,随着社会环境变得宽松,封建迷信立即卷土重来。这证明,当初的做法并没有彻底解决问题。原因在于,当时的做法并不科学、合理。例如,用新的迷信(如个人崇拜的现代迷信),取代旧的迷信;用新的野蛮去批判过去的愚昧和落后;用蔑视科学、蔑视道德、蔑视人格、蔑视人的尊严来批判旧的"封、资、修",等等,都只能治标,不能治本。一旦外在的高压解除,它就会卷土重来,甚至"旧病复发,变本加厉"。

"新时新病"现象。即有些过去并不明显,或者次要的道德问题,在新的条件下变成主要的,或者新滋生出来的毛病。例如拜金主义、享乐主义在过去的历史条件下不太突出,因为过去大家也没什么钱,所以大家不怎么"向钱看"。但那时大家到底向什么看? 人们也未必能说清楚,实际是其中有很大一部分人"向权看"。"向权看"也是一种毛病。"向钱看"这种毛病自然与市场经济相联系。马克思早就分析过,商品经济必然会产生商品拜物教,商品拜物教的一种表现就是货币拜物教,即拜金主义。但这种情况并不是市场经济或商品经济中绝对的现象,更不是合理的现象。既要发展市场经济,又要反对和防止拜金主义,那就需要用新办法解决。从过去没有拜金主义产生的土壤,也没有急于解决拜金主义问题的任务,到现在有了这种土壤,有了解决这种问题的需要,这本身也是与整个社会的进步和发展相联系的。有些毛病是发展到一定阶段才会出现的。在什么阶段出现什么问题,需要解决什么问题,这本身要作为一个整体来处理。

"新旧观念冲突"现象。新时期,道德观念更新、冲突的问题突出出来了。例如个人独立意识的增强,个人选择的权力感和责任感的增强,人才要求流动,运用不同的观念,评价也就不同。有的人对本单位要求流动的人才持否定态度,说这是"只顾个人,不顾集体"的个人主义。但有的人则认为,这种和人才流动相联系的个人独立意识、选择意识的增强,本身是一种进步。尊重个人的选择权利,也是道德上的一种进步、提高。因为个人独立意识的增强,一方面意味着他的道德权力感的增强,也意味着他的道德责任感的增强,即他要对他自己做的事情负责。社会对个人的道德要求在提高;对集体也提出了更高的要求。过去强调集体主义、个人服从集体,常常就是个人服从领导,缺乏更积极的思考。现在个人有了选择的权力,就要求有适应时代的观念和思想方法,要求组织管理方式有所改进。

新旧道德观念之间、不同价值取向之间的冲突,需要用理论、科学去理解和调解,我们不能停留于传统的道德理想主义情绪。例如,有一种所谓"代价论"认为:道德的本质在于人们社会规范方面的"自律性",而市场经济的特点恰恰是"他律性",人和人之间的规范,完全是靠外在的利益和法律制约来维持的,所以两者本质上是不相容的,是一种二律背反的关系。要搞市场经济,就得下决心暂时牺牲道德。按照这种理论,道德与经济之间的"二论背反"就不可克服。从理论上说,这种观点首先混淆了"自律"与"自觉"的关系。或者说,它的提出者对道德"自律"和"他律"的本质及其表现形式,没有做必要的历史分析。一般说来,道德既有自律的方面,又有他律的方面。无论是自律还是他律,也都有自觉和不自觉的表现形式:自律有自觉的形式,也有自发的形式,他律也是如此。那么从原始社会到封建社会的道德究竟是自律型的还是他律型的? 总体上应该承认,在自然经济条件下,人要么受制于自然界,要么受制于他人,人与人之间存在着较多的依赖关系。在这种基础上形成的道德,本质上是一种他律型的道德。当然这种他律又有一个从被动到主动、从"自发"到"自觉"的过程。由于封建主义的长期"教化",后来人们对这种他律已经习惯,变得非常"自觉自愿"了,好像变成了"自律",实际上还是"他律"的。从资本主义市场经济到社会主义市场经济这个历史时期的出现,是建立在个人独立的基础上的,那么与之相适应的道德本质上就应该说是"自律型"的道德。但自律在不同阶段上也有不同的表现。资本主义市场经济条件下的那种道德自律,起初也是自发的,即个人不自觉地、被动地自律。所谓"人和人之间的规范主要靠外在因素制约",恐怕指的就是这一点。而在社会主义市场经济基础上,人们的自律则是自觉的,即主动的、积极的自律。所以不能认为,只要是市场经济的道德就一定是他律型的。从道德上讲,市场经济总体上是有助于人们由自发自律向自觉自律发展的,特别是社会主义市场经济条件下的道德,更需要、更应该选择其中高级的发展目标,即自觉的自律。

社会主义道德建设与社会主义市场经济的结合,在道德建设的目标、任务和要求上,都是以前没有过的,这是一种新型的道德建设,代表着一种新的、更高的目标。怎样掌握时机,使新型社会主义道德建设走上正轨,切实提高到一个新的水平,为将来创造人类最先进的道德文明奠定基础呢?

首先,在道德建设的内容上,需要以道德人格的确立和健全为重心。

"道德人格"主要是指人们的道德主体意识,包括追求高尚道德的内心动力,道德选择的权力感、责任感,独立进行道德选择的能力自信和人格尊严等。道德人格同道德规范相比,是更深层、更基础的道德意识。自古以来,我国传统道德教育的弱点之一,就是有"重规范、轻人格"的倾向。道德教育比较多的是单纯向人灌输这样那样的具体规范(三纲五常、四维八德等),而不大注意尊重人们的道德人格,不善于把这些规范同培养健全的道德人格,同锻炼正确地进行道德选择的能力结合在一起。例如教育者为了达到某种近期的效果而采取简单粗暴的方式;生硬地要人家遵守这遵守那,却很少以平等的身份与人一起思考为什么应该这样或那样做的道理;在用规范来指责或褒扬人的行为时,往往不注意个人的个性和选择权利,等等。这种倾向无意中就在培养某种被动型、依赖型甚至强迫型的道德人格。这样虽然可以在一时内见效,但从长远看,却会养成麻木、脆弱,甚至虚假、逆反的道德人格,反过来加剧执行道德规范的难度。在社会生活中,现实的道德规范不仅是多元的,而且是多层次的和多样化的,经常需要人们加以选择。在家庭中有亲伦规范,在朋友间有交友规范,在政治上有政治规范,在学业上有学术规范,在公共交往中有礼仪规范……如果仅就规范讲规范,常常举不胜举、挂一漏万,陷于被动。而有了一种健全的道德人格,使人对道德的选择和追求有一个自主、向上、严肃、负责的态度,并通过实践锻炼起独立自觉的判断能力,情况就会大不一样。因此,现代道德建设需从"重人格、带规范"入手,才能扭转被动的局面。

其次,在各个层次道德规范的建设中,应该首先着重于公德系统的规范化。

公德,是指社会公共事务、公共角色、公众行为中的道德原则和规范,包括职业道德,社会角色道德,管理、决策和组织方式的道德等。传统道德教育的一个缺陷,是公德与私德不分,或重私德而轻公德。其表现是过分诉求于个人,而对于社会的公共道德规范建设与实施下功夫不多。所谓"修身、齐家、治国、平天下"就是这种道德思维方式的典型,它把国家社会的一切均寄托于个人的修养,而不承认或从根本上忽视了社会体制、环境、公共规则的作用。以这样的思想进行道德教育,一方面可能导致对个人行为干预过多,从而束缚个性发展,另一方面则导致忽视、放松社会应有的体制、机制、法制规范体系的健全与改进。在当前情况下,道德建设首先要着眼于社会公德的规范化,把体现公德、有助于完善公德的各项规范落到实处、建设完备,要见到实效。而这意味着,道德建设不能脱离体制改革,要与社会体制、运行机制、管理机构的改革配套进行,同民主和法制的建设相结合。

再次,在道德教育方式上,要强化和改进管理教育行为的道德示范功能。

以往在道德教育的方式和方法上,我们比较多地依靠灌输和说教,而对各种教育、管理、灌输的方式中所包含的示范、暗示作用,则缺少必要的省察和研究,这也是以往道德教育有时不能收到应有效果的原因之一。从客观效果方面看,人们接受一种道德教育,主要不是听你怎样说,更是看你怎样做,特别是青年人接受道德观念,不光看上一代人是怎么说的,更要看上一代人是怎么做的。俗话说,"身教重于言教",成年人在教导青少年的同时自己怎样做,对青少年道德观念的形成有极大影响。所以社会管理和教育机构在宣扬某种道德时应注意自己如何身体力行,如组织活动守时高效,用人做事公正负责,处理事务理智宏达,宣传媒介说话应注意诚实可信,干部教师应注意待人平等坦诚、严于律己,等等,包括警察"纠正违章先敬礼"这样的细节，也往往会比单纯的说教更有力。而动辄禁止、罚款、批判、惩治等简单生硬、缺乏道德反思和自我批评精神的管教式做法，往往暗示着失去了道德上的自信和宽容，甚至产生某些相反的示范作用。

总之，现代道德建设主张立足时代、从现实出发的道德"创新论"和"建设论"。只有直面现实、解放思想，以更加严谨科学的态度总结经验教训，以更强有力的创造力应对挑战，才能做到市场经济与社会主义的真正结合，建设代表人类先进文明的思想道德。

结语

面向新世纪的中华文化

中华民族创造过灿烂的古代文明,这个文明用她的价值观和思想文化,用她的制度和社会运行方式,用她的工艺、技术、器物和经济生活等,向人类展示了独一无二的文化价值。但随着小生产和农业文明的没落和西方工业文明的入侵,中华文化走向了一个新的历史转折点。中国需要面向现代化、全球化的时代,创造性地构建自己的新型文化,重建中华民族共有的文化家园。

1. 中华民族精神家园的民族公共性

中华文化是全体中国人的精神家园,它以其鲜明特色和独特价值而与其他民族文化区别开来。当我们说"中国文化""中华民族精神家园"的时候,必须澄清几个基本概念。狭义的"中国""中华民族",指称的对象即中华人民共和国。她是以56个民族为主,包括所有拥有中华人民共和国国籍的公民组成的整体,是包括中国大陆、台湾、香港、澳门在内的"大"中国,即我们通常说的"两岸三地"。这个范畴具有法律意义。而大的范畴是所谓"文化中国",它又可分为两个方面:一是华人华裔团体,它是中华民族血缘和文化向海外的延伸;二是受中国文化(主要是华夏文化或汉文化)影响极深的周边文化。广义的"文化中国"从法律上讲与"中国""中华民族"没有关系,但从血缘关系、文化传统和价值观上说,就很难割裂。说"中国文化""中华民族精神家园"的主体时,我们以前一个层次的范畴为主,必要的时候也会涉及后一个层次的范畴。

我们所谓"中国文化",是指所有民族共同繁荣、平等交流,汇合而成的一种多样化统一的"大"文化,是在各民族自立基础上联合起来、和谐一致的中华民族整体文化。是作为整体的中华民族活生生的、与时俱进的精神传统和文化命脉。它以各(狭义)民族及其文化资源为基础,以中华民族共生共荣的命运为纽带,形成超越(狭义)民族文化的中华民族共有精神家园,体现中华各民族共同的个性和特点、利益和要求、理想和信念等。因此中华文化的主要外部特征可以简要地概括为:"共生"(即中华民族共同体在生存发展过程中土生土长并不断吸纳各种文化而造就的一种独特文化体系)、"共识"(即在人民日常生活中共同认可和接受的精神价值)、"共建"(即由中华民族各阶层的人们共同建设而成)和"共享"(即属中华民族全民族共同享有的文化权利和精神家园)。遗憾的是,思想理论界有些人对这个问题没有自觉的意识,谈到中国文化时,眼里只有儒家、道家等汉文化,只是在谈少数民族问题时才涉及其他民族文化,仿佛前者就等于中国文化,与民族无关,认为后者只是民族文化,与中国文化无关。这种观念还停留在封建士大夫"华夏正统"的水平,与现代意义上的民族国家观念相距甚远。

更令人不安的是,近些年狭隘民族主义兴起过程中的一些流行语,如"华夏儿女""炎黄子孙""龙的传人"之类说法铺天盖地地传播起来。人们不假思索地以为这是爱国,这种宣传可以"增强民族凝聚力"。其实,这类说法在理论上是错误的,在实践上是有害的。当然,"华夏儿女""炎黄子孙""龙的传人"是些模糊的概念,这里不必要也不可能对其做具体考证,但可以肯定的是,这些概念不能涵盖全体中国公民。许多中华人民共和国公民——主要是少数民族的人民——不在这些概念指称的范围内。如果把"华夏""炎黄""龙"当做某些地区、某些群体的文化象征,无可厚非;若把它们当做民族国家的象征,就可能导致许多政治和法律上的困境。

全球化时代,不同国家、民族的文化特别容易趋同,尤其是如果我们没有自己独特的价值和理念,有意无意模仿发达国家(地区),就更容易丧失自己独特的个性和价值。所以,中国文化的民族性,就是要保持和创造我们民族特有的气质、品格、个性,有自己独特的价值。为此,未来文化建设需要继承和发扬传统文化的气质和品格,个性和价值等。决不能跟在西方屁股后头亦步亦趋,既被动,又失掉自己独特的个性,从而也就失掉自己独特的价值。民族特色与全球化并不矛盾,我们的文化越是具有民族特色,就越能为世界文化提供独特的价值,对世界文化就越有意义。如果一种文化没有自己独特的内涵和鲜明的特色,它就没有什么价值。

2. 全民族共同的信仰是精神家园的根本

任何文化的核心是她的价值系统,而信仰和信念又是价值系统的核心。中国文化、中华民族共有精神家园建设,核心是重建中华民族的信念和信仰体系。

所谓信念,即人对某种现实或观念抱有深刻信任感的精神状态。信念是在人们从生活实践中实际地体验了怎样想和做才有益、有效的基础上,自然地形成的一些思考和行动的模式。它的内容,则是对现实和观念所作的价值判断和推论。例如"开卷有益""正义必胜"等信念,使人们把有关的知识与主体的愿望、情感等结合起来,提供出为目的服务的选择途径。凡是信念,它所揭示的内容总是同人们"应当"持有的态度和"应当"采取的行动有关。信念往往是具体的,可以表现为人对一时一事的现象持有某种观念和态度,也可以表现为对宇宙人生的一定总体性、普遍性的观念和态度。当它成为人的一定总体性、普遍性的观念和态度时,信念就成为信仰。

所谓信仰,是人们关于普遍、最高(或极高)价值的信念。一方面,信仰是一种信念,具有信念的基本特征,即对于某些尚未被实现和证实的客观状态、观念等的确信,正如信仰和信念都有"信"一样,不相信的东西当然不会成为信仰对象;另一方面,并不是任何信念都能成为信仰,信仰是信念的一种特殊的、强化的、高级的形式,就如同"仰"和"念"两个字的不同一样,信念只是一种意念,信仰则是一个整体性的精神姿态、一种综合

结语:面向新世纪的中华文化

的精神活动。信仰使人的整个精神活动以最高信念为核心，形成了一个完整的精神导向，并调动各种精神因素为它服务。不论人们以什么为信仰对象，信仰这种精神形式的特征，都在于把某种价值信念置于思想和行动的统摄地位上，成为价值意识活动的调节中枢。信仰是人生的"主心骨"，是人的全部价值意识的定向形式。所以人不能没有信仰，没有信仰的生命就等于没有灵魂。而信仰的偏差，则会造成人生道路和社会发展的方向性的错误。

信念尤其是信仰，具有明显的超越性（相对于具体人和事）和恒久性（相对于流行的时尚和运动），从而与人的主观随意性、与当下的功利计算等不同，有明显的客观普遍性。由于这个原因，信仰往往被理解为是"彼岸"的东西。其实，信仰仍然是生活本身的事，只是它是民族文化最深层、最恒定的内容，有如大河的深流，而不像表层的泡沫。

中国文化自古有它的信念和信仰。作为主体并深刻影响其他民族的汉文化，以上天崇拜和祖先崇拜为主，包括"忠孝仁义""中正和平""和谐自然""因果报应"等信念。此外还有其他宗教以及原始宗教信仰。它们为人们提供了精神支柱。这些信仰和信念主要是与小生产背景相适应，缺少科学理性基础，也缺少现代"大"中国意义上的自觉和统一，因此它们不可能作为未来中国文化的支撑。

20世纪50年代以后，政治理想和阶级斗争话语，一度给人民提供了强有力的精神支柱，但由于复杂的理论和实践的原因，也很难作为国家信仰体系。20世纪80年代以来，中国人民在改革开放的实践中，正在探索并逐渐形成自己的价值体系，特别是目前正在建设的"社会主义核心价值体系"，表明人们正在努力把有中国特色的社会主义实践中总结出的思想理论上升到价值观甚至信念、信仰的层次。当然这还只是一次尝试，一种探索，作为民族文化之核心的价值系统，尤其是信念和信仰，还需要进一步深入到历史和文化的纵深处，揣摩、凝练、探索、创造、深化和完善。因为，信念和信仰，必须对大众具有极大的吸引力，真正代表人民心声和理想追求，是人民大众发自内心的"信"；它包含了社会理想和人生理想，给人以憧憬和希望,能成为人民大众"安身立命"的依托。

信念和信仰是对中华文化深层逻辑的揣摩与把握,是从中华文明的运势和气象中抽象出来的,是在历史洪流的冲刷中,经大浪淘沙而胜出的。它必须经得起历史的检验,在历史长河中有经久不衰的魅力。同时,信念和信仰是时代精神最精粹的内容的凝练,它代表了历史本质和规律,代表了民族国家的未来和前途,因此中国文化的价值系统、信念和信仰,要在时代的实践中,在推进中华文明的发展前进中探索、创造、提升。

3. 面向未来的中国文化,必须建立在科学理性的基础上

毋庸讳言,科学理性、科学精神、科学态度的不足,曾是中国传统文化的一个弱点。近几十年虽有改进,但与世界文明的发展相比,我们仍然比较落后。因而在原有文化的基础上,大力倡导科学、弘扬科学精神的问题,不能不成为我国文化现代化的重要课题。这里不仅指要发展科学事业、普及科学知识,更在于要实现以科学的理性态度和方法去对待我们生活中的事物,让科学精神成为全社会的共同规范,以克服各种旧的情感化、意志化等非理性传统的影响,使我们文化达到现代文明的先进水平。将科学性贯彻于我们文化的方方面面,是我们文化现代化发展的一个基本方向,也是使它成为"科学的文化"的内在要求。

以科学理性精神为基础的中华文化,应以实事求是为基本原则,它尊重事实、服从真理,真正以实践作为检验真理的标准。这点看似简单,而且我们口头上也总是这么讲,但要落实到实处,困难是很大的。因为现实中,人们常常是把"面子"(形象)、"调子"(主旋律)、长官意志等放在首位;我们这个文化总有一种倾向:粉饰太平,好大喜功,容易被表面的繁华所迷惑,等等。这些都可能妨碍我们讲真话,妨碍我们思考事情的本质,妨碍我们实事求是。

以科学理性精神为基础的中华文化,应有批判和反思的习惯。全民族应逐渐形成按科学理性的方式思考、行动的习惯,它要对流行的话语、理念和价值观进行再思考,即使是被视为金科玉律的权威,也要拿出来问

个究竟。中国人要有信念,但是这个信念是经过反省推敲、深思熟虑了的,是"清楚明白"的,而不是迷信盲从、人云亦云的结果。

以科学理性精神为基础的中华文化,应善于甄别和抵制各种非科学的东西,如迷信、盲从、蒙昧主义、威权主义,等等。这样的文化不会被如主观随意性、情绪化的思潮、别有用心的煽动等非理性的因素所左右。

坚持文化的科学性与倡导"人文精神"并不冲突。在理论上,所谓"人文精神"就是"以人为本、一切为人"的基本立场和价值态度。"人文精神"本身是具体地历史地发生和发展的,对"人文精神"的理解和把握也有科学与不科学之分。比如,在错综复杂的现实生活中,要深入、全面地理解人、尊重人、服务于人的健康发展,仅凭良好愿望和直观想象是不够的,需要有科学的观念和方法,要懂得历史和实践的规律,一切从实际出发,实事求是。总之彻底的科学精神是合理"人文精神"的基础,而完整的"人文精神"也必须包含对人类理性发育的需要、能力和权力的理解与尊重,它决不排斥基本的科学精神。事实上,当人们把科学性与人文精神相互分离,使其与之对立起来时,也就把科学简单化,把人文精神割裂、片面化了。

在实践上,我们始终要注意把握"人文精神"和"科学精神"的相互补充、相互协调。其中具体地强调哪一方面,不能脱离具体的历史条件,不应无视社会发展的需要和可能。比如在中国现有文化传统的基础上,我们固然应该重视"人文精神"和"科学精神"的共同倡导。但相比之下,二者却有不同的侧重需求。例如,中国传统中并不缺少那种以个人意见、爱好、习惯为标准,以"人情圈"为界限,将自己意志加以推广的"人文精神",但却缺少以科学的方式深入、全面地理解人,通过民主法制的方式来实现尊重人、服务于人的普遍社会化的"人文精神"。封建文化在这一点上表现得十分充分,至今仍不能说已经根本转变。在这种情况下,倡导科学精神,其中特别要解决如何科学地理解和把握人文精神,应该说更具有针对性和现实意义。走向未来的中国更迫切地需要高度自觉、坚持一贯的科学理性。提出"科学的文化",倡导文化科学化,应该说也是着眼于此。

4. 中华文化建设的主体是全体中国人民

中华文化、中华民族精神家园建设的主体，是人民大众。民族文化建设的主体是整个民族，是民族全体成员。面向全球化和现代化的中国文化建设，光靠政府和少数知识精英是不可能完成的。如果不是整个民族、民族的绝大部分成员参与到文化的实践和创造中来，这样的文化就没有生命力，甚至算不上"文化"，至多只是一种"作秀"。中国文化，中华民族共有精神家园，是全体国民的，因此每个人有平等的权力，同时平等地承担责任。

以人民大众为主体的文化，是人民大众自己的文化，是面向人民群众、依靠人民群众、服务于人民群众的文化。使我们的文化植根于中国人民大众的生活实践，成为大众自己的生活方式，这既是中华民族文化、现代科学文化本身的要求，也是社会主义文化本质和宗旨的要求。为此我们应该注意以下几点：

其一，必须防止精英与大众之间的分离和脱节。文化总是具体历史的，它的类型和风格因时代、民族、主体的不同而不同，文化的样式多元、复杂而多变。这种具体性和复杂性往往给人一种错觉：文化有"精英"与"大众"之分。专家的、知识分子的、国家提倡的，往往被视为"精英文化"，普通老百姓的、民间自发流行的，则被视为"大众文化"。其实，"精英"是"大众"中最有代表性的那一部分，而不是在大众之外自成一体的另类人物。同时，一种文化中"精英"的角色也是具体的、相对的，并不是什么人固定不变、终生受用的特权——在文化上，谁能够有所成就，谁就会成为它的精英。

所以，我们承认每一文化体系中都有"文化精英"与"文化大众"之分，却不赞成所谓"精英文化"和"大众文化"的划分。"精英文化"和"大众文化"之说之所以不合理，是因为它脱离了文化的多样性和具体性，在各种现实的文化之外虚构出两种文化形态，从而混淆了问题的界限。比如将某些社会上层人物(贵族、高官、富豪、名流等)的表现叫做"精英文化"时,其实是把某个特定意义上的"社会精英"当成了"文化精英",却不知道他们原本分属于不同的文化体系(在这些体系中他们未必是精英),各有自己的群体背景,进而以为他们另有自己独立的、特殊的文化,这首先是把文化本身虚化、庸俗化了。至于把从事文化职业者(职业知识分)一概当成精英,把他们的特点看做是"精英文化",则更有虚张旌帜的肤浅和夸大之嫌。更值得注意的是,将整个社会文化分解成"精英文化"和"大众文化",还意味着从文化上给人划分等级和阶层,这种旧式的等级观念也许能够与社会全面分裂和对立的时代相适应,却不适合已经消除阶级对立的社会和时代。

我们强调"文化精英"是从属于、服务于一定文化的杰出代表,是自己大众中的一员,在于肯定精英与大众之间不可分离。从人类历史上看,应该说文化从来是社会的财产,文化从来属于一定的大众,不是个人的专利和特权。离开了自己大众的精英及其文化创作,必定成为"无源之水,无本之木"。一切真正的文化精英,都是自己时代大众的忠实成员和杰出代表。他们的贡献之所以流芳百世,哪一个不是因为关注了人类的命运兴衰、人民大众的辛苦荣辱;哪一个不是起到了开拓人类的眼界、提升人类境界的作用? 试想,那些只知道在小圈子里自我欣赏、自我陶醉,只知道为了一己得失而哀怨不已、无病呻吟的人物,除了他们的自我标榜以外,哪一个能够在历史上留下真正的足迹? 文化的发展历来是:大众造就且跟随自己的文化精英,精英代表并忠实于自己的大众。唯有这样,一种文化才能够生生不息。

其二,必须防止生产与消费之间的分离和脱节。本书曾分析指出:被叫做"精英文化"或"雅文化"的,其实是指文化的生产即创新形式和特征;被叫做"大众文化"或"俗文化"的,其实是指文化的消费即自我享用的形式和特征。因此所谓"大众的文化",应该是指面向大众生产,以供大众消费的文化,即以大众需求为生产的主要引导和动力、并接受大众选择检验的文化。

人民是新型中国文化的主体,其主体性应体现在文化的生产与消费的有机结合、良性互动之中。文化的生产与消费有机结合、良性互动,表现为"生产切合消费需要,并提升和引导新的需要;消费引导生产,并积极地转化为生产"。由于群众的文化消费具有一定的自发性、既成习惯性和从众化心理等特征,所以造成良性循环的起点,一般应该主要放在有组织的文化生产方面。我们的精神文化创作,要着眼于广大人民群众思想感情的发展,满足人民的精神需求,并以有利于人和社会健康、全面的发展为标准,不断增加反映生活变化的有益品种和风格,不断提高产品的质量水平和影响力,以启发和造就新的更加合理的消费需求和消费能力,使文化生活质量处于不断上升的运动之中。

　　文化生产与消费之间是否进入良性的循环,不仅受制于人(生产者与消费者双方)的素质与态度,更在于文化体制的合理和健全与否。目前的文化建设也和经济建设一样,需要改变过去的"计划体制"——生产者不以面向消费者为主,而是单纯地执行某种计划,习惯于以生产来控制消费。在经济上,我们过去的计划体制由于缺少生产与消费之间的良性互动而逐渐走向了僵化,结果是物质生产和消费的严重贫乏落后。同样,在文化上如果单纯地以"计划"的方式进行,就意味着无视人民日益增长的需要和不断更新的情趣,同样也必然带来僵化、贫乏和落后。所不同的是文化上的僵化、贫乏和落后不如物质经济那样明显直观,可以外部比较,而往往不易觉察。特别是文化形式上的多样化不仅绚丽多彩,而且不断翻新,无限期地重复使用,这一点常常可能掩盖内容的庸俗贫乏,从而泯灭了创新、探索和提高。然而没有文化生产方面积极主动的探索和创造,就不会有整个文化的发展繁荣。因此必须充分地调动和保护文化创新探索的活力,它是整个链条的关键环节。而要充分调动和保护文化创新的活力,除了使文化生产更深入广泛地与大众生活实践相联系之外,没有别的更好的途径。

　　其三,必须防止提高与普及之间的分离和脱节。大众的文化消费本身具有一定历史必然性和现实合理性,不承认这一点就会脱离实际。但是如前所说，群众的文化消费具有一定的自发性、既成习惯性和从众化心理等特征。合理的本身并不一定是先进的。但我们的大众有权享受人类的先进文化，他们不仅需要既有文化需要的满足，也需要自身文化素质的不断提高。社会生活中先进的东西，从根本上来自人民群众实践的创造，但要将它作为文化的精华提炼、整理出来，则必须经过先进文化生产的加工。文化的生产正是负有"去粗取精，去伪存真"，"从群众中来，到群众中去"的文化提高功能。一般说来，文化生产的创新，是文化消费发展的前提；先进文化生产的成果，是大众文化生活提高的方向。处理好提高与普及之间的关系，是使大众的文化始终保持其生命力和进步性的重要条件。

但提高与普及之间，并不是一种简单的、单一方向的关系。我们的历史经验证明，文化成果向群众进行普及，不仅能促成群众文化水平的提高；在一定意义上，对于文化生产创造环节来说，向群众普及先进文化成果往往也意味着自身新的探索和再创造，这也是"对提高的提高"，即普及也是提高。以往文化提高与普及之间的脱节，主要在于这点的不足。同时还伴有"提高"的方向和目的上的偏差：不是立足于大众本身的整体提高，而是要求大众向自己的水准靠拢。例如在"左"的思想占上风时期，虽然曾经十分重视"提高"群众的觉悟和思想水平，但那"提高"的方向，却显然是违背人民意愿和利益的；有些脱离现实的空洞理想和说教，虽然也十分"适合"用来"提高"人们的道德境界，但却得不到来自实践的佐证，因此难以兑现；面对新时期社会转型的种种困惑，有些"高论"常常仅限于想象和呼吁，却拿不出有说服力的分析论证，不能提供切实可行的建设性意见，等等。在面对这一类困境时，人们常常归咎于群众的落后，埋怨大众总是"提"而不"高"，然而真实的原因却往往在于缺少真正意义上的"提高"。

所谓真正意义上的提高，不是指仅有宣教性质、自身却缺少研究和创造的各种操作，而是指文化的生产创造本身不断前进、兴旺发达、风气端正、人才辈出，能够及时提供社会和大众所需要的成果，其内容科学合理、其观念切实有力、其形式为人喜闻乐见,其效果具有可持续的潜力。只有当文化的生产处于不断上升的创新循环之中时,大众文化生活的不断提高才会成为现实,整个文化的发展才有取之不尽、用之不竭的源泉。

5. 重建中华文化将推动人类共同文明的进步

全球化是当代人类面临的最大现实之一。政治、经济、科学技术、文化(狭义)、教育,无不在全球化背景下进行,当然,对作为中华民族精神家园的中国文化的建设,也必须放在全球化背景下进行谋划,需要在全球交往和互动中走向成熟。

谈到中国如何面对全球化时,人们常常会说:"参与国际经济大循环",也就是要以全球市场为市场,跟全世界的经济实体,包括最有实力的企业竞争。这句话代表一种全新的观念,即我们不再仅仅把自己定位为"地区级""国家级",而是定位为"世界级"。而且,不只是经济,我们在各方面都应该有这样的眼光。对作为民族精神家园的中国文化的建设,需要放在这样的背景下进行。它实际上是培养中华民族的一种文化品格,一种战略视野。中国公民要有"世界公民"意识,国家要有全球战略眼光,中国文化要有更多的国际性。

从一定意义上说,全球化是把"双刃剑"。一个民族、一个国家,如有博大的胸怀、宏大的气度,能驾驭全球化时代的各种问题、事务、规则,就不但能在国际竞争中争取利益,而且能参与拟订和修正国际"游戏规则",能以自己的文化、价值和立场影响世界文化。当然,如果做得不好,就可能在国际经济体系中处于更加不利的地位——经济的依附性危及国家主权,在不公平的世界金融体系中被"套",劳动被廉价剥削,资源和能源被他国廉价攫取,国土成为发达国家转移污染物的场地,等等。

正因为如此,世界上有主张全球化和反对全球化两种立场。国内也有人对全球化表示怀疑(例如有的人对我国加入 WTO 就有所非议),认为当今世界的游戏规则是由西方人尤其是美国人主宰的,全球化将意味着我们的文化被西方文化特别是美国文化所"化"。我们认为,西方文化特别是美国文化有优势是无法回避的事实,但任何一个民族要想发展、强盛,要想有生命力和创造力,要想在世界民族之林中有自己的地位和影响,就决不能躲避、封闭起来,而要大大方方地走出去,跟人家实实在在地"过招",跟人家平等交往、"商谈""博弈",并在这个过程中用自己的文化、价值观和游戏规则影响世界。其间可能会有"上当吃亏"的时候,但不如此"摔打"就强大不起来。中国这个拥有十三亿人口、五千年文化的大国,尤其应该有这样的胸怀、这样的勇气、这样的使命感。

在中国文化如何面对全球化的问题上,另一种观点也值得商榷。它认为,贯穿在西方文化中的基本精神是"丛林法则",即生存竞争、弱肉强食的动物式游戏规则。因此,西方文化必然把人类带向末路;只有中国文化能拯救人类的未来。

西方文化中有"丛林法则",这是事实。但西方文化能否归结为"丛林法则"? 能否用"西方""西方文化"这样的"宏大叙事"去简单描述无比复杂的问题? 这是需要谨慎思考的。至少,"自由、平等、博爱、人权"的启蒙思想,以"解放全人类"为目标的马克思主义,都是西方文化特有的产物,我们不能说这些也是"丛林法则"吧? 还有,西方现代化的发展模式的确给人类造成严重的生存危机,包括战争、资源与能源枯竭、环境污染和生态失衡等,但对这种危机反思最深刻的也是西方文化。我们并不是刻意美化西方文化,而是主张对其具体地、辩证地分析。笼统地指责西方文化如何如何,说起来痛快淋漓,实则缺少科学理性精神,不利于中国文化建设。

中国文化中的"和谐""王道""天下主义"等,作为文化因子也是存在的,也是有意义的。但若因此得出结论,中国文化好得不得了,是唯一可以拯救人类未来的文化,也未免夸大其词。这里有两个方面值得注意:

第一,对中国文化,我们也大可不必作过于理想化的判断。中国文化有"王道""仁政""天下主义"的成分,有这方面的思想,但它决不等于中国文化的全部。中国文化中有多少内容是现实的、真实的,多少内容是口头上标榜的,是文人们理想化的产物? 这是值得怀疑的事。我们不能把理想化的东西当事实,否则就会犯"清谈误国"的毛病了。我们丝毫不怀疑中国文化的伟大价值,我们对自己的文化怀有深深的敬意,但一定要以科学的态度对待并以批判和反思的眼光看待中国文化。

第二,中国文化首先要完成自身的现代化。到目前为止,中国文化的基本理念、基本价值、基本向度究竟怎样,并没有真正确立起来。从器物到制度设计,从学术到大众心态,一种游移不定甚至不伦不类的现象随处可见,这正好说明现代意义上的中国文化并不成熟。如果中国文化自身没有真正的现代化和全球化,还充斥着蒙昧主义和威权主义,还缺乏科学理性与民主人权精神,这种文化如何能适应现代化和全球化? 如果一种文化不能让自己的国民有幸福、尊严和自由感,自身的国民都感受不到其强大的魅力,那如何去"徕"人? 中国文化自身必须完成自己的现代化过程。

未来中国文化的创造也好,对人类文化和人类生存方式的反思也好,还是需要多元文化的融合,特别是中西文化的融合,我们要在实践中,在解决时代重大问题的过程中,创造新的文化。面向全球化和面向未来的中国文化建设,必须站在全球化的高度,高屋建瓴,必须有全球眼光、全球战略。这种眼光包括诸多的方面:

首先,既要在全球范围内考虑自己的战略利益,又要承担作为世界大国的责任。在民族国家还是人类族群组织的基本单元的条件下,文化建设必然要考虑国家利益。这里所谓"利益",包括经济、政治、文化、军事、国家安全等各方面。在这些问题上,我们要有全球眼光、全球战略。要用世界眼光来发展有民族特色、个性的东西。当然,作为一个文明古国,作为一个社会主义国家,中国绝不可能,也不应该做一个自私自利、损人利己的国家,而要做一个负责任的大国,一个对世界承担使命的国家。中国的"外交文化"以"和谐""怀柔""天下主义"为主,与西方的生存竞争原则完全不同,这一传统需要发扬光大。只有为世界的公平、和谐、人道做更多的事,我们的文化才更有魅力。只有在解决当代人类面临的问题的过程中不断自我审视和创新,中国文化才能发展为全球化时代有影响力的文化。

　　其次,中国文化需要进一步与世界文化特别是西方文化交往、互动。一方面,要继续以宽大的胸怀学习、接纳人类文明成果,特别是学习西方先进的文化,不仅是物质文明,还包括制度设计、社会运行和管理方式、价值观、文化理念等;另一方面,我们不能跟在西方屁股后头简单模仿,人家怎么做我们也学着怎么做,而应当在互动中学习,在平等交往、共同解决当代面临的各种重大问题的过程中学习。中国文化只有站在人类命运的"风口浪尖"上,只有与人类生存同呼吸共命运,才能作为世界性的文化成长起来。

　　总之,中国文化要实现现代化,要成为世界文化百花园中的一枝奇葩,就必须以广阔的胸怀、宏大的视野,在全球文化的语境下发展和创新自己。

主要参考文献

马克思,恩格斯.马克思恩格斯选集(1~4卷)[M].北京:人民出版社,1995.

邓小平.邓小平文选(第3卷)[M].北京:人民出版社,1993.

国学整理社.诸子集成(全八册)[M].上海:上海书店出版社影印本,1986.

黎靖德编.朱子语类(全八册)[M].北京:中华书局,1986.

程颢,程颐.二程集(上、下)[M].北京:中华书局,2004.

鲁迅.鲁迅全集[M].北京:人民文学出版社,1981.

梁漱溟.中国文化要义[M].上海:学林出版社,1987.

林语堂.吾国与吾民[M].台北:综合出版社,1976.

费孝通.乡土中国[M].北京:生活·读书·新知三联书店,1985.

傅伟勋.批判的继承和创造的发展[M].台北:东大图书公司,1986.

张岱年.张岱年文集(1~6卷)[M].北京:清华大学出版社,1989.

张岱年.文化与价值[M].北京:新华出版社,2004.

韦政通.中国思想传统的现代反思[M].台北:桂冠图书公司,1990.

杨国枢编.中国人的价值观——社会科学观点[M].台北:桂冠图书公司,1994.

林毓生.中国意识的危机[M].贵阳:贵州人民出版社,1988.

余英时.中国文化与现代变迁[M].台北:三民书局,1992.

孙隆基.中国文化的"深层结构"[M].香港:香港一山出版社,1983.

黄光国.儒家关系主义:文化反思与典范重建[M].北京:北京大学出版社,2006.

金耀基.从传统到现代[M].台北:时报出版社,1979.

劳思光.中国文化路向问题的新检讨[M].台北:东大图书公司,1993.

李泽厚.中国现代思想史论[M].北京:东方出版社,1987.

方克立主编.走向21世纪的中国文化[M].太原:山西教育出版社,1999.

陈崧.五四前后东西文化问题冷战文选[M].北京:中国社会科学出版社,1989.

杜恂诚.中国传统伦理与近代资本主义[M].上海:上海社会科学院出版社,1993.

乔健,潘乃谷主编.中国人的观念与行为[M].天津:天津人民出版社,1995.

宋志明.现代新儒家研究[M].北京:中国人民大学出版社,1991。

杨国荣.善的历程——儒家价值体系的历史衍化及其现代转换[M].上海:上海人民出版社,1994.

赵馥洁.价值的历程——中国传统价值观的历史演变[M].北京:中国社会科学出版社,2006.

许苏民.文化哲学[M].上海:上海人民出版社,1990.

刘进田.文化哲学引论[M].北京:法律出版社,1999.

陈筠泉,刘奔主编.哲学与文化[M].北京:中国社会科学出版社,1996.

庄锡昌,顾晓鸣,顾云深编.多维视野中的文化理论[M].杭州:浙江人民出版社,1987.

邹广文.人类文化的流变与整合[M].长春:吉林人民出版社,1998.

庞朴.文化的民族性与时代性[M].北京:中国和平出版社,1988.

丰子义.现代化的理论基础[M].北京:北京大学出版社,1995.

罗荣渠.现代化新论[M].北京:北京大学出版社,1983.

罗荣渠.现代化新论续篇[M].北京:北京大学出版社,1997.

罗荣渠主编.从"西化"到现代化:五四以来有关中国的文化趋向和发展道路论争文选[G].北京:北京大学出版社,1990.

李秀林,等编.中国现代化之哲学探讨[M].北京:人民出版社,1990.

许纪霖.寻求意义:现代化变迁与文化批判[M].上海:生活·读书·新知三联书店,1997.

衣俊卿.现代化与日常生活批判[M].哈尔滨:黑龙江教育出版社,1994.

李德顺.价值论———一种主体性研究[M].北京:中国人民大学出版社,1987.

李德顺.立言录[M].哈尔滨:黑龙江教育出版社,1998.

李德顺,孙伟平.道德价值论[M].昆明:云南人民出版社,2005.

孙伟平.价值差异与和谐———全球化与东亚价值观[M].长沙:湖南师范大学出版社,2008.

茅于轼.中国人的道德前景[M].广州:暨南大学出版社,1997.

余潇枫,等.知识经济与思想文化的变迁[M].杭州:浙江大学出版社,1999.

刘伟,梁钧平.冲突与和谐的集合:经济与伦理[M].北京:北京教育出版社,1999.

吕乃基,樊浩.科学文化与中国现代化[M].合肥:安徽教育出版社,1993.

沙莲香,等.中国社会文化心理[M].北京:中国社会出版社,1998.

陈学明,等编.阿多诺、马尔库塞、本杰明论大众文化[M].昆明:云南人民出版社,1998.

陈刚.大众文化与当代乌托邦[M].北京:作家出版社,1996.

孟繁华.众神的狂欢———当代中国的文化冲突问题[M].北京:今日中国出版社,1997.

赵剑英主编.世纪之交的中国文化[M].南宁:广西人民出版社,1994.

[美]怀特著,曹锦清译.文化科学——人和文明的研究[M].杭州:浙江人民出版社,1988.

[美]克利福德·格尔兹著,纳日碧力戈,等译.文化的解释[M].上海:上海人民出版社,1999.

[俄]弗·让·凯勒著,陈文江,等译.文化的本质与历程[M].杭州:浙江人民出版社,1989.

[美]E.赫屈著,于嘉云译.文化与道德——人类学中价值观的相对性[M].台北:时报文化出版企业有限公司,1994.

[日]中村元著,吴震译.比较思想论[M].杭州:浙江人民出版社,1987.

[美]塞维斯著,黄宝玮译.文化进化论[M].北京:华夏出版社,1991.

[美]E.希尔斯著,傅铿,吕乐译.论传统[M].上海:上海人民出版社,1991.

[荷]皮尔森著,刘利圭,等译.文化战略[M].北京:中国社会科学出版社,1992.

[法]多洛著.个体文化与大众文化[M].上海:上海人民出版社,1987.

[美]艾恺.世界范围内的反现代化思潮——论文化守成主义[M].贵阳:贵州人民出版社,1991.

[日]吉田茂著.激荡的百年史——我们的果断措施和奇迹般的转变[M].北京:世界知识出版社,1980.

[德]马克斯·韦伯著,于晓,陈维纲,等译.新教伦理与资本主义精神[M].北京:生活·读书·新知三联书店,1987.

[德]马克斯·韦伯著,王容芬译.儒教与道教[M].北京:商务印书馆,1995.

[美]J.R.列文森著,郑大华,任菁译.儒教中国及其现代命运[M].

北京:中国社会科学出版社,2000.

[法]弗朗索瓦·佩鲁著,张宁,丰子义译.新的发展观[M].北京:华夏出版社,1987.

[美]C.E.布莱克著,景跃进,张静译.现代化的动力[M].杭州:浙江人民出版社,1989.

[美]罗兰·罗伯森著,梁光严译.全球化——社会理论和全球文化[M].上海:上海人民出版社,2000.

[英]戴维·赫尔德,等著,杨雪冬,等译.全球大变革——全球化时代的政治、经济与文化[M].北京:社会科学文献出版社,2001.

[德]乌·贝克,哈贝马斯,等著,王学东,柴方国,等译.全球化与政治[M].北京:中央编译出版社,2000.

[英]安东尼·史密斯著,龚维斌,良警宇译.全球化时代的民族与民族主义[M].北京:中央编译出版社,2002.

[英]马丁·阿尔布劳著,高湘泽,冯玲译.全球化时代——超越现代性之外的国家和社会[M].北京:商务印书馆,2001.

[德]汉斯–彼得·马丁,哈拉尔特·舒曼著,张世鹏,等译.全球化陷阱[M].北京:中央编译出版社,1998.

[瑞士]孔汉思,[德]库舍尔编,何光沪译.全球伦理——世界宗教议会宣言[M].成都:四川人民出版社,1997.

[美]塞缪尔·亨廷顿著,周琪,等译.文明的冲突与世界秩序的重建[M].北京:新华出版社,1998.

[美]塞缪尔·亨廷顿,劳伦斯·哈里斯主编,程克雄译.文化的重要作用——价值观如何影响人类进步[M].北京:新华出版社,2002.

A. Giddens. The Consequences of Modernity[M]. Stanford CA: Stanford University Press,1990.

Yusheng Lin. Radical Iconoclasm in the May Fourth Period and the Future of Chinese Liberalism[M]. Cambridge Massachusetts: Harvard University Press,1972.

MacFarquhar, R. The Post – Confucian Challenge[J]//The Economist, No. 9, 1980.

Francis Fukuyama. Asian Values in the Wake of the Asian Crisis[J]// The Review of Korean Studies, Vol. 2, September, 1999.

Paul Krugman. The Myth of Asia's Miracle[J]//Foreign Affairs, November/ December, 1994.

后　记

　　本书由我和我的两位学生，也是亲密的合作者共同完成。他们是：

　　孙伟平，哲学博士，现任中国社会科学院研究员、哲学研究所副所长、博士生导师；

　　孙美堂，哲学博士，现任中国政法大学教授、马克思主义学院副院长、博士生导师。

　　他们两位长期以来与我合作研究，深入讨论，分头执笔，共同撰写。虽然全书是由我统稿并负责，但在很多具体叙述中，事实上已经很难分清彼此的劳动了。所以我要向孙伟平、孙美堂博士表示诚挚的谢意，并申明他们两位对本书享有与我同样的权利。

李德顺

2012 年 12 月于北京